中国民主观察丛书

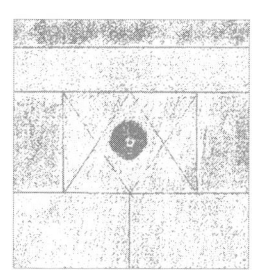

复合民主

人民民主促进民生建设的杭州实践

林尚立 等著

中央编译出版社
Central Compilation & Translation Press

目 录

总论 复合民主：人民民主在中国的实践形态 …………………… 1
　第一节　当家作主：人民民主的理论内核与实践形态 …………… 1
　第二节　两次解放：人民民主在中国的发展逻辑 ………………… 22
　第三节　复合民主：人民民主的中国实践形态 …………………… 33
　结束语 ……………………………………………………………… 49

第一章　战略基础 ………………………………………………… 52
　第一节　权力回归：杭州实践的逻辑起点 ………………………… 52
　第二节　有效领导：杭州实践的组织基础 ………………………… 73
　第三节　民主创造发展：杭州实践的战略选择 …………………… 87
　小　结 ……………………………………………………………… 103

第二章　组织形态 ………………………………………………… 104
　第一节　互动结构：政党、政府、社会的合作 …………………… 106
　第二节　组织主体：社会复合主体的形成 ………………………… 120
　第三节　市场自治：民间行业协会的实践 ………………………… 136
　第四节　社会中介体：民主参与的社会载体 ……………………… 143
　第五节　基层自治：持续发育的社会基础 ………………………… 149
　小　结 ……………………………………………………………… 155

第三章　民主绩效 ··· 159
　第一节　民主促进民生：解决民生的政府战略 ················· 160
　第二节　民主优化治理：治理的民主网络基础 ················· 176
　第三节　民主创造和谐：共识建构到利益平衡 ················· 196
　小　结 ··· 207

第四章　发展动力 ··· 211
　第一节　复合民主的形态：民主是一种生活方式 ················· 216
　第二节　转型的政治资源：民主是一种发展形态 ················· 224
　第三节　复合民主的巩固：民主是一种制度形态 ················· 236
　第四节　中国民主的内生：复合民主在创造发展中发展 ················· 247
　小　结 ··· 256

后　记 ··· 259

总论　复合民主：人民民主在中国的实践形态

　　人民民主是社会主义的生命，其在中国的实践和发展是中国政治发展对人类政治文明的实际贡献。中国是在世界性的现代化潮流推动下迈上民主发展道路的，它一开始就承载着实现国家独立、民族解放、人民自由的历史使命。在这个过程中，它经历了各种模式的民主实践，最终选择了人民民主。中国从人类文明的发展规律、社会主义社会的建设规律以及中国社会的发展规律出发探索和实践人民民主，形成了具有中国特色的民主发展道路和民主运行模式。中国的发展实践和发展成就，不论在宏观上，还是在微观上，都证明中国的民主发展道路具有合理性，中国民主运行模式具有有效性。然而，中国的人民民主还需要有更好的、更深入的进步和发展。这就需要在既有实践的基础上，进行理论概括，从实践提炼理论，用理论指导实践，从而获得提升和发展。本课题对杭州经验的关注和研究，正是在这样的追求下展开的。

第一节　当家作主：人民民主的理论内核与实践形态

　　人民民主是现代民主发展的必然产物。现代民主确立于人民主权之上，但其实践中却无法落实于人民当家作主。在解决现代民主的难题中，马克思从巴黎公社的实践中发现了解决路径：将国家重新收回社会。列宁的苏维埃民主实践是对巴黎公社的继承，虽然没有解决社会重新收回国家的问题，但创立了广大劳动阶级成为国家统治力量的新型民主形式。马克思的发现与列宁的实践为中国建构人民民主提供了重要理论基础与实践形态。

一、现代民主及其困境

民主作为一种国家制度，源于古希腊；民主作为人的政治解放的体现，源于现代化。现代化将人类的历史划分为古代与现代，它是人类进步与发展的产物。人类为摆脱对共同体的依赖所形成的对独立与自主的追求，构成现代化发展的内在动力；而现代化所引发的深刻的经济、社会和政治的变化，则为人类在现代化过程中实现质的飞跃提供了历史前提和社会基础。正是在现代化过程中，人的社会生存方式超越了传统的共同体存在，获得了独立与自主，成为独立的个人，并因此获得法律和政治上的平等，即马克思所说的政治解放。现代民主就是在人的政治解放基础上形成和发展的。

马克思认为，人类历史是人走向自由的发展过程，历史的每一个进步都来自人类在追求自由过程中所获得的解放。"任何一种解放都是把人的世界和人的关系还给人自己"，从而让人能够更自主决定自己的生产和生活。"政治解放一方面把人变成市民社会的成员，变成利己的、独立的个人，另一方面把人变成公民，变成法人。"[1] 作为市民社会的成员，人所获得的独立是基于人权，所谓"人权无非是市民社会的成员的权利，即脱离了人的本质和共同体的利己主义的人的权利"[2]，体现为自由、平等、安全和财产。为了维护这些权利，市民社会的成员在市民社会的基础上建立现代政治共同体，即现代国家。现

---

[1]《马克思恩格斯全集》第1卷，人民出版社1956年版，第443页。
[2] 同上书，第437页。

复合民主：人民民主在中国的实践形态

代国家是与现代社会相适应的，是"致力于政治解放的人"维护其权利（即人权）的一种手段①，因而，不外是"资产者为了在国内外相互保障自己的财产和利益所必然要采取的一种组织形式"②。正是在现代国家这种组织形式中，独立的个人成为法人，成为公民，拥有了公民权。所以，公民权是以人权为基础的，是"独立的个人"组成国家并参与国家生活所拥有的权利，因而，是人权在国家生活中具体实践的体现。现代民主就是在这样的人、社会与国家基础上形成的，与古希腊民主有本质区别。在古希腊，民主不过是配置公民权利的一种制度形式，在亚里士多德看来，古希腊城邦的"政治制度原来是全城邦居民由以分配政治权利的体系"③。一种城邦制度之所以是民主，是因为它是以让城邦的绝大多数人都能够参与城邦治理为原则来划定公民范围、配置公民权利的。现代民主则恰恰相反，它是人权以及相应的公民权寻求得到保障和实现而确立起来的政治制度。这其中的差异，套用马克思的一句话就能点明：马克思说"在君主制中是国家制度的人民；在民主制中则是人民的国家制度"。④ 由于这里的"民主制"指的就是现代民主制，所以，我们同样可以说：在古代民主制中是国家制度的人民，在现代民主制中是人民的国家制度。

所以，在现代民主中，人不是民主制度塑造的，相反，是人塑造了民主制度。政治解放必然意味着"人民所排斥的那种国家制度即专制权力所依靠的旧社会的解体"以及专制权力在这种解体中被彻底打倒。打倒了专制权力，个体获得了自主，独立个体组成的市民社会也就摆脱政治的羁绊，成为与国家相分离而独立存在的力量。在这样的国家与社会二元分化中，国家就属于整个社会，属于全体人民，于是"国家事务提升为人民事务"。⑤ 这就要求基于人权的维护与公民权实

---

① 《马克思恩格斯全集》第1卷，人民出版社1956年版，第440页。
② 《马克思恩格斯全集》第3卷，人民出版社1960年版，第70页。
③ ［古希腊］亚里士多德：《政治学》，吴寿彭译，商务印书馆1965年版，第109页。
④ 《马克思恩格斯全集》第1卷，人民出版社1956年版，第281页。
⑤ 同上书，第441页。

践而确立起来的现代民主制度，在维护独立个人的自由人权的同时，还必须保障作为人民事务的国家事务能够真正地体现人民的意志，满足人民的共同需求。然而实践表明，现代民主的制度安排和具体实践，更多的是关怀前者，忽视后者。正是这种偏差，使现代民主在实践中出现困境。

在马克思看来，国家是人建的，而追求自由是人类的内在要求，因而，人们创造国家，不是为了放弃自由，而是使自由的实现能够获得更好的保障。从这个意义上讲，国家制度是"人的自由产物"①。这是国家制度的本来面目，因而，其最本质的体现就是民主制。基于这样的逻辑，马克思认为，"民主制是作为类概念的国家制度"②，是"国家制度一切形式的猜破了的哑谜"③。因而，"民主制从人出发，把国家变成客体化的人。正如同不是宗教创造人而是人创造宗教一样，不是国家制度创造人民，而是人民创造国家制度。"④ 这决定了现代民主制一定建立在人民主权基础之上，国家的一切权力来自人民，人民是建立国家、创设国家制度的根本主体。在这样的国家与人民关系中，国家事务就上升为人民事务，人民决定国家事务，也就决定自己的事务，只有在人民能够将国家事务作为自己的事务来决定的条件下，民主制度才能建立真正的民主国家。马克思深刻指出："民主制独有的特点，就是国家制度无论如何只是人民存在的环节，政治制度本身在这里不能组成国家。"⑤

然而，在现代的民主实践中，民主制度往往不是人民存在的环节，相反，人民实际上成为民主制度存在的环节，因为，在现代政治中，人民所运行的民主制度，往往是日益模式化的、给定的民主制度，而不是人民为了自身发展需要而创造的民主制度。于是，民主作为国家

---

① 《马克思恩格斯全集》第1卷，人民出版社1956年版，第281页。
② 同上书，第280页。
③ 同上书，第281页。
④ 同上。
⑤ 同上。

复合民主：人民民主在中国的实践形态

制度之后，就日益与人民相脱离，从而使得在民主制中本应相互统一的国家事务与人民事务也日益分离，国家事务外在于人民，人民无法有效地在国家生活中决定自己的事务；与此同时，人民也不把国家事务当作自己的事务。当人民无法在国家生活中决定自己事务的时候，人民自然不再信任民主制度及其生产的产品，从而远离国家的民主生活，表现出明显的政治冷淡；不仅如此，当人民也不再把国家事务当作自己事务的时候，作为国家制度的民主就将面临巨大的压力与挑战，因为，基于这种共识和情绪，人民往往就会在民主的名义下，把国家视为可以理所当然地进行无情索取的对象，而过度的索取与要求，必然削弱民主制度的权威性和能力，从而可能导致民主的危机。①

那么，导致民主制度与人民之间应有的逻辑关系发生颠倒的原因是什么呢？在马克思的理论来看，是民主的不彻底。马克思认为，"在民主制中，国家制度、法律、国家本身都只是人民的自我规定和特定内容，因为国家就是一种政治制度"，但"在一切不同于民主制的国家形式中，国家、法律、国家制度是统治因素"。② 换言之，在国家与社会二元分化之后，本应该服从社会的国家，成为统治社会的因素，这其中，作为国家制度的民主制度也成为一种统治因素。在马克思看来，民主彻底与否，不是民主的量的问题，而是民主的质的问题，其中最为关键的是民主制是否解决了现代民主的最基本要求：人民是国家的真正主人，人家当家作主。

现代民主确实都是建立在人民主权基础之上的，但是，从人民主权出发所形成的具体的民主制度安排，则是有很大不同的。在现代政治思想中，对以人民主权为基础的民主制度的设计，主要有两种思路：一种是洛克和孟德斯鸠的思路。孟德斯鸠认为："共和国的全体人民握有最高权力时，就是民主政治。""在民主政治里，人民在某些

---

① 亨廷顿在上个世纪70年代初对美国民主的研究，发现了美国民主面临的这两大挑战，并视其为民主的危机。参见［法］米歇尔·克罗齐、［日］绵贯让治、［美］塞缪尔·亨廷顿：《民主的危机》，求实出版社1989年版，第54—105页。
② 《马克思恩格斯全集》第1卷，人民出版社1956年版，第282页。

方面是君主，在某些方面是臣民。只有通过选举，人民才能当君主，因为选举表现了人民的意志。主权者的意志，就是主权者本身。因此，在这种政治之下，建立投票权利的法律，就是基本法律。民主政治在法律上规定应该怎样、应由谁、应为谁、应在什么事情上投票，这在事实上和君主政体要知道君主是什么，应如何治理国家，是一样的重要。"① 洛克则是这样来定位民主制的："当人们最初联合成为社会的时候，既然大多数人自然拥有属于共同体的全部权力，他们就可以随时运用全部权力来为社会制定法律，通过他们自己委派的官员来执行那些法律，因此这种政府形式就是纯粹的民主政制。"② 另一种就是卢梭的思路。卢梭认为，国家是人民结合的产物。人们结合成为国家所基于的社会契约是这样的形式，即"它能以全部共同的力量来卫护和保障每个结合者的人生和财富，并且由于这一结合而使每个与全体相联合的个人又只不过是在服从自己本人，并且仍然像以往一样地自由。"③ 因而，在这种由社会契约所形成的国家这样的政治共同体中，"我们每个人都以其自身及其全部的力量共同置于公意的最高指导之下，并且我们在共同体中接纳每一个成员作为全体之不可分割的一部分。"④ 基于这样的政治逻辑，"人们所能有的最好的体制，似乎莫过于能把行政权与立法权结合在一起的体制了。"⑤ 所以，在民主制下，人民既是主权者，也是执政者。

上述两种思路形成两种完全不同的民主制度设计。基于孟德斯鸠和洛克的思路，民主制度都是以委托代理的形式展开，在这样的委托代理中，立法权和行政权不由人民直接行使，而是由人民选定的委托代理人来行使。这就是我们今天在西方民主中看到的"代议民主制"。基于卢梭的思路，民主制应该是完全的人民主权，即人民既是立法

---

① [法] 孟德斯鸠：《论法的精神》，商务印书馆1961年版，第8页。
② [英] 洛克：《政府论》（下），商务印书馆1964年版，第80页。
③ [法] 卢梭：《社会契约论》，商务印书馆1982年版，第23页。
④ 同上书，第24—25页。
⑤ 同上书，第87页。

者，同时也是执法者。卢梭认为："制订法律的人要比任何人都更清楚，法律应该怎样执行和怎样解释。"卢梭清楚地认为，他设计的这种制度得以在现实中运作，需要三个前提：即国家小、民风淳、物欲弱。这三个要件，限制了卢梭政治设计的现实适应性。于是，在现代民主实践中，普遍运行的民主制度就是孟德斯鸠和洛克所论证的"代议民主制"。这种民主制通过"代议"的机制，解决了大型政治共同体实践现代民主制的问题。然而，也正是这种"代议"，使得实践中的现代民主制度无法走向彻底：即民主制建立在人民主权基础之上，但人民却无法通过民主制来使国家事务变成人民自己的事务，或者人民无法通过运行国家权力来决定自己的事务。这其中的主要原因在于：基于"代议"所形成的"政治代表的活动、背景、利益远离公民的生活和视线。尽管周期性选举可看作是对被选人的限制，但是代表在一段时期内扩展权力，使公民的声音在以公民的名义进行的决策中越来越不重要。""政治上的边缘群体在政治决策程序中缺乏参与或'声音'，这意味着他们的利益和观点被经常排斥在程序外或得不到充分的表达。经济力量和影响力的不对称性反映在政治领域中，减弱了作为代议民主基础的政治平等性原则。"因而，"现存的政治代议机制并不是为鼓励参与和检验偏好而设计的——如公民认同是消极的，它导致在全体选民中道德和政治水平下降，以及导致对公共事务嘲讽态度的普及。"① 为了弥补这种制度性的缺陷，上个世纪末，协商民主在西方兴起，强调公民的意见应该通过沟通和协商的程序进入到决策过程中，使得政府公共决策尽量不要远离或脱离政府必须直接服务的公民。然而，实践表明，这种弥补依然不能克服西方民主的不彻底性及其所导致的民主的困境。因为，这种协商民主虽然强调政府的公共决策必须充分听取公民的意见，吸纳公民的力量参与公共决策的协商与抉择，但没有从根本上肯定公民是国家事务的主人，拥有在国家事务

---

① [南非] 毛里西奥·帕瑟林·登特里维斯主编：《作为公共协商的民主：新的视角》，中央编译出版社2006年版，第19—20页。

中当家作主的权力。

二、卢梭的难题与马克思的发现

尽管卢梭基于主权不可分割、不可转让的原则所建构起来的人民主权思想，没能直接转化为现代民主的普遍实践，但在恩格斯看来，作为一种思想观念和制度设计，"卢梭以其共和主义的《社会契约论》间接地'克服'了立宪主义者孟德斯鸠。"相对于孟德斯鸠和洛克来说，卢梭的民主设计要彻底许多。在他看来，民主不仅体现为人民拥有自由，而且体现为人民拥有权力。只有在人民既是主权的建构者，同时又是主权者本身的状态下，民主才能达到这样的境界。所以，在卢梭的社会契约中，人民自己对自己订立契约，不是人们对"自己只构成其中一部分的全体订约"①。基于这样的契约，人民对主权者的服从，就是对自己的服从，从而保证人民在订立契约之后，仍然像以往一样地自由。这是"约定的自由"，虽然与形成约定之前的"天然的自由"在量上没有太大的出入，但是以共同遵从"约定"为前提。这种"约定"来自人民自身，是人民相互规约形成的，其取向是创造国家以保障公共幸福和人民在国家中的自由。这种相互约定就创生了着眼于公共利益的公意，主权就是这种公意的运用。人民是主权者，公意体现了人民的根本意志；人民对公意的服从就是对自己的服从。卢梭的伟大在此，同样卢梭的局限也在此。因为，卢梭的社会契约所形成的不是社会，而是国家，国家包括着社会②，而国家是在"永远是公正的，而且永远以公共利益为依归"的公意指导下展开的，这样，借助公意，国家对人民来说，就成为绝对的公正力量，人民必须毫不怀疑地服从。卢梭社会契约理论所蕴含的这个政治逻辑，使卢梭的人民主权理论产生了两面性：既有创造比较彻底的人民民主的可能，也

---

① [法]卢梭：《社会契约论》，商务印书馆1982年版，第26页。
② 中国社会科学杂志社编：《民主的再思考》，社会科学文献出版社2000年版，第37页。

有孕育国家专制的可能。这是卢梭难题之一。

基于公意的理论，卢梭的人民主权强调主权不能转让，因而也不能委托和代理，"只能由他自己来代表自己"①，所以，卢梭的民主制度设计不能容忍代议民主的色彩，这大大限制了卢梭人民主权的现实操作性。因为，在国家与社会二元分化的条件下，大型社会的民主制度只有通过人民选举的议员这个政治中介来运行。这是卢梭难题之二。

尽管卢梭的思想与实践面临着其自身难以解决的难题，但他思想中的许多天才成分还是对后来的思想家产生了深刻影响，其中就包括马克思。意大利哲学家德拉－沃尔佩就认为，马克思的早期著作《黑格尔法哲学批判》是"一部自始至终渗透着典型的卢梭人民主权思想的著作"②。在这部著作中，马克思对现代西方民主制度进行了全面而深刻的分析，形成了对现代西方民主制度的最系统看法。马克思在分析国家的全体成员与国家关系时，其思想和具体表述完全是卢梭式的，他说："国家的全体成员同国家的关系就是他们自己同自己的现实事务的关系，这一点似乎是不言而喻的。国家成员这一概念就已经有了这样的含义：他们是国家的成员，是国家的一部分，国家把他们作为自己的一部分包括在本身中。他们既然是国家的一部分，那末他们的社会存在自然就是他们实际参加了国家。"③ 因而，在马克思看来，孟德斯鸠和洛克所强调的代议民主，是基于政治国家与市民社会分离而形成的，他说，"市民社会通过议员来参加政治国家，这正是他们相互分离的表现"，在这样的民主制度下，"就不是一切人都能单独参加国家生活"。然而，"一切人都希望成为真正的（积极的）国家成员，希望获得政治存在，或者说，希望表明和积极确定自己的存在是政治的存在，"因而，"一切人都希望单独参与立法权，"参与国家

---

① [法] 卢梭：《社会契约论》，商务印书馆1982年版，第35页。
② 参见 [意] 德拉－沃尔佩：《卢梭与马克思》，重庆出版社1993年版。
③ 《马克思恩格斯全集》第1卷，人民出版社1956年版，第391—392页。

事务。所以，在马克思看来，通过委托创造的参与和民主，是不彻底的；而要达到彻底的民主，就必须让相互分离的国家与社会结合为一体，使人们能够将对自身事务的参与和对国家事务的参与结合为一体。至于如何实现国家与社会的结合，马克思早期的思想多少也是卢梭式的，他说："一方面，假如一切人都成了立法者，那末市民社会就自行消失了。另一方面，和市民社会相对立的政治国家只有在符合自己的尺度下，才能容忍市民社会的存在。"① 于是，马克思在这里实际上也遇到了卢梭的难题，即人民主权对民主的内在要求与现代国家在政治上全面主导社会的现实之间存在着天然的紧张。

但是，马克思最终在现实的政治实践中找到了解决这个难题的答案。这个答案很简单，就是将政治国家对市民社会的吸纳或者市民社会对政治国家的服从，完全颠倒为社会对国家的吸纳或者国家对社会的服从。这种颠倒与马克思早年将被黑格尔头足倒置的市民社会与国家关系完全颠倒过来，具有同等的价值。对黑格尔逻辑的颠倒，马克思解决了国家形成的逻辑，即不是国家产生市民社会，而是市民社会产生现代国家；而对卢梭逻辑的颠倒，马克思解决了国家的未来命运，即国家不应以主权或公意的名义成为社会的绝对统治力量，国家最终要被社会收回，重新成为社会本身的力量。为此，马克思提出了社会共和国的理想。在这样的共和国，卢梭和马克思所面临的难题就得到了消解。如果说马克思颠倒黑格尔的国家与社会逻辑关系，是出于其对人类社会规律的科学把握；那么马克思颠倒卢梭的国家与社会中关系，则是基于对巴黎公社革命实践的总结与分析，是其理论对现实的发现。

总结以上的分析，马克思民主理论的基本逻辑是：社会分解为独立个人，从而把人的世界和人的关系还给人自己，为现代民主制度的确立提供了坚实的基础：独立的个人和现代的社会。然而，这种"利己的、独立的个人"② 出现所必然带来的政治国家与市民社会的分离，

---

① 《马克思恩格斯全集》第1卷，人民出版社1956年版，第394页。
② 同上书，第443页。

总论

复合民主：人民民主在中国的实践形态

却使得现代民主难以形成真正由人民统治的彻底的民主，结果使得"有感觉的、有个性的、直接存在的人"[①]无法单独参与国家事务，参与立法，只有通过议员来参加政治国家。于是，现代民主陷入了两难境地：政治国家与市民社会分离孕育了现代民主，而现代民主要走向彻底，就必须消除这种分离。马克思在《黑格尔法哲学批判》中看到了现代民主制度发展的这种逻辑困境和难题，但没有发现解决这个难题的理论路径和现实实践。然而，马克思时刻没有放弃对这个问题的思考与探索，所以，当他从巴黎公社的实践中发现了新的民主制——"社会共和国"——能够解决这个难题的时候，他的那种兴奋和欢愉是可想而知的。

马克思对这个问题的认识，随着他对现代资本主义经济的研究而走向深刻。当他全面用政治经济学的眼光来看待市民社会与政治国家分离的时候，他看到的不再仅仅是独立的、利己的个人的出现，而是另一层更为深刻的分离：即人与物的分离，具体来说，就是生产者与生产资料的分离。这种分离的直接结果就是形成物对人的统治，具体来说，就是资本对劳动的统治。这种统治使得政治上获得解放的个人在经济上完全陷入被奴役的状态；与此相应，以市民社会为基础的政治国家，冲破了市民社会与政治国家的二元存在格局，成为统治市民社会的力量，犹如一条巨大的蟒蛇，缠绕着市民社会，使其窒息。[②]于是，打破资本奴役与摧毁国家的统治也就成了同义语。现代民主制度在这双重奴役下自然要变型、异化。马克思之所以对巴黎公社欢呼雀跃，就是因为他在巴黎公社身上同时看到了人、社会以及现代民主

[①] 《马克思恩格斯全集》第1卷，人民出版社1956年版，第443页。

[②] 马克思深刻指出："一句话，随着现代阶级斗争——劳动与资本的斗争——采取更鲜明的形式和规模，国家政权的面貌和性质也发生了显著的变化。它一直是维护秩序，即维护现存社会制度从而也就是维护占有者阶级对生产者阶级的压迫和剥削的权力。但是，只要这种秩序还被人当作不容异议、无可争辩的必然现象，国家政权就能够摆出无所偏袒的样子。这种政权把群众现存的屈从地位作为不容变更的常规，作为群众默默忍受而他们的'天然尊长'则安然利用的社会事实维持下去。"《马克思恩格斯选集》第2卷，人民出版社1972年版，第435页。

制能够从这双重的奴役中获得解放的新的可能。这也就能理解他为什么把巴黎公社看作是新社会、新制度的曙光了。

在马克思看来，借助资本对劳动统治所建立起来的资本主义制度，实际上是一种"帝国制度"。他说："帝国制度是那个由新兴资产阶级社会作为摆脱封建制度的工具建立起来，尔后又由已经充分发展的资产阶级社会变成了资本奴役劳动的工具的国家政权的最淫贱和最后的形式。"① 现代资本主义代议民主就是与这种"帝国制度"相适应的。所以，马克思认为，民主要发展，走向彻底，要回到其本来的意义，就必须冲破这种"帝国制度"。在巴黎公社运动中，他终于发现了"帝国的直接对立物"，② 即公社，因为，公社"是社会把国家政权重新收回，把它从统治社会、压迫社会的力量变成社会本身的生命力；这是人民群众把国家政权重新收回，他们组成自己的力量去代替压迫他们的有组织的力量；这是人民群众获得社会解放的政治形式，这种政治形式代替了被人民群众的敌人用来压迫他们的社会人为力量（即被人民群众的压迫者所篡夺的力量）（原为人民群众自己的力量，但被组织起来反对和打击他们）。这种形式很简单，像一切伟大事物一样。"马克思认为，公社代表了共和国发展的新形态：即社会共和国，它将以"公开宣布'社会解放'为共和国的伟大目标，从而以公社的组织来保证这种社会改造。"③ 由于国家被社会重新收回，成为社会本身的力量，所以，"公社不应当是议会式的，而应当是同时兼管行政和立法的工作机关。一向作为中央政府的工具的警察，立刻失去了一切政治职能，而变为公社的随时可以撤换的负责机关。其他各行政部门的官吏也是一样。"④，这样，军事、行政、政治的职务就"不再归一个受过训练的特殊阶层所私有"。⑤

---

① 《马克思恩格斯全集》第17卷，人民出版社1963年版，第358页。
② 同上书，第358页。
③ 同上书，第600页。
④ 同上书，第358页。
⑤ 同上书，第590页。

其实，马克思与卢梭所面临的难题是现代民主发展的两难困境：即国家与社会的分离，孕育了现代民主，即以人民主权为核心的民主；而这种民主要走向彻底，就必须以消除这种分离为前提。卢梭力图通过强调国家主权的绝对性来克服这种两难，结果陷入了专制主义的道德风险；马克思则从公社的经验中找到了通过社会重新收回国家来落实人民主权的民主的现实路径。理论与实践都表明，马克思的发现实际上代表了现代民主的发展方向。毋庸讳言，马克思所发现的民主形式在具体的实践中要走向彻底，还面临各种现实条件的限制，还需要长时间的努力与奋斗，但其所揭示的发展逻辑与发展方向依然是民主建设所应当积极追求的。

三、马克思的"社会共和国"与列宁的"苏维埃民主"

马克思所极力颂扬的巴黎公社最终以失败告终，但它在俄国无产阶级革命所创立的苏维埃政权中获得了再生。列宁明确认为：苏维埃政权"是继续巴黎公社的道路"[1]；苏维埃国家"是继巴黎公社之后走向社会主义国家的第二步"[2]。那么，苏维埃是什么呢？

苏维埃是作为"包括一切工业部门的全体工人以至全体士兵、全体劳动的贫苦的农村居民的组织"，是他们的"战斗组织"[3]。革命胜利后，苏维埃组织"亲自掌握国家政权"，"变成国家组织"[4]，确立苏维埃政权，开辟苏维埃民主制。关于苏维埃政权以及苏维埃民主制的性质，列宁作了具体的阐述：

"苏维埃政权的实质在于：正是受资本主义压迫的阶级即工人和半无产者（不剥削他人劳动并经常出卖哪怕是一部分自己的劳动力的农民）的群众组织，是全部国家权力和全部国家机构固定的和唯一的基础。正是那些在法律上有平等权利、实际上却受到各种排挤不能参

---

[1] 《列宁选集》第3卷，人民出版社1972年版，第483页。
[2] 同上书，第688页。
[3] 同上书，第648—649页。
[4] 同上书，第649页。

加政治生活和享有民主权利和自由（甚至在最民主的资产阶级共和国也是这样）的群众，现在被吸引经常参加对国家的民主管理并在其中起决定作用。"①

"苏维埃民主制即目前具体实施的无产阶级民主制的社会主义性质就在于：第一，选举人是被剥削劳动群众，没有资产阶级；第二，废除了选举上一切官僚主义形式的手续和限制，群众自己决定选举的程序和日期，有撤销被选举人的完全自由；第三，建立了劳动者先锋队的，即大工业无产阶级的最优良的群众组织，这种组织使劳动者先锋队能够领导最广大的被剥削群众，吸收他们参加独立的政治生活，根据他们亲身的体验对他们进行政治教育，……因而是空前地第一次使真正的全体人民都学习管理国家，并且开始管理国家。""这就是在俄国实行的民主制的主要特征，这种民主制是更高类型的民主制，与资产阶级所歪曲的民主制绝对不同，这是向社会主义的民主制和使国家能开始消亡的条件的过渡。"②

不论是苏维埃政权，还是苏维埃民主制，都深刻地带着巴黎公社的痕迹，显然是公社事业的继承。③ 但列宁认为，与巴黎公社相比，苏维埃更进一步，因为，它形成了无产阶级专政的形式，即俄国的苏维埃政权。列宁说："只有苏维埃国家组织才能真正一下子打碎和彻底破坏旧式的即资产阶级的、官吏的、法官的机关，这些机关在资本主义制度下，甚至在最民主的共和国都保存着，而且必然保存着，它们实际上是实行工人和劳动者的民主的最大障碍。巴黎公社在这条道路上走了具有全世界历史意义的第一步，苏维埃政权走了第二步。"④ 因此，列宁认为，苏维埃民主制是与资本主义的议会民主制完全不同的民主制。他指出："旧式的即资产阶级的民主制和议会制是设法使劳动群众远离管理机构。相反的，苏维埃政权即无产阶级专政则是设

---

① 《列宁选集》第3卷，人民出版社1972年版，第724页。
② 同上书，第524页。
③ 同上书，第719页。
④ 同上书，第725页。

法使劳动群众接近管理机构。在苏维埃国家组织中，立法权和行政权的合一以及用生产单位（如工厂）来代替地域性的选区，也是为了这个目的。"①

关于苏维埃与巴黎公社之间的承继关系以及他们与资产阶级议会民主制的本质差异，列宁还有很多的论述。列宁这方面论述的重要理论武器就是马克思对巴黎公社的历史考察和理论总结以及恩格斯在此基础上的进一步提炼与表达，因而，列宁的思想与马恩的思想之间具有直接的承继性。但是，从他们各自所面对的现实来分析他们的具体观点，还是可以看出列宁与马克思在这方面的差异。马克思认为，资产阶级民主是基于资本对劳动的统治以及由此形成的国家对社会的统治而形成的，巴黎公社的最大意义在于社会重新收回国家，使劳动在经济上获得解放。列宁也接受马克思的这个判断，但他在分析苏维埃民主的价值和意义的时候，侧重的不是社会重新赢得国家，而是劳动摆脱资本统治，建立代替资本主义民主的无产阶级民主。因而，马克思更多地是从"社会共和国"的角度来把握巴黎公社的价值的，虽然也强调劳动解放与无产阶级专政的历史意义，但他认为这一切只有建立在社会重新收回国家的基础上才有实际的价值和意义。然而，列宁则不同，他将苏维埃政权的所有意义都集中在无产阶级民主代替资产阶级民主，从而确立无产阶级专政的基础上，并且通过强调苏维埃民主的民主性来强化其历史价值和意义，于是，就有了著名的列宁断言："无产阶级民主比任何资产阶级民主要民主百万倍；苏维埃政权比最民主的资产阶级共和国要民主百万倍。"② 在这样的政治逻辑下，当列宁沉浸在新阶级统治与新阶级民主的时候，也就在有意无意之中忽视了巴黎公社所代表的新型民主的历史发展前提：即社会重新收回国家，建立社会共和国。俄国的实践表明，新阶级统治并没有带来新的国家与社会关系。十月革命胜利虽然开启了俄国的社会主义建设历

---

① 《列宁选集》第3卷，人民出版社1972年版，第724页。
② 同上书，第634—635页。

程，但尚未实现现代化的俄国，要在经济与社会上真正迈向社会主义，还需要经历国家资本主义的发展阶段，而在国家资本主义发展中，国家对经济与社会发展的主导作用不是减弱，而是不断增强，国家与社会的关系自然不可能发生马克思所期待的那种逆转。然而，更为本质的是，巴黎公社诞生在现代社会，即市民社会比较成熟的发展基础上，因而，作为市民社会核心力量的劳动阶级掌握国家政权之后，自然能够将国家收回社会。相反，苏维埃政权是在现代社会还需要政权本身通过现代化发展，通过国家资本主义建设来培育的前提下出现的①，它不仅要完成现代社会建设，而且要完成现代国家建设，因而，不论国家政权如何被工人阶级和广大劳动群众所掌握，都不可能改变基于现代化发展基础上形成的社会与国家关系。正因为如此，在列宁的理论中，苏维埃政权或苏维埃民主是新阶级统治代替资产阶级的统治，是国家政权归无产阶级和广大劳动大众所有，而不是归资本家和特权阶层所有的少数人的民主。然而，由于没有改变国家与社会的既有逻辑，所以，基于这种民主所建立的共和国，只能是无产阶级专政的共和国，不可能是马克思所强调的基于无产阶级专政的"社会共和国"。这就决定了，苏维埃民主如果不能有效创造现代化的发展，就不可能真正具有马克思在巴黎公社身上所发现的那种功能，即通过社会收回国家，使现代民主不仅在形式上，而且在实质上走向彻底，即一切人都能单独参与立法权的当家作主式的民主。

上述分析表明，基于巴黎公社经验和俄国历史现实所开创的苏维埃民主，实际上是劳动阶级全面掌握国家政权，并全面参与国家管理的民主，虽然趋向马克思所理想的"社会共和国"，但由于现代化发展水平的限制，其所面临的社会和国家都还需要经历现代化的发展，社会重新收回国家的现实经济与社会基础尚不成熟，所以，苏维埃民

---

① 列宁把这个过程想象得比较简单，他说："国家资本主义较之我们苏维埃共和国目前的情况，是一个进步。如果国家资本主义在半年左右能在我国建立起来，那就是一个很大的胜利，那就真正能够保证社会主义一年以后在我国最终地巩固起来，立于不败之地。"参见《列宁选集》第三卷，人民出版社1972年版，第540页。

主在与资本主义民主有本质区别的同时,也与马克思所理想的巴黎公社的"社会共和国"的民主有较大的差距。这个客观现实决定了苏维埃民主必须在现实实践中创造出与其所处的社会和国家发展历史阶段相适应的民主形式。然而,现实并非如此。俄国以及后来的前苏联不论在理论上还是在实践上都没有很好地丰富和发展苏维埃民主,致使苏维埃民主得不到有效的发挥。没有民主,也就没有社会主义。前苏联的解体及其社会主义制度的终结充分说明了这一点。在这其中,问题不是出在苏维埃民主本身,而是出在苏维埃民主的实践。任何一种民主制度,不仅需要价值和理论上的先进,而且需要实践中的合理与有效。落实不到实践中的合理与有效,价值和理论上再好的民主都只是一种乌托邦。

四、从苏维埃民主到人民民主

俄国十月革命的胜利,不仅使苏维埃上升为国家组织,成为俄国社会主义政治制度的核心和社会主义民主的基础,而且使苏维埃民主形式在共产国际的推介下在其他国家传播,其中就包括中国。众所周知,中国共产党是在列宁领导的共产国际帮助下诞生的,因而,它一诞生,就直接把在中国实践苏维埃民主作为自身的历史使命。中国共产党第一个纲领的第三条明确规定:"本党承认苏维埃管理制度,把工农劳动者和士兵组织起来,并承认党的根本政治目的是实行社会革命;中国共产党彻底断绝同黄色知识分子及其他类似党派的一切联系。"[①] 大革命失败之后,中国共产党开始进行革命根据地建设。为了在根据地建立工农政权和扩大其在全国的影响,中国共产党开始了以根据地为基础的苏维埃政权的建设实践。1930年2月,中共中央发出了《关于召集全国苏维埃区域代表大会》的通告,同年5月,全国苏维埃区域代表大会在上海秘密召开。此后又经过一年多的筹备,1931

---

① 《中国共产党党章汇编》,人民出版社1979年版,第2页。

年11月7日，中华苏维埃第一次全国代表大会在江西瑞金召开，并由此成立以工农兵苏维埃政权为基础的中华苏维埃共和国，从而正式展开了革命年代的苏维埃政权与苏维埃民主实践历程。

在列宁看来，"苏维埃是无产阶级专政的俄国形式"，它对国际共产主义运动的意义在于为无产阶级专政确立了一种具体的制度形式。但是，这种制度形式是"俄国式"的，因而，它在他国的实践就必然面临如何从"俄国式"转变为"本国式"的问题。中国共产党是以"俄国式"的苏维埃来开始政权建设实践的，但很快这种"俄国式"的政权建设实践就转向"本国式"的政权建设实践。第五次反"围剿"战争失败之后，中国共产党离开建在江西的根据地苏区，进行战略大转移，踏上了二万五千里长征路，并举起了北上抗日的大旗。经过一年的努力，1935年10月红军主力在陕北会师，完成长征壮举。同年12月，毛泽东在著名的瓦窑堡会议上，就提出了新的政权建设主张，即中国共产党未来要建立的不是工农苏维埃政权和苏维埃共和国，而是人民政权与人民共和国。毛泽东明确指出："如果说，我们过去的政府是工人、农民和城市小资产阶级联盟的政府，那末，从现在起，应当改变为除了工人、农民和城市小资产阶级以外，还要加上一切其他阶级中愿意参加民族革命的分子。"很显然，这个重大转变与中国共产党面临的抗日救亡历史使命密切相关，与中国共产党在这样的历史关头不仅要成为工农大众利益的核心代表，而且要成为全民族利益的核心代表有直接关系。毛泽东解释道："为什么要把工农共和国改变为人民共和国呢？我们的政府不但代表工农的，而且代表民族的。这个意义，是在工农民主共和国的口号里原来就包括了的，因为，工人、农民占了全民族人口的百分之八十至九十。……但是现在的情况，使得我们要把这个口号改变一下，改变为人民共和国。这是因为日本侵略的情况变动了中国的阶级关系，不但小资产阶级，而且民族资产阶级，有了参加抗日斗争的可能性。"

不可否认，中国共产党人在这个时候所进行的这种转变多少带有

总论
复合民主：人民民主在中国的实践形态

策略性。但是，随着中国共产党领导整个革命进程的深入及其对中国革命与中国社会把握的日益深刻，这种策略性的转变就逐渐成为一种战略性的甚至可以说是一种根本性的选择。1940年1月，毛泽东在著名的《新民主主义论》中，就不再仅仅从抗日战争的形势需要出发，而更重要地从中国革命与中国社会的性质出发来论证中国革命所要建立的政权和国家，不应该是苏俄式的，而应该是中国式的，应该不是简单的无产阶级专政，而应该是各革命阶级的联合专政，即各革命阶级联合起来的人民的民主与专政。毛泽东认为，中国的社会性质是半殖民地半封建社会，因而，中国革命不仅要反封建，而且要反帝国主义。中国革命必须分两个阶段，即新民主主义革命阶段和社会主义革命阶段。新民主主义是无产阶级领导的资产阶级民主革命，不再属于旧的资产阶级革命一部分，而是属于新的社会主义革命的一部分，因而，其革命目的"决不是也不能建立中国资产阶级专政的资本主义的社会，而是要建立以中国无产阶级为首领的中国各个革命阶级联合专政的新民主主义的社会"①，"是在无产阶级领导下的一切反帝反封建的人们联合专政的民主共和国，这就是新民主主义共和国"②，"这种新民主主义共和国，一方面和旧形式的、欧美式的、资产阶级专政的、资本主义的共和国相区别，那就是旧民主主义的共和国，那种共和国已过时了；另一方面，也和苏联式的、无产阶级专政的、社会主义的共和国相区别，那种社会主义的共和国已经在苏联兴盛起来，并且还要在各资本主义国家建立起来，无疑将成为一切工业先进国家的国家构成和政权构成的统治形式；但是那种共和国，在一定的历史时期中，还不适用于殖民地半殖民地国家的革命。"所以，中国只能采用第三种形式，"这就是所谓新民主主义共和国"，其"国体——各革命阶级联合专政"；其"政体——民主集中制"，至于具体制度形式，"中国现在可以采取全国人民代表大会、省人民代表大会、县人民代

---

① 《毛泽东选集》第2卷，人民出版社1991年版，第672页。
② 同上书，第674页。

表大会、区人民代表大会直到乡人民代表大会的系统,并由各级代表大会选举政府。"①

当然,毛泽东当时认为这种共和国只是一种过渡形式,用他的话说:"这是一定历史时期的形式,因而是过渡的形式,但是不可移易的必要的形式。"因而,自然也是中国共产党建国"工作的唯一正确的方向"。在这里,毛泽东既强调了这种形式的过渡性,同时也强调了这种形式对中国所具有的"不可移易的必要"性。过渡性是针对社会主义的要求而言的,"不可移易的必要"性是针对中国现实而言的,因而,不管这种形式的未来使命与形态如何,它在现时代是符合中国革命与建设的要求,符合中国实际的。这正是以毛泽东为核心的中国共产党人在迎接新中国到来的时候,无比坚定地坚持既定的国家政治建设方略:走人民民主专政的道路,建立人民民主共和国。1949年,毛泽东在《论人民民主专政》一文中斩钉截铁地说道:对中国来说,要达到社会主义,"唯一的路是经过工人阶级领导到人民共和国。""人民是什么?在中国,在现阶段,是工人阶级,农民阶级,城市小资产阶级和民族资产阶级。这些阶级在工人阶级和共产党的领导下,团结起来,组成自己的国家,选举自己的政府,向着帝国主义的走狗即地主阶级和官僚资产阶级以及代表这些阶级的国民党反动派及其帮凶们实行专政,实行独裁。""对人民内部的民主方面和对反动派的专政方面,相互结合起来,就是人民民主专政。"② 这样的国家,就是人民的国家,"人民的国家是保护人民的。有了人民的国家,人民才有可能在全国范围内和全体规模上,用民主的方法,教育自己和改造自己,……向着社会主义和共产主义社会前进。"③ 1949年10月人民民主专政的国家政权诞生,人民共和国终于耸立在中华大地。

如果说苏维埃民主是无产阶级专政的俄国形式,那么人民民主则

---

① 《毛泽东选集》第2卷,人民出版社1991年版,第675—677页。
② 《毛泽东选集》第4卷,人民出版社1991年版,第1475页。
③ 同上书,第1476页。

是中国式的无产阶级专政,即工人阶级领导的各阶级联合专政。这两种民主虽然在制度表达和权力配置逻辑上有许多相似之处,但在具体的特征上,它们是两种不同的无产阶级民主形式:人民民主是从落后国家迈向社会主义的内在逻辑出发的;而苏维埃民主是从社会主义对国家统治的阶级形态要求出发的;因而,前者更多地从国家建设与发展出发来建构民主;而后者则更多地从建构无产阶级成为绝对的统治阶级出发来建构民主。这种差异决定了两种民主的命运。实际上,新中国建立后不久,随着社会主义改造的基本完成,根据毛泽东的理论,国家政权的组织形式就必须从新民主主义形式转变为社会主义形式,为此,他放弃了人民民主专政,代之以无产阶级专政,于是,原先生动活泼的人民民主在统治阶级单一化的作用下被彻底消解,走向集权和专断。虽然我们不能由此来推论苏维埃民主与前苏联最终解体之间的关系,但从中国民主形态在文革中转型所带来的后果来看,我们还是能够依稀感受到不是从国家建设出发,而是从阶级统治出发所建构的民主可能带来的对国家的伤害。正因为有这种伤害,文革结束后,中国改革开放伊始,重新用"人民民主专政"代替"无产阶级专政",并逐渐地将"专政"消融在以依法治国为基础的"人民民主"之中。

但是,人民民主与苏维埃民主有一点是共同的:即它们都是承载着推进国家现代化发展使命的民主形式。因而,它们都没有达到马克思从巴黎公社中撷炼出来的"社会共和国"水平,即都不是建立在社会重新收回国家的基础之上,相反,都是建立在必须通过国家来促进社会发展的基础之上。产生这种差距,根源不在这两种民主本身,而在于这两种民主所存在的现实社会的发展水平与实际条件。这决定了不论人民民主,还是苏维埃民主,在强调自我价值和基本形态的时候,更要考虑其得以扎根、完善和巩固的实践形式。

相比较而言,人民民主更具有发展的基础与空间。首先,它不是简单地从建立新型的阶级统治出发,而是从建立一切权力归人民的人民国家出发；其次，它没有将自身看作是绝对的、至高的形态，而是看作是最终导向社会主义的一种可发展、可开发的过渡形态；最后，它的主体不是开放给某一个阶级的，而是整个社会。

第二节　两次解放：人民民主在中国的发展逻辑

中国共产党的革命理论是建立在阶级分析基础上，但中国共产党的建国构想却基本上是建立在人民统治基础之上的。中国共产党1937年提出要建立人民共和国之后，就没有改变过其建国的基本价值取向。人民共和国正是人民民主得以确立和实践的基本国家形态。尽管在中国共产党的理论中，人民是一个由各阶级联合在一起的阶级集合体，其统治本质上也是阶级统治，但这与直接宣布将国家建立在一个阶级对另一个阶级的统治基础上还是有很大理论差别的，其中最根本的就是人民统治背后的阶级统治，不是单一阶级的统治，而是单一阶级领导下的社会各阶级力量的联合统治，从而使阶级统治中所可能形成的直接对抗被有领导的阶级联合与团结所取代。正是这种有领导的阶级联合与团结，成为中国实践人民民主的重要政治基础。

一、阶级解放与人民民主

在马克思的民主理论体系中，现代民主是基于政治解放而形成的，体现的就是政治解放本身。马克思一再强调："政治解放一方面把人变成市民社会的成员，变成利己的、独立的个人，另一方面把人变成公民，变成法人。"[①] 所以，政治解放的本质，实际上就是个体获得了相对独立于国家而存在的自主权利。这种解放的现实经济基础是人与

[①]《马克思恩格斯全集》第1卷，人民出版社1956年版，第443页。

生产资料的分离。因而，紧随这种政治解放而来的，就是生产资料在生产领域对人，尤其是对劳动者的统治。这种统治的本质就是资本对劳动的统治。资本主义的民主就是建立在政治解放与资本统治相结合的基础之上的。所以，马克思认为资本主义民主并不彻底，维护的是资本对劳动的统治，即少数人对多数人的统治。为此，马克思认为现代民主的发展必须经历更为深刻的解放，即"使劳动在经济上获得解放"。① 巴黎公社为这种解放提供了政治形式。从巴黎公社的实践来看，这种解放实际上是劳动阶级解放与"社会解放"的有机统一。劳动阶级掌握国家政权和生产资料，是社会解放的前提；社会重新收回国家，摆脱国家的奴役，是劳动阶级解放的根本保障。

所以，马克思的民主发展观实际上是很清晰的：即社会主义民主，不仅包含政治解放，而且包含阶级解放和社会解放。西方发达国家迈向社会主义民主必然是以政治解放为基础的，而非西方落后国家迈向社会主义是否也一定要以政治解放为起点呢？马克思的社会发展观与"跨域卡夫丁峡谷的理论"给出了回答：即这些国家迈向社会主义民主，可以不以政治解放为第一历史行动，但最终确立的社会主义民主必须包含着政治解放。因为，在马克思看来，人类社会发展的历史逻辑决定了社会主义是在资本主义基础上发展起来的，落后国家之所以能够跨越"资本主义制度的卡夫丁峡谷"，是因为它是在"资本主义生产和它同时存在"的历史环境中来完成这个历史行动的，因而，这种跨越是以能够"享用资本主义制度的一切肯定成果"为历史前提的。② 在资本主义制度的一切肯定成果中，自然包括资产阶级革命所开创的现代民主共和。总之，从马克思对巴黎公社的分析来看，马克思所追求的社会主义民主应该是政治解放、阶级解放和社会解放三者的有机统一。

历史的事实表明，以俄国十月革命为起始的落后国家建设社会主

---

① 《马克思恩格斯全集》第17卷，人民出版社1963年版，第361页。
② 《马克思恩格斯全集》第19卷，人民出版社1963年版，第437页。

义的实践，都是以阶级解放为其第一个历史行动的，这其中自然包括中国。历史行动的现实基础就是这些国家既缺乏现代化的历史运动，也缺乏生成现代化历史运动的内在力量，而其理论基础则来自马克思和恩格斯在《共产党宣言》中宣布的著名的革命路线图："工人革命的第一步就是使无产阶级上升为统治阶级，争得民主。无产阶级将利用自己的政治统治，一步一步地夺取资产阶级的全部资本，把一切生产工具集中在国家即组织成为统治阶级的无产阶级手里，并且尽可能快地增加生产力的总量。"① 俄国革命是按照这个路线图展开的，紧随其后的中国革命也是遵循这个革命路线图。所以，人民民主在中国确立的第一个历史行动，就是阶级解放。

毛泽东1949年发表《论人民民主专政》一文，十分系统地论证和阐述了人民民主的第一个历史行动：阶级解放。对于人民民主来说，阶级解放的本质就是劳动阶级成为国家的主人，掌握国家政权，当家作主。毛泽东说："一九二四年，孙中山亲自领导的有共产党人参加的国民党第一次全国代表大会，通过了一个著名的宣言。这个宣言上说：'近世各国所谓民权制度，往往为资产阶级所专有，适成为压迫平民之工具。若国民党之民权主义，则为一般平民所共有，非少数人所得而私也。'除了谁领导谁这一个问题以外，当作一般的政治纲领来说，这里所说的民权主义，是和我们所说的人民民主主义或新民主主义相符合的。只许为一般平民所共有、不许为资产阶级所私有的国家制度，如果加上工人阶级的领导，就是人民民主专政的国家制度了。""人民民主专政的基础是工人阶级、农民阶级和城市小资产阶级的联盟，而主要是工人和农民的联盟，因为这两个阶级占了中国人口的百分之八十到九十。推翻帝国主义和国民党反动派，主要是这两个阶级的力量。由新民主主义到社会主义，主要依靠这两个阶级的联盟。""人民民主专政需要工人阶级的领导。因为只有工人阶级最有远

---

① 《马克思恩格斯选集》第1卷，人民出版社1995年版，第293页。

总论
复合民主：人民民主在中国的实践形态

见，大公无私，最富于革命的彻底性。整个革命历史证明，没有工人阶级的领导，革命就要失败，有了工人阶级的领导，革命就胜利了。"① 概括这些论述，可以看到基于阶级解放形成的人民民主实际上包含两个层面：其一，国家的权力不归少数人所私有，而是归全体人民所公有，由人民当家作主；其二，不论是人民，还是属于人民的国家政权，都需要人民中的先进阶级，即工人阶级来领导。人民民主的国家政权，正是工人阶级领导广大人民建立起来的。"人民是什么？在中国，在现阶段，是工人阶级，农民阶级，城市小资产阶级和民族资产阶级。这些阶级在工人阶级和共产党的领导之下，团结起来，组成自己的国家，选举自己的政府。"② 可见，基于阶级解放而形成的人民民主，实际上是人民当家作主与工人阶级和共产党领导的有机统一。

然而，必须看到，这种阶级解放，不是基于他们所拥有的经济力量而形成，而是基于他们通过革命所拥有的政治力量，即国家机器而形成的。所以，毛泽东认为要巩固阶级解放所形成的人民民主，就必须做到三点：其一，坚持工人阶级的领导。其二，强化人民国家以保障人民利益，毛泽东说："我们现在的任务是要强化人民的国家机器，这主要地是指人民的军队、人民的警察和人民的法庭，借以巩固国防和保护人民利益。"其三，推进国家工业化，即国家的现代化，不然人民民主就不可能拥有真正的经济与社会基础。毛泽东当年指出，人民民主专政"严重的问题是教育农民。农民的经济是分散的，根据苏联的经验，需要很长的时间和细心的工作，才能做到农业社会化。没有农业社会化，就没有全部的巩固的社会主义。农业社会化的步骤，必须和以国有企业为主体的强大的工业发展相适应。"③

因而，对于人民民主来说，它可以以阶级解放作为第一个历史行

---

① 《毛泽东选集》第4卷，人民出版社1991年版，第1478—1479页。
② 同上书，第1475页。
③ 同上书，第1477页。

动，但不能仅仅局限于这样的历史行动，相反，它必须在这个历史行动基础上，借助对国家政权的掌握和运用，全面推进社会的现代化发展，使得人民不仅能够借助掌握国家政权当家作主，而且能够借助其所拥有的自主和独立的经济与社会基础而当家作主。实际上，毛泽东基于社会主义社会本身对民主的内在要求，一开始就看到了仅仅基于阶级解放所形成的人民民主的历史局限性。它在论述用于展现和固定人民民主原则的1954年宪法时就明确指出："我们的这个宪法，是社会主义类型的宪法，但还不是完全社会主义的宪法，它是一个过渡时期的宪法。我们现在要团结全国人民，要团结一切可以团结和应当团结的力量，为建设一个伟大的社会主义国家而奋斗。这个宪法就是为这个目的而写的。"这个论述既呼应了毛泽东在《新民主主义论》中所表达的政治思想和主张，也呼应了人民民主发展的使命和必然逻辑。

理论的清醒必须能够转化为科学的战略和有效的实践，才有实际的价值和意义。不然，仅仅有理论的意义，不能产生现实的发展动力。新中国建立之后，人民民主实践所遇到的挫折证明了这一点。新中国建立之后人民民主的实践之所以最后会演变为以"大鸣、大放、大辩论"为表现形式的"文革式"的民主，并使国家陷入"文革"的灾难，问题不是出在人民民主理论本身，而是出在人民民主实践的战略上。实践战略出错，一方面与我们没有认清什么是社会主义以及如何建设社会主义有关，另一方面就是我们的人民民主实践背离了人民民主理论本身。这种背离体现在三个方面：第一，人为地将阶级斗争扩大化，从而简单而粗暴地解构基于阶级联合而形成的人民，将人民内部的矛盾全面扩大为阶级矛盾，从而用无产阶级专政替代人民民主专政；第二，伴随着无产阶级专政的绝对化，必然带来党的领导的集权化，从而在政治上和制度上全面割裂民主与专政的关系，导致民主在专政中化为乌有；第三，人民民主政权在政治上的迷失，必然带来发展战略的错误，从而导致国家工业化和现代化发展的挫折。

复合民主：人民民主在中国的实践形态

在历史的空间中，事物的发展是辩证的。在断送了人民民主的同时，"文革"的错误也以深刻的历史教训的方式启示了中国共产党人和中国人民：没有人民民主的建设和发展，就没有社会主义。所以，中国是在重新激活人民民主中结束"文革"历史的。这种激活，不仅使人民民主回到其正确的理论之中，并在实践中开启了人民民主发展所需要的第二次解放：即人民作为个体在经济与社会中的独立与解放，从而使得人民民主中阶级解放所包含的政治解放获得了现实基础和实践条件。

二、个体解放与人民民主

"文革"结束之后，中国进入改革开放时期，其历史使命就是要通过体制变革，一方面使党和国家政权有能力推动中国社会的现代化发展，另一方面使社会获得创造和发展的活力，从而创造党、国家与社会相互激发，相互合作，共同推动现代化的发展格局。为此，中国的改革从社会发展的最根本主体出发，即从解放劳动者的生产力和创造力出发。所以，改革开放一开始就承认人的利益的合理性，承认每个人追求自我发展和完善的合理性。这种政治上的承认要转化为劳动者寻求发展的内在动力，就必须将劳动者从既有的体制束缚中解放，并获得应有的自主权。这决定了中国的改革开放必须从政治体制改革入手，必须从激活和发展人民民主入手。1978年12月13日，邓小平在党的十一届三中全会预备会议上的讲话十分明白地表达了这种改革的战略思路，其逻辑如下：①

其一，"解放思想是当前的重大政治问题"，而"民主是解放思想的重要条件"，"当前这个时期，特别需要强调民主。因为在过去一个相当长的时间内，民主集中制没有真正实行，离开民主讲集中，民主太少。"

---

① 《邓小平文选》第2卷，人民出版社1983年版，第130—143页。

其二，不仅要在社会和政治生活中讲民主，而且要在经济生活中讲民主。"我想着重讲讲发扬经济民主的问题。现在我国的经济管理体制权力过于集中，应该有计划地大胆下放，否则不利于充分发挥国家、地方、企业和劳动者个人四个方面的积极性，也不利于实行现代化的经济管理和提高劳动生产率。""当前最迫切的是扩大厂矿企业和生产队的自主权，使每一个工厂和生产队能够千方百计地发挥主动创造精神。一个生产队有了经营自主权，一小块地没有种上东西，一小片水面没有利用起来搞养殖业，社员和干部就要睡不着觉，就要开动脑筋想办法。全国几十万个企业、几百万个生产队都开动脑筋，能够增加多少财富啊！"

其三，"为国家创造财富多，个人的收入就应该多一些，集体福利就应该搞得好一些。不讲多劳多得，不重视物质利益，对少数先进分子可以，对广大群众不行，一段时间可以，长期不行。革命精神是非常宝贵的，没有革命精神就没有革命行动。但是，革命是在物质利益的基础上产生的，如果只讲牺牲精神，不讲物质利益，那就是唯心论。"

其四，"同样，要切实保障工人农民个人的民主权利，包括民主选举、民主管理和民主监督。不但应该使每个车间主任、生产队长对生产负责任、想办法，而且一定要使每个工人农民都对生产负责任、想办法。"

基于上述的改革战略思路，政治体制改革的初始主题就是民主，改革的关键就是放权、分权与让利，改革的落脚点就是生产发展、生活富足。放权、分权与让利要能够对生产和生活产生积极效应，就必须落实到根本，即落实到具体的劳动者。劳动者的积极性是生产发展的源动力，而要激发劳动者的积极性，就必须在经济上给予劳动者自主权，承认并保障其劳动所得的物质利益；同时，在政治上保障劳动者个人的民主权利。透过这种改革思想，可以清楚地看到，党和国家力图通过体制变革，把劳动者个体从传统的体制、组织和观念中解放出来，并以其作为全面启动中国改革和发展的最基本动力资源。

改革促发这种动力资源，而这种动力资源的积累，必然促进改革。面对改革前高度集权的政治和经济体制，人们一旦有了在经济、社会和政治生活中获得自主权利的可能，自然就会形成强大的政治和经济体制改革的要求。这种要求的核心必然是：压缩国家权力的控制空间，扩大个体权利的实现可能，以实现个体的自主与独立。于是，在80年代的改革和发展中，"松绑"、"扩大自主权"、"党政分开"、"民主法制"、"宪法权威"等概念成为核心词。在这样的改革大潮推动下，国家对社会、对个体的放权、分权与让利，很自然地就迅速转化为社会个体对自主权利的追求。1987年7月以"公民政治文化与社会心理"为主题的调查，比较清晰地表达了这种诉求。对"您认为我国政治体制改革中，在所列举的改革内容中哪三个方面的改革最重要"问题的回答，表达了公民对不同领域改革期待的顺序安排，排在第一位的是干部制度，接下来依次是行政效率、党风与政纪、公民的人身自由、决策科学化和民主化、党政关系、对政府的监督机制、行政机构设置、党内民主、政企关系、选举制度、政治公开化、思想和言论自由、行政与司法关系、人大的立法作用、新闻出版自由。这个顺序显示了社会力图将规范和限制政府权力与扩大公民个体自主权利有机统一的心理预期。对知识分子的调查显示，知识分子在对于自身利益与愿望的实现的状况，不满意度比较高，平均接近百分之七十，在此基础上，他们对社会发展的目标期待形成了这样的顺序结构：平等、安定、自由、民主、秩序、公正、效率。对于当时社会经济地位相对低下的知识分子来说，平等的需求实际上是对知识分子经济与社会地位的需求，其实质是对知识分子的价值的肯定。另外，围绕公民权利问题，在回答目前最关心的公民权中的哪些权利时，统计显示排列前五位的是：人身自由与人格尊严、言论自由、劳动权与就业权、选举权与被选举权以及受教育权。在回答您认为最不容易获得的公民权利是哪些时，列前五位的是：对政府的批评权、集会游行自由、言论自由、选举权与被选举权以及批评、控告、申诉、检举权。① 在对有关公民权利两个问题回答所形成的巨大反差中,人们再次看到民众有意无意中把对自身权利需求与对政府权力约束有机结合了起来,因为最不容易得到的权利,都直接关系到对政府权力的约束。

国家启动的改革催发了社会和民众对自主权利的渴望和追求,而这种要求迅速反过来对国家所领导的政治体制与经济体制形成了具体的改革要求,即以实现个体与企业自由为主导价值的改革要求。这种改革要求,在经济体制领域,孕育了彻底从计划经济转向市场经济的改革力量;而在政治体制改革领域,则孕育了把政治体制改革全面提上议事日程,用政治体制改革保障放权、分权和让利的有效落实和实现,从而保障经济体制改革的有效展开。② 这些都对中国的人民民主成长形成了直接推动。尽管力图为经济体制改革开路的政治体制改革,因无法有效地把握改革的政治效应,而不得不在1989年"政治风波"之后调整了改革策略,但是,1992年之后全面迈向社会主义市场经济体制的经济体制改革,却为企业与个体自由的真正获得提供了最根本的经济与社会基础,从而使中国人民民主的成长得以在国家与社会两个领域同时展开。

在社会领域,这种成长体现为拥有自主权利的各类社会主体的涌

---

① 闵琦:《中国政治文化——民主政治难产的社会心理因素》,云南人民出版社1989年版,第80、183—184页。

② 在1986年,邓小平多次强调政治体制改革的必要性和紧迫性。他明确指出:"现在看,不搞政治体制改革不能适应形势。改革,应该包括政治体制的改革,而且应该把它作为改革向前推进的一个标志。我们要精兵简政,真正下放权力,扩大社会主义民主,把人民群众和基层组织的积极性调动起来。现在机构不是减少了,而是增加了。设立许多公司,实际是官办机构,用公司的形式把放给下面的权又收了上来。机构多、人多,就找事情干,就抓住权不放,下边搞不活,企业没有积极性了。""权力不下放,企业没有自主权,也就没有责任,搞得好坏都是上面负责。全部由上面包起来,怎么能搞好工作,调动积极性?"为此,政治体制改革"第三个目标是调动基层和工人、农民、知识分子的积极性。这些年来搞改革的一条经验,就是首先调动农民的积极性,把生产经营的自主权力下放给农民。农村改革是权力下放,城市经济体制改革也要权力下放,下放给企业,下放给基层,同时广泛调动工人和知识分子的积极性,让他们参与管理,实现管理民主化。各方面都要解决这个问题。"见《邓小平文选》第3卷,人民出版社1993年版,第160、180页。

现和发展。首先，劳动者个体在生产和生活领域的独立自主存在日益普遍。最初的这种存在出现在农村，这与农村家庭承包责任制密切相关；进入90年代，城市经济体制改革在市场经济体制的作用下日益深化，企业的产权结构、用工制度以及各类非公企业的成长，使城市劳动者和经营者也日益获得了社会的独立性和经济的自主性，而房产的私人化则使得这种社会的独立与自由有了最为基本的财产基础。其次，各类社会组织和团体蓬勃发展。据研究，"到1989年，全国性社团聚增至1600个，地方性社团达到20多万个。1989年北京的政治风波之后，中国政府对各种民间组织进行了重新登记和清理，民办非企业单位的数量在短时期内稍有减少，1992年全国性的社团为1200个，地方性社团约18万个。但不久后民间组织的数量即重新回升，到1997年，全国县级以上的社团组织即达到18万多个，其中省级社团组织21404个，全国性社团组织1848个。县以下的各类民间组织至今没有正式的统计数字，但保守的估计至少在300万个以上。"① 到了1998年，民办非企业单位组织达到了70多万个。② 显然，这些社会力量的成长在对人民民主成长不断提出新要求的同时，也为人民民主的成长提供了直接而现实的动力资源。因为，在市场经济基础上，这些力量逐步孕育出了人民民主成长所需要的现代社会。

在国家领域，这种成长体现为法治国家建设的深化，从而为个体权利的保障和实现提供更为合理的制度空间和法律保障。为了保障和深化社会主义市场经济体制建设，1997年党的十五大提出了依法治国的新的治国方略，确立了建设社会主义法治国家的发展目标。在这个大方略下，党和政府，一方面积极主动地调整领导和治国的方略，转变政府职能，规范政府权力；另一面加强法律建设，通过有关法律的制定，在规范政府的权力和行为的同时，保障公民的权利。2004年全

---

① 俞可平：《中国公民社会的兴起及其对治理的意义》，见俞可平等：《中国公民社会的兴起与治理的变迁》，社会科学文献出版社2002年版，第200页。
② 民政部编：《中国民政工作年鉴·1999》，中国社会出版社2000年版。

国人大常委会委员长吴邦国在总结改革开放以来民主法治建设时指出："我们在国家领导制度、立法制度、行政管理制度、决策制度、司法制度、干部人事制度、基层民主制度和监督制约制度等方面进行了一系列改革，并将其成功的经验制度化、法律化。到目前为止，除现行宪法和四个宪法修正案外，全国人大及其常委会制定了200多件现行有效的法律，国务院制定了650多件现行有效的行政法规，地方人大及其常委会制定了7500多件现行有效的地方性法规，民族自治地方制定了600多件自治条例和单行条例。现在，在我国以宪法为核心的中国特色社会主义法律体系已经初步形成，国家政治、经济和社会生活的主要方面基本上做到了有法可依。"①

回溯人民民主这段成长历程，可以清晰地看到其中的逻辑：国家放权，推进社会自主和个体独立；权利主体的发育，催发市场体制的确立；以个体自由为前提的市场发展，促进了中国人民民主的深化，开始了全面构建法治国家的进程。显然，在这个过程中，中国人民民主成长的标志性成果，可以概括为四大方面：一是个体解放的形成；二是自主社会的出现；三是市场经济的确立；四是法治国家的开启。

对于人民民主的整体发展来说，这四大标志性成果所具有的历史性意义在于：人民民主发展获得了内生的社会力量和国家的制度性保障，从而使得其建设和发展从局限于国家层面，直接扩展到社会层面；从局限于国家权力的阶级归属，扩展到人民权利的保障和实现；从局限于党的集中领导，扩展到党和国家领导制度的法治化。社会力量的出现和国家的法治化进程，切切实实地把人民民主发展带入到一个新的历史时期，即党的领导、人民当家作主和依法治国三者有机统一的发展时期。

---

① 吴邦国：《在社会主义民主法制建设座谈会上的讲话》，http://www.npc.gov.cn（访问时间：2010年8月4日）。

第三节　复合民主：人民民主的中国实践形态

民主的最原始含义，就是人民决定自己的事务。它之所以变得有意义，是因为人类进入文明时代之后，不仅生活在社会之中，而且生活在国家之中。国家作为外在的社会力量，在维护社会秩序的同时，也驾驭着社会，从而也决定着社会。显然，国家是社会的异化力量，同样，也是人类生活治理的异化力量。在社会无法完全脱离国家而存在的前提下，人们如何最大限度地摆脱这种异化力量的侵蚀，不仅在社会生活领域，而且在国家生活领域，实现人民当家作主，自然就成为文明时代人与社会全面发展的核心主题。因而，民主不仅是一种价值追求，而且也是一种制度安排；不仅是创造治理的机制，而且也是创造发展的资源。这决定了任何形式的民主都将通过四种形态来表达：一是历史形态，将定位民主所承载的历史使命及其发展的现实基础；二是价值形态，将定位民主的价值基础与发展取向；三是制度形态，将定位权力与权利的基本关系以及由此形成的国家制度安排；四是实践形态，将定位在现实条件下制度达成民主核心价值的实践路径与方式。因而，民主虽然是人类追求自我解放和发展的共同理想，但由这四个形态所共同表达的具体民主模式，在不同的时代是完全不同的，同时，在不同国家也是完全不同的。

任何形式的民主建设和发展，都必然寻求这四种形态的内在有机统一；而这种有机统一，是通过四种形态的相互决定、相互作用、相互完善来达成的。基于马克思的理论、俄国经验和中国实践形成的人民民主，已逐渐显现其特定的历史形态、价值形态、制度形态和实践形态。中国的人民民主在价值形态和制度形态上，都以人民当家作主为根本，并形成相应的价值表达和制度表达。在这样的前提下，中国人民民主发展的关键是：如何使人民当家作主的民主在实践形态上也能得到切实的表达,并与其价值形态、制度形态保持内在的统一。综合考察人民民主的历史与现实、价值与制度,人民民主的实践形态应该可以定位为复合民主。

一、人民民主实践的内在张力

人民民主的价值基础是马克思的民主理论。依据马克思的民主理论,人民民主应该确立在政治解放、阶级解放和社会解放三者有机统一基础之上,应该体现为人民确定国家制度,当家作主,将国家事务作为自己的事务来决定,因而,一切人都是立法者,都有单独参与立法的可能。基于这样的价值形态,马克思认为人民民主的制度形态不应该是议会制的,而应该是巴黎公社所推行的议行合一体制,议行合一的机关应该是"社会的一切健全成分的真正代表"[1],不代表任何一种特殊利益,是真正的人民政府,因而,它不是国家统治社会的力量,而是人民通过自己的力量管理自己事务的组织,是人民获得社会解放的政治形式。马克思没有亲自实践这种民主模式,但作为理论指导,马克思所倡导的这种民主模式在俄国的苏维埃民主和我们的人民民主中得到了具体的实践。所以,苏维埃民主与人民民主的大原则都是依据马克思的民主理论形成的。

然而,不论是俄国以及后来的前苏联,还是中国,实践马克思这种民主模式的社会和历史条件都与马克思所面临和所设定的大相径庭。人民民主实践的内在张力由此而来。

不论是当年的苏俄,还是今天的中国,实践马克思倡导的民主模式遇到的最大问题,就是它们的经济与社会发展都不是处在比较成熟的现代化发展历史阶段,相反,都是处在现代化发展相当薄弱,甚至是尚未迈入现代化发展的历史阶段,因而,不论现代资本,还是现代劳动,在规模、形态和机制上都不成熟;与此相应,社会也不可能成

---

[1] 《马克思恩格斯选集》第2卷,人民出版社1972年版,第382页。

为能够与国家相抗衡的力量，自然也就没有能力摆脱国家成为自主的力量，并将国家重新收回社会，让人民直接进行管理。这样的社会发展阶段，决定了人民民主的实践必然要遇到强大的力量：国家。

马克思认为国家是最终要消亡的，但这不是轻而易举的事情。在人与社会的全面发展尚未能够摆脱国家而实现的时代，人们面临的最大任务不是要消灭国家本身，而是如何最大限度地减少国家对社会奴役，使国家成为服务社会的力量。马克思把这个希望建立在基于工业化高度发展所形成的强大工人阶级及其所创造的现代社会基础上，建立在工人阶级掌握国家政权，从而掌握生产资料，消除资本与劳动分离所带来的经济与政治奴役基础之上。然而，对于落后国家来说，由于现代化发展相当有限，马克思所期待的这些基础条件都不具备，因而，这些国家在实践社会主义，推行社会主义民主的过程中，不但不能改变国家与社会的基本逻辑，相反，在很多程度上还要强化国家在经济与社会发展中的重要作用。这就意味着，实践中的人民民主，不可能在政治解放、阶级解放和社会解放三者有机统一的基础上展开，因为，劳动对资本的依赖，经济与社会发展对国家的依赖，使得社会解放缺乏必要的政治与社会基础。缺乏了社会解放的基础，人民民主就会在实践中与国家形成种种的紧张关系：国家能够常常用社会和人民的名义来决策，但社会和人民常常无法将自身的利益上升为国家利益，将社会的事务上升为国家事务。在这样的紧张中，人民当家作主就往往仅有价值和制度上的意义，缺乏实践上的价值；也正是这种紧张，很容易导致人民民主在实践中发生变形，甚至出现扭曲。面对这样的现实，政党在其中的作用将是决定性的。

尽管实践中的人民民主缺乏社会解放的基础，但是它依然拥有基于革命而形成的阶级解放的基础。阶级解放对于人民民主所形成的本质规定性就是：国家权力来自以劳动者为主体的广大人民，人民掌握国家权力，并通过其代表运行国家权力。这也就意味着，尽管在现实实践中，国家对经济与社会发展起着重要决定作用，但由于国家是掌握在人民手中，因而，国家作用的强化不能导致国家成为直接奴役社会的力量，或成为某一个特殊利益的代表与普遍的人民利益相对抗。人民对国家权力的掌握通过三个途径来完成：一是通过人民这个阶级集合体中的领导阶级来掌握，即通过工人阶级政党来掌握；二是通过人民"一切健全成分"的直接代表组成代表大会来掌握国家权力；三是人民自身作为权力的拥有者通过各种形式的政治参与来掌握。基于这三个途径，国家权力显然完全掌握在人民手中。在这样的情况下，国家权力与人民的关系完全取决于人民自身如何掌握和运行国家权力，当然其中最关键的是政党。于是，人民民主的内在张力实际上最终都将转化为政党与人民之间的张力。

不论从理论上，还是实践上，代表人民根本利益的共产党，是没有特殊利益的政党。在理论上，共产党的历史使命决定了其不是一种要用一种阶级统治代替另一种阶级统治的政党，相反，而是"致力于消灭一切阶级，从而消灭一切阶级统治"的政党①，因而，它追求的不是某一个特殊阶级的利益，而是社会和人类的普遍利益；在实践上，共产党不仅是掌握国家政权的核心力量，而且也是建构新社会、新国家的核心力量，因而，国家是政党领导人民建设的产物。这也就意味着执政的共产党不是源于国家运行而产生，相反，国家基于共产党领导人民建设而形成。在这样的政治逻辑基础上，共产党不是国家局部利益的代表，而是作为创造国家的整体力量代表国家的整体利益。由于这种代表同时也建筑在共产党是全体人民的核心，代表全体人民的根本利益之上，所以，共产党对于国家来说，就成为一种卢梭所说的"公意"力量。人民自然就可以通过这种力量，使国家保持在人民手中，并按照人民的根本意志来建设和发展。

然而，共产党不是抽象的，而是实在和具体的。它同时处于国家与社会之上，既要保障国家对经济与社会的作用，也要保证人民对国

---

① 《马克思恩格斯选集》第 2 卷，人民出版社 1972 年版，第 416 页。

家的主导，时刻预防国家成为奴役人民的力量。在政党、国家与社会的这种三角关系中，政党无疑具有主导作用。从理论上讲，这种作用的合理发挥，应该确立在政党、国家与社会所形成的相互作用以及政党对国家和社会充分尊重和真切代表的基础之上。但在实践中，政党基于对国家和社会所拥有的政治优势以及国家与社会相对不成熟，很容易导致两种情况的发生：一是政党直接代替国家与社会，将社会意志与国家意志政党化，使得人民的真正意志无法通过政党或国家上升为国家的意志，人民也无法有效地参与到国家政治事务之中，将自身的事务上升为国家的事务。二是政党在强化国家对经济与社会发展的作用中，简单地将国家利益以"公意"的形式作用于社会，忽视人民的具体利益的整合与表达。一旦出现这两种情况，人民民主就会遇到最为根本，也是最为致命的困难：即人民在具体的事务中无法有效地实现自我做主，当家作主的政治权利的实现遇到各种制度性和体制性的障碍。导致这种困难的是政党，显然，能解决这种困难的也只有政党。

综合以上分析，人们可以清晰地看到，在人民民主的实践中，政党的作用是举足轻重的，它既是人民民主实践的主体力量，但同时它也可能成为导致人民民主实践出现困难的主要根源。所以，在坚持党的领导基础上，全面健全和完善党的领导，提高党的领导的科学化、民主化和法治化水平，对于人民民主的实践具有重要的战略价值和意义。

二、党的领导与人民民主

在社会科学研究中，理论的逻辑能改变直觉的判断，而任何直觉的判断都无法直接摧毁理论的逻辑，除非这种直觉能够诞生出有说服力的理论逻辑。在党的领导与人民民主问题上，许多时候人们都是从直觉出发的，要么认为他们相互冲突、难以共存；要么就简单地认为非这样不可，即使有冲突，也只能这样，大不了让人民民主将就党的领导。事实表明，这两种直觉都是不准确的，也是不牢靠的。前面的理论分析已经清楚表明，党的领导是人民民主的内在要求。在社会解放尚未达成的前提下，人民要全面掌握国家权力，消除国家可能带来的奴役，保障人民在国家生活中当家作主，就必须借助代表自身根本利益的政党，就必须将人民民主与党的领导有机结合起来。显然，党的领导不是对人民民主的限制，相反，是促进人民民主的实现。当然，这其中的重要前提是，党的领导必须代表人民根本利益，其领导实践必须是在政党、国家与社会的三者有机结合中实现的。在厘清了党的领导与人民民主之间深刻的内在关系之后，理论研究的下一个任务就是要回答什么样的党的领导才是人民民主所需要的。

在社会主义革命与建设中，党领导的合法性，理论上基于社会主义建设的两大维度：一是时间维度，即从大的历史维度来看，社会主义是超越资本主义，并向共产主义过渡的历史阶段，这种超越不仅需要现代化的发展和积累，而且需要社会主义建设和完善的过程；而达到社会主义，并不是社会发展的历史终点，相反是一个新的发展的起点，就是迈向使每个人的自由发展得以实现的共产主义的历史运动的起点。这样的社会发展不是自发的，而是有目的的建设和发展过程，因而，它需要一个不仅能够代表现在，而且能够代表未来的领导力量，这个力量就是始终代表先进生产力发展方向的共产党。二是空间维度，即从社会主义社会的形态来看，它与资本主义的最大区别，就是基于国家权力与生产资料主要掌握在广大人民手中，人民拥有的国家权力不为少数人所享有，而为全体人民所共享；人民劳动创造的财富，不为少数人所占有，而为全体人民所共享。要达成这样的社会，除了要全面确立和完善社会主义制度之外，更为重要的是要使组成社会的各种力量能够凝聚成为一个整体，避免社会分裂为一部分人对另一部分的奴役和统治。为此，社会主义社会需要一个能够动员社会、团结社会和凝聚社会的领导力量。这个力量就是领导人民进行国家建设的共产党。

复合民主：人民民主在中国的实践形态

社会主义建设和发展的两大维度在赋予党的领导合法性的同时，也对党的领导提出了最根本的要求，集中体现为两点：其一，作为领导力量，共产党不能有自己的特殊利益，必须始终代表全体人的根本利益，不仅代表其现在，而且代表其未来；其二，作为领导力量，党必须将人民凝聚为有机整体，既要保持其内在的协调与统一，也要保持其在国家中的主体地位。为此，党必须进行不断的自我建设，以提高其自身的组织质量、领导水平与执政能力。

在执政的条件下，党根据社会主义建设与发展的内在要求进行自我建设，不应该是孤立的，更不应该是自我封闭的，相反，应该是开放的，不仅寻求自身的完善，更重要的是要寻求党、国家与社会三者的协调与统一。换句话说，党的领导和党的建设，不仅要遵从其自身组织特性和历史使命，而且要遵从国家建设和国家治理的基本逻辑，遵从基于广大人民生产和生活所形成的社会建设和发展逻辑。因而，它既不能脱离出党自身的规定性，也不能脱离出社会主义国家建设的规定性，更不能脱离出人民与社会的规定性。只有这样，党的领导才能在领导人民民主的过程中，真正成为人民民主实践的主体力量，成为推动人民民主发展的领导力量。因此，中国共产党强调，社会主义民主建设必须是党的领导、人民当家作主和依法治国三者的有机统一。这种有机统一，不仅明确了人民民主与依法治国必须要有党的领导支撑和保障，而且明确了党的领导必须建筑在保障人民当家作主和依法治国的基础之上。

党的领导，从根本上讲，不是体现为党对国家和社会所拥有的主导地位，而是体现为党在领导与执政过程中所拥有的一套与宪法规定的国家制度相衔接、与社会生产和生活相协调的治国理政的体系。因此，坚持和完善党的领导关键就是发挥党所拥有的治国理政体系的作用，并使其在实践中不断健全和完善。正是基于这样的一套治国理政体系，党的领导与人民民主保持内在的协调和统一就有了制度条件和实践基础。这个体系由以下四个层面构成：

第一,以人为本的治国理念。追求人的全面发展是马克思主义理论与马克思主义政党的根本出发点。中国共产党秉承为人民服务的基本宗旨,强调党的领导与执政必须坚持以人为本,既关乎作为整体的人民的根本利益,也关乎作为个体的人的自由发展权利。以人为本治国原则的确立,不仅定位了党治国理政的合法性基础,而且也规范了党治国理政的行为方式,从而使得中国共产党能够领导国家与社会,但不能超越国家与社会对它的基本规定性,不能超越它所代表的人民对它的基本规定性,否则,领导失效,执政不稳。由此可以断言,中国共产党的性质以及以人为本的治国原则,将使得其领导和执政越来越受到社会的监督和制约;与此相应,将越来越以社会的有效监督和制约作为其强化领导和巩固执政的前提。

第二,合作协商的制度基础。中国共产党的领导总是伴随着统一战线。毛泽东始终认为坚持党的领导地位和坚持建立最广泛的统一战线是党所领导的事业得以顺利发展的两大重要法宝。这实际上点明了中国共产党领导的基本现实:党的领导必须有统一战线相伴随,失去了统一战线的支撑,党的领导将难以在中国社会真正确立。统一战线的基本功能是党凝聚和团结各种社会力量,并通过党的领导将各种社会力量凝聚为一个整体。正是基于党的领导与统一战线的有机统一,中国共产党确立了中国共产党领导的多党合作和政治协商制度。它是人民民主的重要制度体现,是中国的一项基本政治制度,中国的宪法规定这个制度将长期存在和发展。在这个制度框架下,党在领导多党合作和政治协商的同时,多党合作和政治协商也就自然成为党领导的重要制度基础。在这其中,党派参政、政治协商和政治监督既能成为改进和完善党的领导的制度性资源,同时也能成为党建构其领导合法性的重要政治基础和制度基础。

第三,党内民主的组织形态。正如人民民主是社会主义的生命一样,党内民主是党领导和执政的生命。因为,作为领导党,只有时刻保持在理性化的状态,才能拥有合法性的基础和基本的领导能力。政

总论

复合民主：人民民主在中国的实践形态

党、国家与社会三者互动的结构，使得政党保持理性化，可能通过国家与社会的力量来实现，国家的力量体现为宪法和法律；社会的力量体现为人民的监督，即人民民主的具体实践。然而，对于政党的理性化来说，国家与社会只是外因性的力量，如果政党缺乏内因，这个外因性的力量是有限的。从这个角度讲，对于领导党来说，党内民主对于保持政党的理性化更具根本意义。中国共产党的党内民主主要体现在两个方面：一是党内的政治生活；二是党内的集体领导制度。基于党、国家与社会三者之间的深刻关系，党内民主不论在哪个层面展开，都会对社会生活和国家生活产生直接或间接的作用和影响，所以，党内民主所产生的效应，不仅在党内，而且也在国家和社会。中国共产党的这种组织形态，既为政党实现自我理性化提供了内在动力，也为党的领导坚实地扎根于党、国家与社会的有机统一之中提供了内在动力。

第四，群众路线的工作原则。群众路线既是中国共产党的认识论基础，也是其工作的基本原则和基本方式。作为认识论，群众路线强调群众的实践出真知，党应该充分尊重群众的实践，并从群众的实践中提炼党的执政理论和原则。作为工作原则，群众路线强调党要主动关心群众的疾苦，听取群众的呼声，尽全力为群众排忧解难。作为工作方式，强调党的工作要深入实际，要与群众打成一片，要充分动员和发动群众，团结群众，保证工作的针对性、有效性和群众性，以群众的满意作为一切工作的出发点。群众路线所产生的这些效应，能够有效地避免党的领导脱离社会、脱离实际、脱离群众。对于党的领导来说，这些效应就能有效避免党的领导陷入理论上教条、治理上专断和工作中官僚的怪圈，从而使党的领导能够时刻保持对群众利益的回应性、对社会发展的适应性和对全局大势的驾驭性。

这套工作体系充分表明，正常的党的领导是在实践人民民主过程中形成和实现的。换句话说，党的领导之所以能够与人民民主相统一，是因为党的领导的精神、原则、制度和行动都建立在人民民主的精神和原则基础之上。正如人民民主不能离开党的领导一样，党的领导也离不开人民民主。这就意味着，在中国，人民民主实践必定要建立在党的领导完善、当家作主有效、国家运行规范的基础之上。在人民民主的内在逻辑中，这三方面基础的形成，仅仅依靠人民的力量是不够的，它一定有赖于党、国家与人民在人民民主所形成的政治结构中的相互作用、相互促进。在人民当家作主的政治逻辑下，人民、代表人民的政党以及由人民掌握的国家，都共同成为人民民主的实践主体。

三、复合民主：人民当家作主与党的领导的有机统一

人民民主是社会主义的生命。社会主义社会的性质决定了，人民民主的核心体现就是人民当家作主。人民当家作主，不仅意味着国家是人民创设的，而且意味着国家属于人民，人民治理国家。在现实的经济与社会发展依然需要国家的主导作用的历史条件下，人民民主的历史意义在于：能够有效地限制国家成为直接奴役社会的力量，或者成为某一个利益集团的代表与普遍的人民利益对抗，或者成为一部分人统治和压迫另一部分人的工具。这是其他类型民主所不具备的制度优越性。正是这种制度的优越性使得社会主义国家能够保持内在的协调与统一，即能够在快速变迁和发展的过程中，在个体日益自主与社会多元分化的过程中，保持个体自主化、社会多样化与国家一体化的内在统一，保持经济转型、社会建设与政治发展的内在统一，保持体制变革、社会发展与国家稳定的内在统一。

可见，坚持人民民主，明确国家权力属于全体人民，由全体人民掌握，不仅关系国家的核心价值体系，而且关系国家建设的全局与长远。人民民主对社会主义国家所形成的这种根本性的贡献，正是中国改革开放得以成功实践，中国国力得以全面增强，中华民族得以最终复兴的根本所在。人民民主确实是社会主义的生命，是中国发展和复兴的根本。

复合民主：人民民主在中国的实践形态

中国的社会将长期处于社会主义的初级阶段，不论现在与未来都将面临着繁重的现代化建设和发展的任务，因而，现实的经济与社会发展依然需要国家的有效推动，劳动在生产过程中依然面临着资本的力量。这决定了人民掌握国家权力，不仅仅在于避免国家权力成为奴役社会的力量、成为特殊利益对抗全体人民利益的代表、成为一部人统治另一部分人的工具，而且还在于保证掌握在人民手中的国家能够创造有效的治理和持续的发展。简言之，人民民主在保证国家具有人民性的同时，要保证国家具有治理性和发展性。为此，人民民主应该使现实中的民主实践时刻具有保证人民作主、创造治理和促进发展的功能。

前面分析表明，人民对国家权力的掌握通过三个途径来完成：一是通过人民这个阶级集合体中的领导阶级来掌握，即通过工人阶级政党来掌握；二是通过人民"一切健全成分"的直接代表组成代表大会来掌握国家权力；三是人民自身作为权力的拥有者通过各种形式的政治参与来掌握。这决定了人民民主可以通过两个路径和四个平台来展开。

人民民主的两个路径分别是：人民当家作主和党的领导。人民当家作主基于人民既是创设国家制度、形成国家权力的主体，同时也是国家事务治理的主体而形成。这决定了这个国家的一切公共权力及其治理行为都应基于人民的意志而形成，并服从人民的意志。人民是通过三大途径来掌握国家权力的，所以，人民民主的实践主体有三：即政党、国家制度以及人民自身。基于人民当家作主的原则，人民民主实践的首要前提就是这三个实践主体都必须以人民的意志为指导、以人民的利益为根本、以人民的事务为依归。这是人民民主的民主实践具有充分的人民性的根本所在。

第二条路径就是党的领导。人民民主实践形态区别于其他民主的鲜明标志，就是它内生了党的领导。党的领导是人民这个阶级集合体运行民主所必然形成的制度性要求。具体来说，这种制度性要求的形成主要来自两个方面：第一，从理论上讲，社会主义革命与建设的逻辑决定了人民这个集体掌握拥有国家权力并治理国家的目的，不仅仅在于实现自身的解放，更重要的在于实现社会的解放，从而通过改变劳动与资本的关系，彻底改变人与物的关系，实现人与社会的全面发展与解放。人民民主的这种历史使命，决定了其主体一定必须包含有代表社会发展方向的先进力量，决定了其实践必须在这个力量的主导和推动下展开。这个力量就是包含广大知识分子在内的工人阶级。因而，作为工人阶级先锋队的共产党领导人民实践人民民主是人民民主的内在要求。第二，在人民民主条件下，国家完全掌握在人民手中；而在实际的生产和生活中，国家是指导人民的力量。这就要求实践中的国家能够遵循基于人民当家作主所形成的人民意志，并接受人民意志的领导。对于国家来说，这种人民意志类似于卢梭所说的"公意"。人民既是主权者，同时也是人民意志的体现者和表达者。对于国家治理和发展来说，这种表达既不是通过抽象的人民集体来实现，也不是通过一个个具体的个体来实现，而是通过其代表核心来实现，这就是作为人民根本利益代表的政党。因而，党的领导是人民民主实践人民意志主导国家发展、当家作主的内在要求。

　　人民民主对党的领导所形成的制度性要求，既源于人民民主的历史使命，也源于人民民主的现实实践。党的领导，既保证了人民民主实践主体结构的整体性与个体性的有机统一，也保证了人民民主实践制度功能的治理性和发展性的有机统一。可见，人民民主中坚持党的领导与人民当家作主的有机统一，从根本上讲，不是从维护党的领导出发的，而是从维护人民民主的实践和发展出发的。

　　综合上述分析，人民民主实践的两大路径，不是人为设定的，而是人民民主的内在要求，它们相互依存，共同实践着人民民主。人民民主要求党的领导，人民民主推动党的领导；与此同时，党的领导保障人民民主，党的领导实现人民当家作主。所以，实践中的人民民主，是双重民主实践的复合。基于人民当家作主的民主实践，保证了国家的人民性和人民在国家治理中的主体性；基于党的领导的民主实践，保证了民主创造国家治理与发展的功能和人民国家为人民的政治属性，从而使民主真正成为促进人与社会全面发展的积极推动力量。

四、复合民主实践的四大平台

复合民主是基于人民当家作主和党的领导两大实践路径形成的，即一方面基于人民当家作主的实践而形成，另一方面基于以人民民主为基础的党的领导实践而形成。前者保证了国家掌握在人民手中，属于全体人民，服务全体人民；后者保证了国家遵循人民的意志，创造民主的治理和符合人民根本利益的持续发展。这种复合民主实现了民主的人民性、治理性和发展性的有机统一，既有利于民主本身的发展，也有利于民主发挥对国家与社会发展的积极作用。当然，民主是离不开法治的，所以，复合民主得以确立和产生效应的重要前提就是它始终建立在依法治国基础之上。没有依法治国，没有法治国家的建设和成长，复合民主就无法在现实和实践中得以确立和发展，更不可能发挥出其特有的功效。中国的发展与崛起与复合民主发展所具有的独特效应直接相关。

复合民主从两大路径出发，但其实践的平台不是两个，而是四个。每一条路径都涉及到这四个平台，从而使得人民民主实践的四个平台都由两大力量推动：即人民当家作主的民主实践和党的领导的民主实践。我们可以用图表来表示复合民主的具体实践形态。

这四大实践平台分别是：党的领导、国家制度、社会生活与公民参与。基于人民当家作主的民主实践决定着这四大平台的根本，分别是：执政为民、人大制度、社会民主与公民履权；而基于党的领导的民主实践决定着这四大平台的行动取向，分别是：依法执政、集体领导、协商民主和群众自治。这两大路径、四个平台和八大方面，共同构成复合民主的具体实践框架。应该看到，这个实践框架犹如实践之树一样，是在具体实践中不断生长的，随社会发展和民主建设深入而

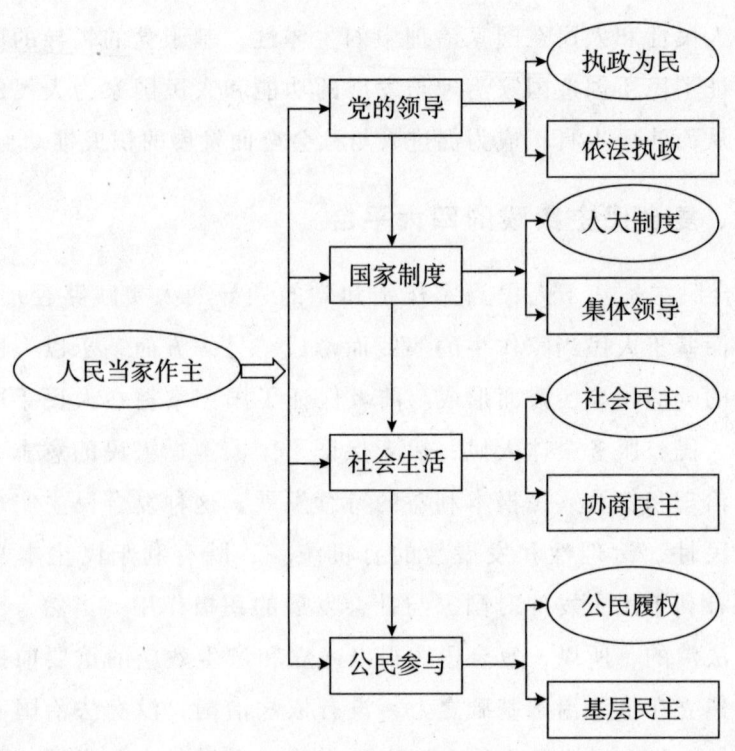

不断萌发新的枝丫，从而使复合民主的实践成长为一棵枝繁叶茂的苍天大树。

就各个平台来说，基于人民当家作主形成的民主实践和基于党的领导所形成的民主实践都是基于共同的根源生长出来的，这就是人民民主。所以，各个平台的复合民主实践在本质上都是同根同源的，不论在形式和内容上如何分化和发展，最终都将以实践和实现人民民主为根本。

第一，党的领导实践平台。在这个平台上，复合民主将体现为执政为民与依法执政的有机统一。在中国的政治逻辑中，党的领导与党的执政是互为前提的。党领导的社会主义事业，是党执政的重要政治前提；而在执政条件下，党只有掌握政权，才能领导人民与国家。党要掌握政权，就必须在其领导和执政的实践中代表人民的根本利益，做到执政为民。这是党领导和执政的合法性基础。与此同时，党的领

复合民主:人民民主在中国的实践形态

导和执政所形成的民主实践要能真正实践和推动人民民主,就必须始终坚持依法执政。依法执政,关系的不仅仅是党的执政和领导行为,更为重要的是关系党领导的民主实践的政治基础与法律保障。只有在依法执政的前提下,党才能有效地承担其领导人民民主的使命,同时,也使得党领导和推动的人民民主实践能够在法治的框架内得以健康而充分地发展。显然,在这个平台上,执政为民,体现为人民民主所要求的党的领导的人民性;依法执政,体现为党领导人民民主所具有的科学性与有效性。

第二,国家制度的实践平台。在这个平台上,复合民主将体现为人民代表大会制度与党的集体领导的有机统一。人民代表大会制度是人民民主的根本制度体现。它是人民创设国家权力,并全部拥有国家权力,实现人民当家作主的具体制度安排。在这种制度逻辑中,人民通过"一切健全成分"的代表,整体掌握国家权力,并通过这个国家权力机构的运行,产生政府行政机关和国家司法机关,并直接监督它们的运行。由于人民代表大会的代表,类似马克思所说的那样是"缩小的人民"[①],所以,人大代表对政府机关和司法机关的监督也就使得政府行政和司法机关的司法完全置于全体人民的意志之下。当然,政党对政府与司法机关的领导在这其中依然扮演着重要的角色。因为,人大的立法与政府的政策的形成实际上都是在政党的领导下形成的,政党通过立法和政策制定将政党的意志转化为国家的意志,这个过程受到人民及其代表的监督,但仅有这个环节是不够的,关键还在于政党意志形成也必须充分体现人民的意志,是多方意见协调和多方利益平衡的结果。为此,政党就必须在党和国家政治生活中充分发挥其集体领导与集体决策的体制,形成"总揽全局、协调各方"的领导态势,创造紧密联系实际,多方协商和科学决策的决策体系。集体领导和决策体制,既能保障国家制度的运行充分体现人民的根本意志,也

---

① 《马克思恩格斯全集》第1卷,人民出版社1956年版,第330页。

能够通过协调政党与人大、政党与政府以及政府与社会之间的权力关系与工作关系，平衡人民民主运行过程中的政党、国家与社会的三者关系，以便使国家制度的民主运行在充分体现人民的根本意志的同时，能有效地创造治理，促进发展。

第三，社会生活的实践平台。在这个平台上，复合民主实践将体现为社会民主与协商民主的有机统一。社会民主基于社会的发育而形成，其实质就是独立的社会主体在承担社会责任、解决社会问题和实现自我管理中所形成的民主参与、自我管理和自我服务。社会民主主体，包括个体、社会组织、企业单位等，其形式包括业主自治、社团自治、行业自律、公民维权、自治的村规民约等等。在市场经济与现代化发展使社会力量不断壮大的条件下，社会民主日益成为人民民主的直接实践形式。社会民主的实践，不仅取决于社会主体的民主意识与民主能力，而且也取决于国家与社会关系的调整，其中最关键的就是国家对社会力量的尊重和对社会民主的支持与规范。社会力量的壮大以及社会民主的扩大，必然激发出旺盛的政治参与，从而带来社会与国家之间的紧张。于是，扩大国家与社会之间、社会与社会之间以及民众之间的沟通和协商，就成为维系社会民主发展的必要政治环境和制度资源。在这其中，政党无疑是决定性的力量。政党不仅要和国家一起帮助社会民主的成长，并与各类社会力量建设良性的政治关系和组织关系，从而在社会日益分化、社会力量日益强大的情势下依然能够保持必要的社会凝聚力和社会整合力；而且要积极通过政党领导民主资源促进协商民主的发展，在扩大公民参与途径的同时，建立起创造社会和谐的协商体系。这种协商体系基于社会生活，但涉及到个人、社会与国家，具体包括政治协商、社会协商与公民协商。[①] 政治协商存在于党派与界别团体之间，关系国家与社会的整体事务；社会协商存在于政府与社会、政府与民众之间，关系群众的利益、社会发

---

① 林尚立：《公民协商与中国基层民主的发展》，载《学术月刊》，2007年第9期。

展和政府治理；公民协商存在于公民与社会团体之间，关系公民自我管理、自我服务的事务。社会民主是产生协商民主的基础，而协商民主的全面发展将为社会民主提供更为坚实的政治基础与制度保障。

第四，公民参与的实践平台。在这个平台上，复合民主体现为公民履权与群众自治的有机结合。从人民民主的逻辑来看，人民当家作主最基本的实践者就是公民，公民实践当家作主的基本形式主要包括两个方面：一是公民作为权力主体履行对党和国家事务的维护和监督，因为，这些事务在本质上属于人民事务；二是作为权利主体，充分履行宪法和法律所赋予的公民权利和义务。公民履权必然形成公民对党的事务、国家事务和社会事务的参与，并在这些事务的参与中充分体现人民当家作主的角色和功能。在实践中，公民履权既因个体利益而起，也因公共利益而动，在形式上具有分散性和自发性，因而，有时会带有盲目性和无序性。为了使公民履权能够转化为更有效的人民民主实践，使其履权的效应不仅有利于个体利益和诉求的实现，而且也有利于公共秩序与公共利益的维护和发展，作为领导力量的政党就必须通过自身的领导资源和国家的制度资源为公民创造依法履权、有序参与的体制与机制。这就需要基层民主的建设和发展。基层民主包括基层政权的民主实践、基层群众自治和各种社会组织所推动的民主生活。[①] 公民履权与基层民主的相互促进，在最大限度满足公民参与的同时，也为公民参与的制度化和有序化提供充分的社会基础、政治基础和制度条件。

结束语

现代化使民主成为人类普遍的理想。基于人的理性与人类发展的

---

① 林尚立：《基层民主：国家建构民主的中国实践》，载《江苏行政学院学报》，2010年第4期。

必然趋势，民主有了自己的基本原则。但是，任何民主的实践都是具体的，都是民主的基本原则与现实的社会、历史和文化条件相互作用的结果。所以，不同国家的民主实践，在原则上可以有不同的侧重，从而形成不同的民主价值形态、制度形态和实践形态；即使秉承共同的民主原则，由于各国的社会、历史和文化条件的差异，其最终形成的民主形态也会有很大的差异。因此，对于任何国家和社会来说，民主都是具体的。因而，对各国民主实践的评判，不能从形态出发，而应该从民主的内在功能出发，即关键看其是否能够真正保障人民的权利，创造社会的治理和促进人与社会的全面发展。

中国走上社会主义道路，是中国社会现代化发展的历史必然。因而，中国的民主共和最终落实于人民民主，不是哪个人、哪个力量决定的，而是中国人民在中国共产党领导下，在实现国家独立、人民解放和民族复兴的过程中所形成的政治实践和政治探索的结果。人民民主源于人民的选择，基于人民的实践。中国人民在实践人民民主的过程中，经历了艰难的探索过程，有过曲折。最近30多年，在改革开放所带来的人与社会的深刻变化基础上，人民民主在中国的实践有了很大发展，逐渐形成了复合民主的实践形态。这种实践形态的出现，是中国人民与执政的中国共产党为将社会主义民主原则和民主制度内化为中国社会发展的政治优势与制度优势而进行的探索和实践的结果。

对于中国的人民民主来说，复合民主的实践形态，本质上就是人民当家作主的实践形态。在这种实践形态下，人民当家作主，从理想转化为现实、从抽象转化为具体、从基本原则转化为实践体系、从政治意愿转化为制度与程序安排。因而，在复合民主下，人民当家作主的民主，不再是口号和原则，而是可实践、可运行、可发展的一套民主实践体系。这套体系在保证民主实践具有充分人民性的同时，也大大提升了民主实践的功能性，即创造治理，促进发展。中国改革开放的实践证明，尽管中国的民主还需要有很大的发展，但中国人民民主

总论
复合民主：人民民主在中国的实践形态

实践所创造出来的具有充分人民性、治理性和发展性的中国特色社会主义民主，已成为中国在现代化、市场化、全球化和网络化的时代背景下实现快速、稳定和持续发展的重要政治资源和政治保障。中国的改革开放孕育了人民民主的实践形态——复合民主，而复合民主将成为中国未来的民主化发展和社会主义现代化建设所特有的政治优势与制度优势。

第一章 战略基础

杭州，作为中国七大古都之一，是一座有故事的城市：既有"直把杭州作汴州"的安逸，也有一把雨伞演绎的爱情故事。改革开放以来，杭州被世界银行评为中国城市总体投资环境最佳城市第一名、被美国《福布斯》杂志评为中国大陆最佳城市排行榜第一名、"中国最佳旅游城市"、蝉联新华社《瞭望东方周刊》中国最具幸福感城市第一名……今天，杭州是一座充满活力、人民安居乐业、环境优美的现代化城市。

杭州这座现代城市的发展，不仅有其深厚的历史底蕴，也包含了改革开放以来杭州在现代化建设中的实践和探索。这些实践和探索，主要原因之一，无疑应该归功于杭州的复合民主：通过"三还"还出了一个市民做主的权力主体，在政党的有效领导下，建构出了包括政党、政府、市场、社会和市民等治理主体，用民主创造发展、以发展促进民主的人民民主的实践形态，为杭州的发展奠定了战略基础。

第一节 权力回归：杭州实践的逻辑起点

沿着改革开放以来的轨迹，杭州发展路线图清晰地展现出来：随着国家权力下放地方，杭州市把这些权力不断归还企业、社会，从而激活了企业生产的自主性，壮大了市场，丰富了市民生活，激发了市

第一章
战略基础

民参政议政的热情,激励了政府建设"生活品质之城"的积极性,社会、市民和政府的互动构成杭州进步的动力。总结这一路线图,杭州民主实践的动力和逻辑起点在于权力回归和人民做主。

一、权力回归

30多年来,杭州在现代化建设中取得的突出业绩,与杭州市政府不断把权力还给相关主体密切相关,即通过把"生产还给市场、生活还给市民、山水还给自然"的"三还"实践,创造了一个个杭州新寓言:充满活力的民营经济、丰富多元的市民生活和山清水秀的自然环境。

(一)生产还给市场

杭州市借助党和国家政策大调整,逐渐解放被禁锢的经济体制,实现发展战略转移,并以较完善的市场体系,逐步建立具有杭州特色的民营经济,从而实现生产还给市场主体——民营经济。民营经济的不断壮大,为杭州发展积聚了财富资源。

始于1978年的改革开放政策,是按照两个向度推进的:一是中央政府将相当部分的决策权力下放给地方政府,使得地方政府享有一部分自主权,这为各地经济高速发展提供了条件;二是地方政府借助国家经济尤其是国有企业权限下放的机会,把经济权力逐步还给企业,企业成为经济活动的主体。政府和市场的双重推动,反过来促进政府权力进一步下放和市场经济发展。在这种互动中,地方政府把生产权力归还市场,培育了一个健康、发展的市场经济,1992年党的十四大通过建立社会主义市场经济的决定和1993年党的十四届三次会议通过《关于建立社会主义市场经济体制若干问题的决定》[①] 就是这种互动的体现。

在上述改革开放的发展逻辑和中央决定的基础上,杭州市根据自

---

① 中共中央文献研究室编:《十四大以来重要文献选编》(上),人民出版社1996年版,第519—548页。

身特点，利用政府力量和市场机制，在健全市场体系、改善市场环境和促进民营经济三个方面共同着力，演绎了生产还给市场的杭州实践。

首先，完善市场体系。一是建立市场体系。杭州市通过出台文件、建构平台、"非禁即入"等措施，通过打破市场垄断、行政壁垒和地区封锁等手段，建立开放、统一的市场体系；通过赋予各类市场主体平等的准入条件和竞争机会；通过规则和法规建设，整顿规范市场秩序，提升市场信用，建构政府、行业、企业、市民和社会舆论相结合的信用和监管体系，初步形成统一、开放、竞争、有序的市场体系。二是完善配置机制。杭州市充分认识自身资源匮乏的不利条件，从节约资源出发，建立包括价格杠杆和政策引导相结合的利益诱导机制，建立包括政府引导力、企业主体力和市场基础力的"三合一"资源调节机制，建立包括公共财政、行政责任和生态效益评估相结合的补偿机制，建立包括产权交易、直接融资、信用担保和农村金融改革在内的地方金融体制改革，从而基本建立了市场要素配置机制。三是健全各类市场。从培育和发展消费品流通领域出发，建立健全各类市场。借助1986年被列为全国13个生产资料市场试点城市的机会，杭州市对要素市场进行了积极探索，1993年颁布《杭州市生产要素市场发展规划》，提出经过"八五"和"九五"的努力，初步形成"开放统一、规划健全、畅通有序、平等竞争"的金融（"杭州金融现象"①）、

---

① 根据最新统计，杭州市金融总量位列北京、上海、深圳和广州之后，排在全国城市第五位。从业务种类看，杭州有各类金融机构182家，是全国金融机构种类最全的城市之一；从业务规模看，杭州是全国金融业务增长最快的城市之一；从经营业绩看，整体运行质量稳步提高，各家金融机构盈利状况普遍良好，经营业绩排序普遍名列前茅，"来一家赚一家"，被业内称为"杭州金融现象"（引自李宗开主编：《杭州特色与经验：纪念改革开放30周年〈经济卷〉》，杭州出版社2008年版，第121页）。李宗开在其编著中重点介绍了五个"杭州金融现象"：一是外资银行抢滩杭州。到2008年3月，杭州已有包括花旗银行、渣打银行在内的7家资银行；二是全国金融业业务增长最快城市之一，2001年成为国内第一个所有内资大型银行实现"全家福"的省会城市；三是在杭州庆春路繁华的"金融街"，平均15米就有一家金融机构；四是风险投资星火燎原；五是全国金融业最安全的城市。2007年全市银行机构不良贷款率仅为0.85%，成为国内金融业最为安全城市之一。

第一章
战略基础

劳动力、人才、技术、房地产等生产要素体系,为市场经济发展提供了空间和平台。四是大力发展个体工商户。在完善市场体系和建立各类市场基础上,杭州市先后出台了一系列文件、政策和措施,为个体工商业发展创造条件,具体而言主要有两点:第一、拓展空间、提供平台和打造特色商业街区,通过城市拓展和重新定位,辅以腾挪、淘汰、组建等手段,全面构筑高增值、强辐射、广就业、高层次、多功能、开放式的现代市场,为个体工商户发展提供平台;第二、在原来个体工商业集聚的地方,因势利导打造一批凸现杭州历史、文化和产业特色,综合购物、观光、休闲的商业街区,既推进个体工商业发展,又形成了一批在全国具有一定知名度的特色商业街区。

杭州十大特色商业街区①

街区名称	商业特色内容
清河坊历史文化特色街	全长460米、占地13.66公顷,是杭州目前唯一保存较完好的旧城区。"八百里湖山知是何年图画,十万家烟火尽归此处楼台。"明代徐渭这副对联,是对清河坊地区繁华景象的真实描绘。而今,清河坊历史街区,保留了历史文脉,恢复了老字号,新引进了博物馆、工艺品、艺术品店等特色店馆,是集"游、观、住、吃、购、娱"为一体的步行街区。
中国丝绸城 (新华丝绸特色街)	全长1150余米,占地2.5万平方米,近千家企业单位,是全国最大的丝绸专业批发、零售市场,成为中外客商购物、旅游的景点。
武林路时尚女装街	全长1650米,汇聚了以女装为主的各类品牌、流派商家1037家。这个在个体服装店基础上成长起来的街区,以打造"中国女装之都"为目标,以展卖时尚女装及女性用品为主,集旅游、购物、休闲于一体的特色街。

---

① 李宗开主编:《杭州特色与经验:纪念改革开放30周年(经济卷)》,杭州出版社2008年版,第38—39页。

(续表)

街区名称	商业特色内容
梅家坞特色文化街	位于西湖梅家坞村，是品茶、购茶、赏茶和休闲的场所，充分体现了龙井茶文化的内涵和农村茶乡的特色。
湖滨旅游商贸特色街	紧邻西湖，全长800余米、占地约40公顷。街区保留了中西合璧的建筑特色，有6条特色街：丝绸街、饮食娱乐街、珠宝精品街、酒廊咖啡街、浙派服装街、古文化街，形成了融旅游、休闲、时尚购物、国际美食为一体的杭州最具国际品味的特色街区。
信义坊美食休闲街	全长500米，步行街宽16米，沿街一面是3米宽的骑楼。两岸通过露亭桥、草营桥、归锦桥三座各具特色的古桥相连，形成"街上有河，河上有街"的独特景观。河西有一个游船码头，在购物之余乘船游京杭大运河，眼前呈现出一幅优美的江南风情画卷。在杭州，把餐饮、商业、娱乐、文化集于一身，信义坊是始作俑者。
文三路电子信息街	全长3公里，已形成包括电脑及相关配套产品在内的科技产品交易和创业大市场，尤以电子信息产品、信息服务市场和创业园区闻名于国内外，周边聚集了7大IT大卖场，6大创业园区，30多所大中专院校，28幢高档商务写字楼，1000多家IT经销商。
南山路艺术休闲街	全长1900米，面积约21890平方米。现有酒吧、咖啡吧、茶楼、画廊、饭店等营业网点101处，初步形成了酒吧、画廊、娱乐一条街，包括浪漫茶吧区、工艺字画区、艺术风情、风味长廊区和青春年华区等五个特色区。
北山路历史文化街	全长3000多米，是杭州最具历史文化内涵的街区。街区内有岳飞庙、首届西湖博览会工业展馆、抱青别墅、玛瑙寺等一群中西式近代建筑，堪称中国近代建筑博物馆。

第一章
战略基础

其次,改善发展环境。相对于国有企业,包括民营经济在内的非公有制经济在发展中面临诸多现实困难,不能享有平等的政策环境一直是制约其发展的最大问题。在自创经验的基础上,杭州市制定了"平等准入、公平待遇、加强支持、改善服务、积极引导"的方针,做到不折不扣落实上级已有的优惠政策和规定,学习借鉴外地行之有效的政策措施,大胆创新国家法律法规没有明令禁止的举措,以全面有效保障民营经济等非公有制经济的发展:一是通过放宽进入领域、降低投资门槛,努力消除民营资本进入门槛的隐形壁垒;二是通过清理、废除、修订政策和条例,消除政策歧视,落实公平待遇,并在民营企业扩产、技改、科创、新产品开发和创名牌等方面设立专项资金,加大财政扶持力度;三是通过完善中小企业信用担保体系、加强信贷支持力度、拓宽直接融资渠道等手段,健全民企融资体系;四是发挥行业性非政府组织作用,大力发展社会中介服务;实施引才引智工程,提升人才服务水平;搭建公益性、开放性和基础性公共技术开发、服务、转让等服务平台,完善科技创新服务;建立推动民营经济发展的工作机制,营造民企发展的良好氛围;五是通过将民营经济发展纳入国民经济和社会发展规划,加强对民营企业的具体指导;建立投资服务网络,为民营企业提供信息资源共享平台;加强对各种市场主体经营行为的监管,建立规范的劳资关系处理机制,引入社会监督体系,建立并强化行业自律机制,引导和规范市场主体行为。通过建立和健全上述政策措施和规章制度,培育和扶植弱小的民营经济,为民营经济创设了平等的发展环境。

再次,促进民营经济发展。由于解放初期的战备等原因,浙江全省缺乏国有大中型企业,这对杭州的发展本是一个不利的因素。但是,杭州变不利因素为有利条件,从中走出了一条自己的路子:从发展乡镇集体企业,到个体私营经济产生,再到民营经济的快速发展。在这一过程中,杭州市按照"放心、放胆、放手、放开"的原则,专门成立了发展民营经济协调小组及其办公室,先后出台一系列促进民营经济发展的政策举措，召开 4 次杭州市民营经济大会，制定和实施了两轮民营经济"三年倍增"计划，大力推进民营企业"二次创业"，走"以民引外、民外合璧"的发展新路。2006 年在全国率先制定《杭州市促进个体私营等非公有制经济发展规划（2006—2010）》，在 2007 年杭州市民营经济大会上提出"浙江民企看杭州"、打造浙江民营经济"第一强市"的目标。与此同时，落实民营企业家在经济、政治、社会和法律上的实惠、地位、荣誉和保障。杭州市先后两次针对民营企业家开展"优秀社会主义事业建设者"评选活动，表彰了一批优秀民营企业家。从 2004 年开始，先后实施两轮"365"民营企业者培训工程，即用 3 年时间培训 300 家企业 600 名高级经营管理人员。现在，这一工程不仅有步骤地实施，而且根据杭州市《关于进一步加强非公有制经济组织人才队伍建设的意见》，把培训面进一步扩大为高技能人才。与此同时，从 2007 年始建立杭州市民营企业家健康体检和疗养休假制度。

上述文件、规划和举措，从政策准入、保障和服务等方方面面为民营经济发展搭建了公平平台，加上市政府每年 10 亿元产业发展扶持资金引导，极大地促进了杭州民营经济的大发展：一是 500 强民营企业数量位居全国第一。在由全国工商联公布的全国上规模 500 强民营企业排名中，杭州市入选数连续居全国省会城市、副省级城市首位，2007 年被授予"中国民营经济最具活力城市"称号；二是民营经济实力位于民营经济强省的第一位。杭州市民营企业法人数、民营企业总资产、民营企业年营业收入三项指标均排名全省第一位，均占全省 1/4 左右；三是民营经济的规模和贡献率位居全市第一位。正如福布斯"中国大陆最佳商业城市排行榜"的制榜者陈岚和福布斯十大商业城市的财经记者访问杭州时发出的感言，"现在让杭州进入世界视线的不仅仅是西湖，更多的时候是民营企业家"[①] 和民营经济。

---

① 安蓉泉执行主编：《杭州特色与经验：纪念改革开放 30 周年（综合卷）》，杭州出版社 2008 年版，第 5 页。

第一章
战略基础

这些数据换成 2010 年可以说，杭州的发展离不开民营经济的发展，民营经济发展直接推进了杭州发展。杭州的国内生产总值从 1978 年 28.4 亿元到 2010 年 5949.17 亿元，连续 20 年保持两位数增长；财政总收入从 1978 年 9.4 亿元到 2010 年 1245.43 亿元；人均 GDP 按常住人口计算为 68398 元，按户籍人口计算为 86691 元，按国家公布的 2010 年平均汇率计算，分别达到 10103 美元和 12797 美元。据 2010 年杭州市统计公报，在全市生产总值中，非公有制经济所占比重已达到 66%，其中个体私营经济占全市生产总值的比重为 52.5%。2010 年末，全市共有私营企业 16.17 万户，从业人员 145.59 万人，个体工商户 29.88 万户，从业人员 65.31 万人。① 这些数据有力地说明，杭州的发展无疑应该归功于杭州市根据实际因地制宜、及时地把企业生产的权力归还市场主体——民营经济。

（二）生活还给市民

改革开放给杭州带来最大的改变就是市民在社会生活中具有主导地位，政府不仅解决市民关心的社会问题，而且把解决这些问题的主动权让位于市民，即把决定杭州社会生活的权力还给市民本身。

2000 年杭州市开始在市直机关开展"满意单位不满意单位"评选活动。在这次评选活动中，人民群众向政府机关和工作人员提出了大量的意见和建议。2001 年度的评选活动中，市民更是提出了四个带有普遍性的问题：一是机关工作人员作用中的"四难"问题，即"门难进、脸难看、话难听、事难办"问题；二是困难群体的生活和就业问题；三是交通拥挤造成的"行路难、停车难"问题；四是城市卫生的"脏乱差"问题。② 2002 年度，除了上述四个问题外，市民还提出了另外三个带有普遍性的问题：一是药价过高的"看病难"问题；二是

---

① 《2010 年杭州市国民经济和社会发展统计公报》，见杭州市统计调查信息网 http://www.hzstats.gov.cn/。
② 见余迅达、黄天柱：《加强执政能力建设的有益探讨——杭州市解决"七难"问题的实践与思考》，载《浙江社会科学》，2004 年第 6 期。

教育领域的"上学难"问题；三是房价过高的"住房难"问题。这由市民直接提出的"七难"一经公布，就引起了市民的广泛好评，认为政府敢于直面问题，从而引起了市民的热议。在此基础上，政府主动引导市民在各种媒体上展开了一次杭州发展大讨论。

围绕"七难"问题的杭州发展大讨论，市民不仅提出各种各样存在的问题，而且提出改进的具体意见和建议、对策。这些意见、建议和对策，经过市政府归类后再次在媒体上公布，进一步激发市民参与的积极性。一时间，以主要解决杭州"七难"问题为内容的出建议、提对策、促发展的大讨论成为市民核心话题。市政府再次归纳这些建议和对策，并对每个问题梳理出一个以上解决之策，通过"红楼问计"①、民生恳谈、"网上红楼问计"和发放问卷表形式问计于民，以市民的选择决定解决问题之策，形成了针对"七难"的符合民意的举措。自2002年以来，杭州市市委、市政府根据市民建议和对策，制定了《关于健全解决事关群众切身利益"七难问题"长效机制的实施意见》（市委［2004］21号），建立了"破七难"领导（协调）小组，采取切实措施解决"七难问题"：以"春风行动"为重点，解决困难群众生产生活问题；以"四改联动"为重点，解决"看病难"问题；以"好上学"和"上好学"为重点，解决"上学难"问题；以"居者有其屋"为重点，解决"住房难"问题；以"公交优先"②为重点，解决"两难"问题；以机关效能建设为重点，解决"办事难"

---

① "红楼"是杭州市城市规划陈列馆的别称，因外墙呈红色而得名，位于杭州市中心延安路上。"红楼"自开馆以来，就尝试着用自己的方式搭建政府与百姓沟通的桥梁，搭建百姓参与城市建设重大项目的平台。杭州市城市建设重大项目规划，都会在这里公开展出，展前做好媒体的信息发布，展中反复征询、收集市民的意见和建议，展毕认真梳理意见和建议，以深化和优化建设方案。几年下来，参观城建方案的公示展览，并提出意见建议、投票支持理想的方案，已成为不少热心市民日常生活的一项"保留节目"。在某种意义说，"红楼问计"已成为杭州重大工程民主参与的一个代名词。

② 杭州市借鉴国际经验建立BRT的公交优先举措破解"行路难、停车难"。通过建设完成33条路、9座桥、2个隧道和9个入城口的"33929工程"的基础设施建设、推进"畅通工程"和"平安工程"，设置公交专用车道、优先发展公交系统，从2008年开始又实行对接最后100米的公共自行车交通系统，目前已经有2000个点、投放自行车近5万辆，从而建构了一个"行得快捷、停得方便"公共交通体系。

问题①；以创建文明城市为重点，解决"清洁杭州"问题②，其核心是解决市民生产生活中的实际困难，让市民过上幸福安康的生活。

下面以破解"行路难、停车难"中一个具体案例为例，分析杭州市如何把社会生活权力还给市民、由市民做主的。在群众"满意单位不满意单位"的年度评选中，市民数度提出"行路难、停车难"问题。杭州市针对这个问题采取了种种措施，但仍旧无法有效解决这一问题。在大量的调查、分析和比较国际经验以及问计于民的基础上，杭州市决定采取"十纵十横"道路整治措施，通过交通基础建设破解难题。

> **"十纵十横"道路整治听取市民意见③**
>
> 以"十纵十横"道路综合整治工程为突破口，是杭州市破解"行路难、停车难"重要之举。按照"最低扰民、最小投资、最佳效果"的指导思想和"城市上水平、百姓得实惠"的目标，杭州市建委于2008年12月31日前完成了"十纵十横"道路整治总体方案；2009年1月11日，为期5周道路整治工程设计方案"红楼问计"活动拉开帷幕。除先期已向市民公示并开工的8条道路外，12条整治道路设计方案在市城建陈列馆（红楼）和沿线18个社区同时向市民展示，共发放15000张意见征求表。"红楼问计"结束后，杭州市建委对市民意见、建议进行了梳理、归纳，逐一答复。
>
> 潮王路：西起莫干山路，东至绍兴路，全长约2.7千米。
>
> 方案A：设置机动车与非机动车的绿化隔离带，非机动车道为3.5米，但需移栽行道树414棵。（支持人数占94%）
>
> 方案B：在现状断面进行整治，采用现状机非隔离墩。（支持人数占6%）

---

① 杭州在破解"办事难"的机关效能建设中采取多种举措，取得较好效果，其中从2000年开始的每年一度的"满意单位不满意单位"评选活动和"12345"市长公开热线电话是在全国具有标杆性的举措，受到很多领导、学者的热评。

② 本着"打造国内最清洁城市"的目标破解"清洁卫生难"问题：着力整治垃圾乱扔、摊点乱摆、车辆乱停、广告乱贴、工地乱象等五乱现象，实行景区全天候保洁、主要道路18小时保洁的举措；加强城乡结合部与农村环境卫生整治；加强教育，落实长效机制等，建设"清洁杭州"。

③ "'十纵十横'道路整治听取市民意见"，见 http://zzhz.zjol.com.cn/05zzhz/system/2009/03/03/015301527.shtml（访问时间：2010年8月9日）。

答复：为了更好地实现人车分流，保护行人和非机动车安全并结合道路绿化景观，综合考虑之后采用方案A。

其他采纳意见：

1. 希望中间隔离带绿化树木别太高。

答复：在绿化方案设计中充分考虑交通安全，机非隔离带采用低矮的灌木，保证行车视线。

2. 增加岗亭、便民服务站和观景灯。

答复：后期落实。

大关路：南起莫干山路，北至绍兴路，全长约2.34千米。

方案A：按双向六车道设计，与教工路、沈半路车道数匹配，充分发挥整条道路的主干道作用，需要拆迁总计13329平方米，迁移树木271棵。（支持人数占82%）

方案B：双向四车道，拆迁总计8722平方米，迁移树木215棵。（支持人数占18%）

答复：按方案A实施。

其他采纳意见：

1. 大关苑路和大关路路口车辆多，速度快，不安全，建议设置红绿灯。

答复：已考虑采用红绿灯。

2. 马路上的树木移到人行道上，让出隔离带，调整行道树种。不要种梧桐树，根基浅，容易受台风影响。

答复：设计方案中对道路断面进行了调整，设置中央绿化带和机非隔离绿化带，在绿化景观设计中将进一步考虑树种选择问题。

古墩路：北起文一西路，南至天目山路，长约2.77千米；

方案A：改六车道，需要迁移更多树木。（支持人数占90%）

方案B：四车道，维持现状。（支持人数占10%）

答复：采用4车道方案。

其余采纳意见：

1. 如果BRT规划，建议不要设置公交专用车道，公交车在线路设计上建好左转弯。

答复：古墩路文一西路以南段目前无BRT。

第一章
战略基础

2. 古墩路现在街道宽阔,绿树成荫,建议整治时保留原来好的面貌。并采用人性化的城市喜爱偶拼植物色感和城市色彩的协调。

答复:古墩路改造后仍将保留现状4排香樟,只对下部灌木进行"绿"改"彩"。设计已经考虑人性化城市小品,如坐凳等,在下一步设计中将继续深化,在植物的配置上已考虑与周边建筑色彩的协调。

沈半路:南起绍兴路,北至石祥路,全长约2.17千米。

方案A:按双向六车道标准设计,与教工路、沈半路(石祥路—半山路)段车道数匹配,可充分发挥主干道作用,但需要拆迁3954平方米,迁移树木371棵。(支持人数占82%)

方案B:按四车道设计,不利于发挥教工路、大关路、沈半路干路系统交通功能,但只需拆迁899平方米,迁移树木106棵。(支持人数占18%)

答复:按方案A实施。

其他采纳意见:

1. 建议加宽人行道与非机动车道,增设人行横道灯。

答复:人行道标准段宽度3米,非机动车道标准段宽度3.5米,人行横道信号灯等交通组织及设施目前正在方案设计。

2. 对道路两侧商铺前路面进行综合整治。答复:沿线立面整治作为整治内容之一,道路路面铺装实行无缝衔接。

杭大路:南起曙光路,北至天目山路,全长约0.64千米。

方案A:机动车与非机动车设置绿化隔离有必要。(支持人数占70%)

方案B:不设置绿化隔离。(支持人数占30%)

答复:按方案A,西侧设置机非绿化隔离带。

其他采纳意见:

1. 杭大路交叉口增加车道,提高道路通行能力,增设港湾公交车站。

答复:和曙光路、天目山路交叉口由3进1出增加至3进2出,并将普通公交停靠站改造为港湾公交站。

2. 配套管道要进行改造、新增;海鲜城拓宽后人行道不要变为停车场。

答复:本次杭大路整治新增一根污水管道,同时改建或新建雨、污水支管;要求燃气、给水、通信和电力应相关配套管线单位在道路施工中同步建设有关管线。整治后的停车管理将会同城管部门研究落实。

玉古路：南起浙大路，北至天目山路，全长约1.23千米。

方案A：全段为双向四车道，有利于沿线居民出行，机动车与非机动车采用活动隔离墩分隔，景观相对较差，共需移植73棵行道树。（支持人数占70%）

方案B：两车道，从交通量上来考虑，不利于求是村、浙大等沿线居民出行，但机动车与非机动车之间设置2米机非绿化带，景观效果较好，行道树需移植37棵。（支持人数占30%）

答复：通过横断面调整和拓宽非机动车道，道路全线设置为双向四车道。

其他采纳意见：

1. 在玉古路交叉路口增加车道。

答复：全线主要交叉口包括天目山路、西溪路、求是路及浙大路均采取了增加车道的措施提高道路通行能力，各交叉口车道数最少增加至3进2出，天目山路及西溪路南口增加至4进2出。

2. 车站道路应设上、下无障碍坡道。

答复：将在每个公交停靠站处设置至少一处无障碍坡道。

3. 庆丰村港湾式的停车站改造，需拆除庆丰村7号大院的围墙和自行车库，绝大多数群众不同意此方案。

答复：方案已调整，调整后不再需要拆除。

古翠路：北起余杭塘路，南至天目山路，长约1.7千米，现状宽度为36米。

方案A：按双向六车道设计，增加道路通行能力，可有效缓解中心区交通压力，但需拆迁344.57平方米，迁移树木315棵。（支持人数占91%）

方案B：仍是四车道，无建筑拆迁，树木迁移192棵。（支持人数占9%）

答复：按方案A实施。

其他采纳意见：

1. 翠苑4区与翠苑5区公交站合并后位于高技路口，公交停靠在高峰时过长可能造成高技路堵车。

答复：适当延长公交站台。

2. 港湾式停车将涉及影响到公交一公司的消防设施，改造难度比较大，需要设计现场踏勘后，提出解决办法。

第一章

战略基础

答复：进行专项研究，确定方案。

登云路：南起余杭塘路，北至上塘路，全长约4.2千米。

方案A：四改六，道路通行能力大，采用双向六车道与绍兴路等道路功能匹配，符合由古翠路、登云路、绍兴路、环城东路、西湖大道组成的杭州市规划内环快速通道要求，但道路绿化面积稍少。（支持人数占86%）

方案B：四改四，绿化面积增大，但道路通行能力与规划路网交通功能不匹配。（支持人数占14%）

答复：按方案A实施。

其他采纳意见：

1. 登云路六车道方案中的人行道断面过窄，应压缩非机动车道宽度。

回复：道路交通主要分为机动车、非机动车、人行三种交通因素，道路设计时，应根据道路功能定位以及交通流量计算，因地制宜合理布置道路断面分配宽度，鉴于市民意见，秉着以人为本，在满足交通功能的基础上，已将人行道宽度由2.5米调整为3.3米。

2. 考虑在莫干山路、登云路口设人行天桥。

回复：结合杭州市人行过街设施规划，在下一步深化设计方案中对在登云路—莫干山路口修建人行过街设施的必要性、可行性、经济性进行专题研究。

3. 和睦桥机动车和非机动车共用，极为危险。

回复：和睦桥调整设计中，已设置独立的非机动车跨线桥。

浣纱路：北起庆春路，南至西湖大道，全长约1.4千米。

方案A：对医院的交通及周边道路交通进行梳理和改善。（支持人数占96%）

方案B：对医院进出交通不改善。（支持人数占4%）

答复：采用方案A，对市一医院附近路段交通进行梳理和改善。

其他采纳意见：

1. 浣纱路没有煤气管道，沿线社区强烈要求在每个社区和各支路（邮电路等）预留煤气管位，同时，沿线污水管道等管径偏小，希望留出各类管道接口，避免路面二次开挖。

答复：同步实施天然气管，改造污水管，沿线接入管结合同步改造。

2. 改善这条路绿化质量。

答复：本次道路整治将在满足交通功能的前提下，重点提升浣纱路绿化景观。

平海路：西起浣纱路，东至中河路，全长约0.5千米。

主要问题是有几趟公交车的首末站就设在道路干道上，比如16路、27路等，会影响交通。

方案A：迁移16路公交站。（支持人数占100%）

方案B：不迁移公交站。（支持人数占0%）

答复：采用方案A，公交16路首末站在岳王路选址另建。

其他采纳意见：

1. 平海路42号已经纳入上城区2009年庭院改善项目，涉及电力上改下、截污纳管等，建议在平海路道路整治时为这些管线预留管位及对接口，以免今后道路二次开挖。

答复：在方案设计中已经考虑与截污纳管、庭院改善等工程的衔接。

江城路：南起复兴立交，北至城站广场，全长约3千米。

方案A：维持现状断面，保留现状梧桐树，中间双向车道，外侧辅道机动车、非机动车混行。（支持人数占48%）

方案B：中间双向四车道。调整行道树，设置机非绿化隔离带。（支持人数占52%）

答复：正在对方案A和B进行深入比选。

其他采纳意见：

1. 建议将候潮门遗址改造得更加有文化、有特色。

答复：江城路历史文化碎片挖掘工作将重点考虑候潮门遗址等文化碎片的展示，展示方案将另行公示。

2. 希望沿线立面整治，对沿线屋面进行平改坡。结合立面整治，一并考虑管线，如：对管道煤气、电信线路整改一步到位。部分小区地势比江城路较低，致使污水无法正常排出。

答复："十纵十横"整治除了对道路进行整治、改造外，还将对沿线的建筑进行立面整治、平改坡。立面整治方案将在本月中、下旬公示，听取市民意见。

在江城路道路整治中，所有市政配套管线将一步到位同时敷设、对局部地势较低的地块也将结合截污纳管和低洼积水改造工作同步予以整治。

第一章
战略基础

> 凤凰山路：此路为新建道路，西起虎跑路，东至引渠路，全长963米。在八卦田附近，连接虎跑路至南复路，周边有居民用地、杭州陶瓷品市场、景区等，道路主要功能为玉皇山的交通疏散服务。

由上述案例可见，市民的选择得到了充分的满足（10条道路完全按照市民支持度选择，古墩路因为自然条件限制没有采纳市民意见，江城路因市民意见难分伯仲，有关部门决定进一步完善后再征询市民意见），市民其他补充意见也都得到有效、及时的回应，也就是说，在这12条道路的建设中，政府还权于民，由市民做主。

事实上，这样的案例在杭州很多，几乎每一件关系市民社会生活的事情，市民都有选择和决定的权力。正因如此，市民参与的热情得到激发，而由市民决定的政府决策更具人性、更加科学，市民做主已然成为杭州市民的一种生活习惯。

（三）山水还给自然

杭州是一座水的城市，是一座因水而生、因水而立、因水而兴、因水而名、因水而强的历史。产生于8000年前。"跨湖桥文化"的发现把中国文明史向前推进了1000年；5000年前，在"美丽洲"上生活的"良渚文化"被誉为"东方文明的曙光"。杭州也是一座山的城市，西湖因山而生、因山而美，群山养育了西湖的秀美，西湖边的狮峰山孕育了龙井的香茶。因此，杭州是一座山水城市。

然而，杭州这座秀美的山水城市，却因为山水与城市互嵌、景区与村庄交错，加上山水限制景区空间，导致山水受到污染。1973年9月16日，当时的周恩来总理陪同法国总理蓬皮杜游览西湖时指出，"为了给我们的子孙后代留下一个风景如画的西湖，也为了让更多外宾在这胜似天堂的湖光山色中一饱眼福，今后西湖内应少用机动游艇，以避免湖水污染。"[①] 邓小平同志曾经在1983年2月14日和

[①] 中共中央文献研究室编：《周恩来年谱（1949—1976）》下卷，中央文献出版社1997年版，第624页。

1992年12月17日两次做出指示，"像杭州这样的风景旅游城市在世界上可是不多的"①，"一定要保护好西湖名胜，发展旅游业"②。从杭州市委、市政府到杭州市民，均以西湖保护为重点，以建设"宜居城市"、"清洁杭州"为己任。具体而言，就是从恢复杭州自然景观和山水出发，把山水还给自然。

首先，搬迁整治，提升环境。还山清水秀的自然景观，首先要切断和整治污染源。杭州市本着截断污染源、禁止噪音、清澈水质、扩容绿地，为市民提供更具品质的生活环境的要求，动员市区和景区工业企业走上搬迁之路。2002年7月16日，杭州市政府下发《关于市区范围内市属工业企业搬迁的若干意见》，同时成立搬迁领导工作小组。12月27日，确定16家企业作为首批搬迁企业。2003年12月，通过《杭州市区范围内市属工业企业搬迁实施细则（试行）》，明确搬迁资金补偿，正式启动了工业企业搬迁市区的行动，一批企业搬离杭州市区和景区，迁至绍兴、萧山等地。通过工业企业搬迁，搬出了"三个新天地"③：搬出了企业发展的"新天地"，搬出了杭州工业发展的"新天地"，搬出了杭州城市发展的"新天地"，也搬出了提升杭州环境质量的新空间。

与此同时，本着"景区美、村庄兴、百姓富"的目标，通过综合整治，统筹推进静态交通、拆违、基础设施建设、截污纳管、电力线"上改下"、农居保护与整治、改造与提升、河道疏通、水质改善等工程，做到"景中村"环境整治纵向到底、横向到边，不留空白、不留死角。

其次，恢复山水，回归自然。企业搬迁搬出了山水自然的发展空

---

① 翁卫军主编：《杭州改革开放30年》，浙江人民出版社2008年版，第162页；同见中共中央文献研究室编：《邓小平年谱（1975—1997）》（下），中央文献出版社2004年版，第1356页。记载1992年"12月17日上午，游览西湖"，没有记录关于西湖的具体指示。
② 中共中央文献研究室编：《邓小平年谱（1975—1997）》（下），中央文献出版社2004年版，第889页。
③ 姚如青主编：《杭州特色与经验：纪念改革开放30周年（环境卷）》，杭州出版社2008年版，第70页。

第一章
战略基础

间,恢复整治为杭州山水回归自然提供了可能。杭州市主要围绕西湖,通过五大举措恢复整治工作:

一是综合保护西湖。2002年以来,围绕"保护西湖、申报世遗"目标,以还湖于湖的理念,按照"保护第一、生态优先、传承历史、突出文化、以民为本、为民谋利、整体规划、分步实施"的原则,连续实施西湖综合保护工程。2002年12月重修明朝杨公堤,"一湖二塔三堤"(即西湖、保俶塔、雷峰塔和白堤、苏堤、杨公堤)的西湖全景300年后再现于世;2003年复建杨公堤、新湖滨和梅家坞茶文化村"三大景区";2004年复建和建成"一街二馆三园四墓五景区"15个景点;2005年完成"两堤三岛"修缮、龙井村整治、龙井寺整治等8大项目整修;2006年完成灵隐寺景区综合整治一期、伍公山景区综合整治一期和"龙井八景"恢复整治等3大项目;2007年完成高丽寺修复、八卦田遗址保护等7大项目,等等。通过西湖综合保护工程,西湖以及沿湖景点得到恢复整修,西湖纯美自然的景观不断得到恢复。正因如此,2003年西湖综合保护工程获得全国十大科技成就奖,2005年《中国国家地理》授予西湖"中国最美的湖"称号,2006年国家建设部授予杭州水环境治理优秀范例城市。2010年6月24日,"西湖文化景观"申遗成功。

二是综合保护西溪湿地。西溪,古称河渚,"曲水弯环,群山四绕,名园古刹,前后踵接,又多芦汀沙溆",曾与西湖、西泠并称杭州"三西"。后因战争、动乱、过度人为干预和缺乏保护,导致湿地面积从原先60平方千米锐减为10平方千米、生态功能退化、自然和人文景观遭到较大破坏。为此,杭州市政府本着生态优先、最小干预、修旧如旧、注重文化的原则,从2004年开始先后编制完善《西溪湿地保护区总体规划》等7项规划和《西溪国家湿地公园生态修复保护规划》等20余项设计方案,通过拆除人为建筑、搬迁内部居民、恢复生态环境、修缮人文景观等举措,修复和保护西溪湿地。2009年11月3日,西溪国家湿地公园被列入国际重要湿地名录,是目前国内第一个也是唯一的集城市湿地、农耕湿地、文化湿地于一体的国家湿地公园。

三是整治保护运河。京杭大运河是中国得以被世界认知的历史人文景观之一，杭州因其位于运河南端的优势闻名于世。但是，在运河整治保护之前，主城区段运河两岸的岸线资源长期被单位和住宅小区占用，自然和人文景观遭到损毁，加上两岸单位和个人排污，水质下降，生态环境恶化，远离市民、远离游客。杭州市通过整治保护运河工程，拆除运河两岸单位和个人建筑，打通运河两岸游步道20千米，改善运河自然生态，修复运河人文生态景观，实现了还河于河、还河于民、还河于游客。

四是整治河道。据统计，杭州市区有河道286条，长度约847千米。这些河流具有泄洪排涝、休闲旅游、承载历史遗存、消除净化城市污染物等功能。但是，由于缺乏长期有效的疏浚等原因，逐渐丧失上述功能，也影响了市民社会生活和城市形象。杭州市分别于1996和2003年两次进行全面综合整治，完成市内主要河道中、东河的全线疏浚、绿化和古桥加固、修复与西湖连通、引钱塘江水入河、全面实施运河截污工程等举措，使得河道内部互相贯通，外部与运河、钱塘江、西湖贯通，变死水为活水。

五是贯通游步道。杭州不仅水美，而且山秀，水因山而秀美使杭州成为一座具有灵性的城市。在整治和恢复西湖的同时，杭州市政府于2007年决定用三年时间，打通西湖西面群山连绵的山脉，打造出一条杭州最长、也是目前所知全国范围内最长的一条山体游步道——西山游步道，把山还给市民。2010年这条总长约107.9千米的游步道建成，成为继西湖、西溪、西泠之后，又一自然景观和亮点。如果说西湖是杭州的养眼之景、西溪是养肾之地，西泠是养心之所，那么西山则是杭州的养肺之处。一座能养眼、养肾、养心、养肺的城市，是一座山清水秀的生活品质之城，杭州无疑就是这样一座人与自然融为一体的城市。

二、市民做主

把生产还给市场,还出了民营经济的大发展,为杭州建设集聚了财富资源;把生活还给市民,则激发了市民的主体意识和主人翁意识;把山水还给自然,还出了一个山清水秀的魅力杭州,可以说"三还"还出了一个由市民做主的现代化杭州。

(一)政府放权

分析上述"三还"的过程,在理论上,是一个政府还权的过程。作为人民政府,其权力一定被人民掌握。人民政府一旦掌握了超越自身的权力之后,人民如何实现掌握政府权力?除了革命夺取政府权力之外,主要是政府还权,即把人民授予政府的权力通过政府放权方式还权于人民。因此,把超越政府权限的权力还给人民,就是实现人民政府权力重新被人民掌握的有效途径。杭州的"三还",就是政府以放权的方式还权于民,使市民掌握自己权力的实践。

在实践上,政府放权是权力回归。改革开放初期,我国政府之所以放权,在于因为计划体制等原因,除了人民授予的权力之外,政府以不当的方式把原来属于人民的权力收缴。尽管这种权力收缴行为并不符合现代政府理念,但是建立在前现代基础上的新生政权现代国家建设和建设社会主义的双重需要,使得这种行为成为必要而且发挥了一定的能效。随着改革开放政策的实施和市场经济体制的建立,建立在上述双重需要基础上的权力收缴行为阻碍了现代国家建设,更为重要的是在市民参与扩大和个体独立意识增强的背景下,需要以放权方式激活现代国家建设诸要素,因此政府放权是一种权力回归即把市民的权力归还市民的过程。

对于杭州而言,政府以放权方式,把生产归还市场,并把这种经济权力进一步归还给由市民自己创设并适应生活需要的民营经济。民营经济,一方面其主体是市民,另一方面创造财富属于市民,言下之意就是经济权力归还作为市场主体的市民,其体现就是民营经济实现了藏富于民；把生活归还市民，还出了一个市民参与、市民做主的市民社会。这一社会一方面是市民积极参与，无论以个体还是以非政府、社会中介等组织形态参与；另一方面在这些市民积极参与的领域，不仅充分发挥其主观能动性，而且有效地补充了政府在治理城市中的效能不足等缺陷，成为政府决策不可或缺的补充，使得政府反过来要求市民积极参与，市民自然成为城市治理的真正主体；把山水归还自然，还出了一个山清水秀的杭州。一个自然环境优美的杭州，最受益的无疑是杭州市民。因此，政府放权就是权力回归市民，正因为政府放权从而缔造了一个市民做主的杭州。

（二）激活市民

现代城市政府是一个权力属于市民、积极回应市民诉求、满足市民不断扩大的参与要求、与市民共建、共治的城市政府。与传统政府管理城市不同，现代城市政府是建立在市民的积极参与基础上，要求政府积极回应市民诉求，与市民共同治理城市。实现现代城市政府的前提是市民个体独立并具有表达权利的需求，也就是说市民要有权力，而且这一权力是以自由表达为基础的。因此，现代城市政府首先要把权力回归市民，并在回归过程中激活市民，以便政府回归的权力获得市民的积极接收。只有激活市民，才能实现市民接收回归权力的目的，并用这些权力与政府共治城市。

杭州市政府通过放权，首先使市民获得个体独立和自由。正是这一独立和自由，创造了民营经济强市；其次解放社会，把社会权力归还市民，建构一个新的市民社会，从而产生了积极参与的需求；最后把山水归还市民，激活了市民建设城市的积极性。由此可见，"三还"是一个政府放权的过程，同时也是一个激活市民、政府权力回归市民的过程，正是这一过程建构了城市政府为市民和市民爱城市、建设城市的激情，在政府与市民的互动中，创造了一个充满活力的杭州。

（三）市民做主

政府放权和激活市民，在逻辑上是权力回归市民，在本质上是市民获得并实现做主的过程。政府放权,表面上是原有的城市管理模式已经不能适应经济社会发展需要,究其根源在于政府与市民之间存在阻力。这种阻力使政府与市民在治理城市中存在两张皮现象:一方面政府治理城市的主张和政策不能获得市民认同,政府治理城市能效下降;另一方面市民治理城市的建议和意见,不能有效地送达政府。尽管政府与市民都具有治理城市的主动性和积极性,但是缺乏有效渠道实现政府与市民的沟通。

在理论上,人民政府治理城市是为了更好地改善市民的生产、生活,市民也是基于更好地建设美好城市家园的目的要求人民政府的,因此不仅在治理城市上具有目标的一致性,而且城市是市民的城市,所以人民政府治理城市应以市民满意为标尺。也就是说,在治理城市上,政府与市民都以一个有效治理、市民满意的城市为目标,所以市民做主是理论、逻辑的必然。

杭州市政府主动适应这一转变,通过"三还",借助政府权力下放的方式,把属于市民的权力归还市民,并用"红楼问计"、"社区问计"和"网络红楼问计"等等方式,激活市民参与积极性,扩大市民参与渠道,以市民的选择作为政府决策的最终依据,体现了市民参与与共同治理城市的现代价值诉求,其中最重要的是体现了市民做主的理念。

第二节 有效领导:杭州实践的组织基础

分析杭州的实践,除了通过"三还"还出一个市民做主的民主主体外,重要的是杭州市委在这场实践中的有效领导。通过政党的有效领导吸纳政府、市场、社会,共同构成保障市民做主的民主实践主体。民主主体在政党有效领导下,不断吸纳民主实践主体,共同构成了杭州的实践——复合民主。可以说,正是杭州市各级党组织的有效领导，为杭州复合民主实践提供了强大的战略保障、有力的体制创新、有效的政策供给。战略保障、体制创新和政策供给，既是杭州市各级党组织为杭州复合民主实践提供有效领导，又是政党把权力和权利回归市民的内在动力，进而推动市民决定杭州的政治、经济和社会生活，激活政府、市场、社会、市民，共同建构了一个在政党有效领导下的杭州复合民主实践形态。

一、战略保障

在权力回归市民、让市民做主的杭州复合民主实践中，以杭州市委为主的党组织在其中扮演十分重要的作用。如何实现人民做主，既是现代民主政治理论的内在要求，也是作为整体性政党①的价值体现。杭州市委紧紧围绕"市民做主"的理念，为这一理念的落实提供战略保障，主要体现在由杭州市委组织、引导和推动的三次大讨论。

第一次大讨论始于作为市委机关报的《杭州日报》于1978年6月25日转载《解放军报》特约评论员文章《马克思主义的一个基本原则》。② 在1978年初，杭州市委召集全市各区、县、局以及部分市属厂矿企业的宣传部门负责同志举办了真理标准学习讨论会。与会者通过学习，认识到其中的重大意义，确立了实事求是、一切从实践中来的观点。6月25日作为市委机关报的文章转载把这股学习和讨论的激情点燃，越来越多的普通党员和群众参与到大讨论活动中，形成了第一次思想解放大讨论。

1979年2月2日至25日，杭州市委在传达党的十一届三中全会和中央工作会议精神以及六届二次省委扩大会议精神的基础上，联系

---

① 整体性政党概念是意大利学者萨托利提出的。在传统国家向现代国家转变过程中，一些国家政党面临在前现代基础上建构现代国家、社会整合并建设现代化任务需要的一种整体性需要的政党体制，见（意）G·萨托利：《政党与政党体制》，商务印书馆2006年版，第60—81页。这一理论与基于巴黎公社理解上提出"社会共和国"（马克思）具有制度上的互契性，与中国现代化国家建设的历史逻辑具有一致性，也契合中国共产党领导的人民民主理论，作者认为整体性政党对于中国政党制度具有一定的阐释力。

② 沈者寿主编：《改革开放的杭州》，浙江人民出版社1992年版，第53页。

第一章
战略基础

杭州实际，集中研究了把工作着重点及时转移到社会主义现代化建设上来的问题，并提出发展战略转移的重要思想①。9月，市委召开常委会准备集中学习讨论一段时间，然后组织机关干部下去调查研究，再回来学习和讨论，特别是结合各种会议、各项工作，密切联系群众，把这场争论、讨论深入下去。不久，市委发出《今后四个月城市工作要点》，确认要把这场讨论推广到政治、经济、文化、教育、科技各个领域中去，推广到工厂、商店、机关、学校、街道中去。自此，在党的十一届三中全会精神的鼓舞下在杭州市委领导下，全市各条战线、各个部门、各个层面都深入开展了真理标准的思想解放大讨论②。

总结第一次大讨论，首先，杭州市委组织、引导和统一部署，为全市真理标准思想解放大讨论提供了有力组织保障。其次，在这次大讨论中，全市人民达成了实践第一的观点。③ 第三，这次思想解放大讨论，是一次思想的大转移，突破了原有的思想禁锢，为发展提供了战略保障。这次大讨论，促使杭州市顺势把企业自主权不断下放给企业，企业由此获得自主空间。杭州市决定从1979年第四季度起，进行扩大企业经营管理自主权的试点。1984年4月，杭州市政府先后下发《关于放宽国营工业企业几个政策问题的意见》、《关于放宽二轻集体企业几个政策问题的改革意见》等文件，杭州市出现了企业兼并、重组、合作，中外合资、合作企业，外资企业和股份制企业也不断涌现，最重要的是民营经济在国营经济重组和外资企业的夹缝中获得成长空间。

如果第一次真理标准思想解放大讨论是以解放思想、简权放企的方式，为杭州发展提供思想保障的话，那么第二次大讨论则为社会主义市场经济体系在杭州的建构，为杭州持续快速发展提供了条件和

---

① 翁卫军主编：《杭州改革开放30年》，浙江人民出版社2008年版，第119页。
② 高国舫、王柳执行主编：《杭州特色与经验：纪念改革开放30周年（政治卷）》，杭州出版社2008年版，第37页。
③ 《学习讨论实践是检验真理的标准问题》，载《杭州日报》，1978年9月25日。

保障。

1992年3月23日至26日，杭州市委举办领导干部学习会，发出《关于在市级机关开展解放思想大讨论的通知》，决定用一个月时间，在市级机关广大党员、干部中进行基本路线再教育，开展解放思想大讨论。通知强调"在大讨论中，要以邓小平同志重要谈话为指针，围绕解放思想、振奋精神，抓住时机，加快改革开放步伐，促进杭州经济登上一个新的台阶这个主题，联系实际，总结经验教训，用改革的思路解决难题，开拓路子"，着重在五个方面转换脑子、更新观念：一是树立社会主义的根本任务是解放和发展社会生产力的观念，强化以经济建设为中心的意识；二是树立发展社会主义市场经济观念，强化开放意识；三是树立永不满足、永不停步的观念，强化奋发进取意识；四是树立敢闯敢"冒"、敢于试验的观念，强化探索创新意识；五是树立科学技术是第一生产力的观念，强化科技意识。在市委、市政府的统一部署下，3月底到5月上旬，全市各级党组织分层次、有步骤地开展解放思想大讨论。5月中旬，市委召开六届十次全体（扩大）会议，会议讨论并通过杭州市《关于进一步加快改革扩大开放的意见》，将这场思想解放大讨论引向深入。7月12日，市委召开常委扩大会，决定借这次大讨论形成经济运行的强大政治思想动力，"力争全市经济发展，一年有个新变化，三年有个大发展，隔几年上个新台阶。"①

在这场大讨论中，杭州市委、市政府形成了以发展社会主义市场经济、加速杭州现代化进程的"三四五"发展战略，即实现这一发展战略分三步走、致力培育四个经济增长点（全方位对外开放，调整优化产业结构、大力发展第三产业，大力发展乡镇企业，充分发挥科学技术作为第一生产力的关键作用、使科学技术进步成为覆盖杭州全部经济活动的增长点）和强化五项经济保证（解放思想，尽快形成适应

---

① 《抓住有利时机 集中力量加快经济发展》，载《杭州日报》，1992年7月13日。

第一章
战略基础

社会主义市场经济的新思想、新观念；加大改革力度；加快旧城改造和基础设施建设，大力改善投资环境；进一步加强和改善党的领导，形成合力；坚持"两手抓"，加强精神文明建设）。

分析第二次大讨论，首先带来了全市人民思想观念的大转变，带来了改革开放步伐的加快；其次，通过大讨论所形成的五种观念共识强化了杭州建构社会主义市场经济的意识，从而拉开了以发展社会主义市场经济为导向的大幕；第三，产生了一系列改革开放政策举措，在经济领域的"三项制度"、"四放开"，在政治领域的第一次公开招考副局级领导干部，在文化领域的电视直播和热线电话，等等。这些在杭州市委领导下的大转变、新举措为杭州市持续发展打下了坚实的基础，为杭州现代化建设提供了战略保障。

上述两次大讨论，激发了全市干群的积极性，杭州市现代化建设取得了令人瞩目的成就。如何在现有基础上进一步提升杭州城市品位，创造一个和谐、共享的属于市民的城市成为杭州市委、市政府领导的聚焦点。2007年2月10日，杭州市委书记王国平在中共杭州市第十次党代会上做了题为《坚持科学发展，建构和谐社会，为建设生活品质之城而不懈奋斗》的报告，提出要全力打造覆盖城乡、全民共享的"生活品质之城"。报告提出生活品质之城的五大内涵，即经济生活品质、文化生活品质、政治生活品质、社会生活品质、环境生活品质，从而吹响了全市开展"生活品质之城"的大讨论。3月30日，中共杭州市委、市政府发布《关于在全市开展共建共享"生活品质之城"大讨论活动的实施意见》，正式决定在全市开展这次大讨论。决定大讨论分为三个阶段，即学习宣传阶段（2007年3月底至5月底）、落实推进阶段（6月初至10月底）、总结提高阶段（11月初至12月底）。

分析第三次大讨论，有三个比较鲜明的特点：一是市委、市政府统一部署、有步骤地自上而下发动与市民积极参与的自下而上互动，从而形成一次真正意义上的全市大讨论；二是体现了以人为本、以民为本的理念,各个部门在大讨论中结合自身实际,纷纷推出"惠民"举措,真正践行了《中共杭州市委关于坚持科学发展、建构和谐社会,建设生活品质之城的决定》中指出的"建设'生活品质之城'的主要原则之一是坚持为了人民、依靠人民"①的理念;三是形式多样,既有单位自学,也有"请进来学",更有"送下去学",从而在全市形成了共同建设人人共享的"生活品质之城"的思想基础,并在这一过程中通过体制和机制创新,为杭州发展提供动力和保障。

三次大讨论,解放了在杭州发展中的一些禁锢,释放了杭州发展的动能,激活了政党领导下的政府、市场、社会和市民共同建设现代化杭州的热情。在三次大讨论中,杭州各级党组织在提出、推进和总结提升等关键时刻发挥了推动、引领作用。正是政党的推动和引领,大讨论解放了思想,激活了人性,又凝聚了人心,整合了社会力量,形成了建设"市民做主"的合力。三次大讨论,有赖于杭州各级党组织有效发挥政治保障作用,正是这种有效保障为杭州实现三步走发展战略、市场经济建设、生活品质之城建设和市民做主的理念提供了战略保障。

二、体制创新

改革开放以来,杭州现代化建设取得了令人瞩目的成绩。这些成绩的获取与杭州市不断进行体制机制创新紧密相关。梳理杭州市改革开放以来的体制机制创新,主要集中在政党有效领导和市民做主两个方面。

(一)政党有效领导

政党有效领导城市建设必须首先解决好自身建设问题,其次必须通过动员、聚合城市资源,为城市有效治理提供政治基础。因此,创新政党有效领导包含自身建设和治理体制机制创新两个方面。

一方面,党建实践是政党有效领导的体制机制创新,也是实现政

---

① 《中共杭州市委关于坚持科学发展、建构和谐社会,建设生活品质之城的决定》,载《杭州通讯》,2007年第2期。

党有效领导的前提。一是创新干部选拔任用体制机制。在干部选拔任用体制机制创新中，1992年率先面向社会公开选拔领导干部、2003年实行"全员岗位职务竞聘"、2004年推行"民主推荐区、县（市）党政正职建议人选"、2007年采取"定岗海推"、2005年出台8个文件规范强调制度化干部选拔。不仅如此，从2003年开始实行"百名中青年干部到重点工程挂职"举措，增强中青年干部做群众工作的本领和处理复杂问题、解决问题的能力，形成了干部培养、锻炼的有效机制。二是探索"两新"组织党建新体制机制。作为一个民营经济强市，"两新"组织党建成为党建机制创新的重点。杭州市采取创建区、街道两级社会工作党工委统一领导、"三级联动"（市级、区级和街道）形成合力的新体制，创新由上级组织下派党建工作联络员、培养内部党务人员、主要领导主动挂钩、扩大覆盖面、发挥党员作用等机制推进"两新"组织党建工作。三是创新反腐倡廉新机制。杭州市通过体制机制创新先后建立了行风和效能监督员、96666评判监督员、党风廉政建设专家咨询研究员、特约监察员等制度，逐步形成了社会各界有序参与反腐倡廉的组织体系。与此同时，建立健全廉政预情机制，在全市设立39个基层廉政预情信息直报点，多层面收集和传递群众对党风政风民风的评价和社会上带有苗头性、倾向性问题，及时掌握廉政预情的动向。这一做法受到中纪委的肯定，《人民日报》、《中国纪检监察报》多次予以报道。此外，在党员管理、党内民主等方面也有许多体制机制创新。这些体制机制创新，有力地促进了杭州市党建，为政党有效领导城市、推进市民做主提供了条件和保障。

另一方面，通过城市治理体制机制创新，有效地提升领导城市的效能。在城市治理体制机制创新中，主要是建构复合社会主体。经过30多年的建设，杭州市正在从工业化、城市化和信息化社会向后工业化、后城市化和后信息化社会转型，在这一转型过程中，杭州市面临着进一步发展的诸多困难，比如土地资源空间有限，等等。要突破发展的瓶颈约束，必须转变发展思路，提出新的城市发展目标。为此，杭州市提出打造"生活品质之城"的目标,并提出了"社会复合主体"的新发展思路。社会复合主体是在政党领导下,"由党政界、知识界、行业界、媒体界等不同身份的人员共同参与、主动关联而形成的多层架构、网状联接、功能融合、优势互补的新型创业主体"。这一创新发挥了政党领导、动员、整合和保障功能;动员了社会主体参与,激发社会活力;整合了各种资源,实现多重效益;形成了多方互动,构筑和谐纽带;适应了经济社会变化,有利快速发展;推进了体制内的自我改革,引领创新发展。可见,杭州市社会复合主体是城市治理体制机制创新,从政党领导下的政府单一治理到多个主体的协作、共同治理。它在改变城市治理结构的同时,也推动了政党领导城市政府的变革,推动了市民做主的积极性,为城市发展提供了基础。

(二)市民依法做主

城市政党的合法性和有效性在于市民的认同,因此创新市民做主的体制机制是政党有效领导的前提和基础。在市民做主的体制机制创新上,主要体现在打造市民生活的新型和谐社区、扩大市民参与机制等方面。

首先,打造新型社会与和谐社区。1987年杭州市在下城区天水街道灯芯巷最早探索具有杭州特色的社区服务,重点是打造新型和谐社区,营造市民生活的品质空间。

2001年杭州市全面启动了新型和谐社区为重点的社区体制改革,探索城市基层管理新模式。与传统社区比较,新型和谐社区主要突出现代理念和新型要求两个方面的内容。现代理念体现为科学、民主、法治、开放四个方面内容。科学,要求社区建设更加重视事实,工作更加规范,更强调理性;民主,要求社区管理更加关注居民需求,尊重民意,体现人性;法治,要求对政府、企业等组织的社区行为明确底线限制,做到依法办事,彰显刚性;开放,要求社区发展更加顺应社会变革,增强适应性、包容性和融通性。新型要求体现为新公民心态、新经济模式、新生活方式、新管理理念。新公民心态,主要指社会成员拥有平等、包容、自觉、自主、自由等开放心理和人生态度;

第一章
战略基础

新经济模式,主要指驻区企业或企业家要关注并向知识经济、网络经济、楼宇经济等高科技含量、高附加值、低环境污染、低资源消耗行业以及现代服务业等方向发展;新生活方式,主要指引领居民树立健康、环保、俭约、可持续的生活理念并付之行动;新管理理念,主要指创新政府管理体制机制,明确有限政府角色,强化成本效益意识。在理论指导和实践基础上,杭州市新型社区明确以发展为主线、创新为动力、服务为重点、群众满意为目标,坚持以人为本,精心设计和重新规划社区发展的目标体系,不断深化社区发展的运行机制,积极探索社区发展的评价机制,建构以楼宇自治为基本形式的自治型、以满足居民公共服务需求为内容的服务型、以学习团队为基础的学习型、以居住生态化为内容的生态型和以创造最具安全感城市为目标的平安型"五位一体"的现代新型社区。

为了实现这一体制创新,提升市民生活品质,杭州市坚持"以党委为核心,以政府为主导,以服务居民为宗旨,以民主自治为目标,以居民参与为重点"的基本方略,形成了"党委、政府、社会、社区、市场'五力合一'共建社区"的运行模式。在新型和谐社区建设中,凸显党委在"五力合一"共建社区中的核心力,2003年在全国首创党支部"建在楼道上"(下城区长庆街道王马社区是全国第一个楼道党支部)、"党支部建在单元里"的党组织创新机制,实施"领头雁"工程等,同时组织实施以"六必到、六必访、八必报和十条为民服务线"①为主要内容的社区党组织"66810"为民服务工作法,受

---

① 社区党委"六必访"是指对困难群众、独居老人、残疾家庭、流动党员、失业人员和其他重点帮扶人员等六个方面每月必访;楼道党支部"六必到",是指党支部在党员思想波动、党员志愿服务、党员困难并重、社区突发事件、邻里矛盾纠纷和邻里守望互助等六个方面必到;党员协助社区"八必报",是指公共设施损坏必报、背街小巷不洁必报、发现新增孕妇必报、外来人员流入必报、居民病重住院必报、居民房屋出租必报、有不安全隐患必报、有不稳定因素必报;"十条为民服务线",是指党员先锋服务线、环境美化服务线、平安建设服务线、医疗卫生服务线、文教体育服务线、爱心援助服务线、就业指导服务线、社区代办服务线、物业管理服务线、共驻共建服务线,这些由社区党组织组织的便民惠民举措,增强了社区党组织的战斗力和凝聚力,提升了党委核心力。

到了胡锦涛总书记的高度评价①。

其次,扩大市民参与。"知屋漏者在宇下,知政失者在草野"②,市民呼声是衡量政府为政得失的重要标准。杭州市创新了解民情、反映民意、集中民智、珍惜民力的决策机制,通过问情于民、问需于民、问计于民,确保市民知情权、参与权、选择权和监督权,让市民参与、市民做主。在践行让市民参与、市民做主中,进行了大量的体制机制创新,其中主要有建立人民建议征集制度和落实市民"三问四权"制度。

2000年6月,杭州市成立人民建议征集办公室,规定凡是涉及杭州市经济建设和社会发展的重大决策、重大举措,都向市民征集意见、由市民选择,通过人民征集建议的体制创新把人民民主制度落到实处。征集人民建议分为日常征集和专题征集两种方式。专题征集,指每年由政府有关职能部门根据年初市人代会确定的政府工作目标和任务,拟定征集建议题目,由市征集办统一向社会公布,征集市民的建议和意见。日常征集,指除了每年集中征集2—3次建议外,市民可以随时就三个文明建设向市政府提出意见、建议,市委、市政府以及有关部门也会就一些正在实施或将要实施的政策举措通过"红楼问计"、"网上红楼问计"、发放征集意见表等方式向市民征集意见。不仅如此,为了激发市民提建议的积极性,由市财政按年度预算核拨建立人民建议奖励基金,每年一次表彰积极参与提建议的市民。自开展人民建议征集制度以来,市人民建议征集办公室每年平均受理人民建议1万多件,每年市政府为民办实事项目80%来自市民建议。京杭大运河的保护、环保宣传活动、雷峰塔的重建,等等,都是从市民中征集的建议。

除了向市民征集建议外,杭州市创新落实人民民主的体制机制,

---

① 2007年7月28日下午,胡锦涛总书记视察杭州市下城区长庆街道王马社区,对王马社区建立全国第一个楼道党支部的做法给予高度评价。见金波:《映日荷花别样红——胡锦涛总书记视察浙江纪实》,载《浙江日报》,2007年7月31日。

② 王充:《论衡·书解篇》,见《诸子集成(9)》,岳麓书社1996年版,第248页。

第一章
战略基础

实行市民"三问四权",即对重大项目工程推行问情于民、问需于民、问计于民,落实知情权、参与权、选择权和监督权。在实行重大工程项目"三问四权"的市民参与中,主要采取下述做法:一是实施"阳光工程"。打破原来规划设计固定场所展示的做法,推行"规划进社区",即将规划方案送到社区展示,征询居民群众意见。分类梳理居民意见后,再将修改意见反馈到社区,方便市民了解和监督。这一举措密切了重大工程项目与市民群众的联系,使工程项目从规划、设计、建设到管理更加公开透明,增强了市民的参与力度,使"闭门工程"转变为"阳光工程"。二是打造信息平台。杭州市打造多层次公共信息平台,保障市民知情权和参与权。在网络方面,建立"杭州市重大工程招投标网"和"杭州建设项目交易网",接受广大网民监督;在媒体方面,联系报纸、电视、广播,开设重大工程项目栏目,广泛吸收市民意见;在通讯方面,充分发挥"12345"市长热线、公开部门咨询电话、公布电子信箱等民主参与方式,倾听市民呼声,及时回复反馈;在宣传报栏方面,街道和社区利用基层板报,及时听取市民意见和建议。三是鼓励全程参与。杭州市几乎所有重大工程项目都明确规定市民全程参与。杭州市背街小巷改善领导小组2005年2月7日制定《关于市民全过程参与背街小巷改善工作的实施方案》,明确了市民参与贯穿改善工程的计划立项、设计调查、设计方案会审、施工方案编写、施工进度安排、监理方案编制、工程考核验收评比等环节。正因如此,在背街小巷改善过程中,市民自发组织了"草根质监站"、"民间庭改办"等充分体现市民参与的非政府组织的典型案例。四是引入第三方力量。在近几年杭州市重大工程项目建设中,一个突出的特点是重视引入、发挥包括社会中介组织、民间团体、志愿者、义务顾问团、热心市民、义务质量监督员等第三方力量,进一步扩大了市民参与的热情。

这些保障市民参与的体制创新,一方面体现了市民做主,是杭州民主实践的重要表现,另一方面不仅降低了政府运行成本、提高了政府效能、提升了政府形象,也是杭州市各级党组织有效领导政府治理城市的体现。

三、政策供给

通过大讨论为杭州市建设和发展提供战略保障,使得政党、政府、市场、社会和市民形成建设和发展杭州的合力,体制创新为杭州的建设和发展提供了动力,使杭州走向现代化的道路,而政策供给则为杭州的建设和发展提供了具体的路径,使得杭州建设和发展沿着正确的道路,在强大的动力推引下高速运行。具体而言,杭州市委在政治、经济、社会等方面出台了许多政策,其中建构市民满意的政府、发展民营经济、引导市民参与和整治社会环境等方面的政策,是杭州市委领导政府建设杭州的重要政策供给。

(一) 市民满意的政府

一个市民满意的政府,是市民做主的前提,也是实现政党有效领导城市政府的重要条件和基础。杭州市委围绕建设一个让市民满意、有效治理的城市政府,采取了许多措施,通过有效的政策供给建立服务型政府,其中探索综合考评机制和"12345"市长公开电话是重要的政策供给。

为了有效根治传统政府固有的"门难进、脸难看、话难听、事难办"的机关综合症,建立一个以市民满意为导向、服务市民的服务型政府,从1997年杭州市委指定政策探索综合考评机制。1997年市委决定在市直机关开始实行"机关作风整顿",1998年实行"三优一满意"文明机关创建活动,1999年把机关作风转变作为"三讲"活动的一项主要内容,到了2000年市委决定以"满意单位不满意单位"评选活动为抓手,加强机关作风建设,提高办事效率和服务质量,优化发展环境条件。经过4年探索和改进,2005年整合各类考评资源,市委决定实行"三位一体"综合考评机制,2006年又进一步整合原来市委、市政府的市目标办、市满意办、市效能办等机构,成立在市委领导下的杭州市考评委员会办公室。这一综合考评机制,由社会评价、目标考核和领导考评三大部分组成。在100分的综合考评分值设置中,社会评价50分,目标考核45分,领导评价5分,其中社会评价是由按比例随机抽取市民、企业、市党代表、市人大代表、市政协委员、专家学者等9个层面的1.5万名投票人员,他们对综合考评的市直机关部委办局及直属有关单位的"服务态度和工作效率、办事公正和廉洁自律、工作实效和社会影响"进行评价。"三位一体"的综合考评机制,导入了市民参与机制,凸现回应性和透明性,被全国许多地方的借鉴。2001年南京市借鉴这一做法在全市范围内开展"万人评议政府"活动;2006年陕西省借鉴这一做法,成立省综合考评办公室,在全省范围推行。由此可见,"三位一体"的综合考评机制,是政党直接领导下围绕建构服务型政府的有效的政策供给。

与综合考评机制一样,"12345"市长公开电话也是政党直接领导下围绕建构服务型政府的有效的政策供给。1999年杭州市在全国率先开通"12345"市长公开电话。继1999年6月5日开通公开电话后,2002年3月和2004年2月,相继开通"12345"电子信箱和"12345"短信平台。在"不让群众失望"、不让"公仆"推卸责任、不让"中心"低效运转的"三不原则"下,"12345"市长公开电话受理群众来电已经突破100万件,平均日受理380件左右,答复处理率、办结率、满意率均在95%以上,成为一座市民与政府沟通的"连心桥",既是政党、政府了解社会动态和维护市民权益的重要渠道,又是社会监督政府依法履责的重要渠道,更是政党建构服务型政府的有效政策供给。

(二)发展民营经济

按照"放心、放胆、放手、放开"的原则,杭州市专门成立了发展民营经济协调小组及其办公室,市委先后出台一系列政策举措促进民营经济发展,主要有2000年《关于进一步促进个体私营经济发展的若干意见》(市委[2000]12号)、2003年《关于进一步加快民营经济科技企业发展的实施意见》（市委［2003］7号）、2004年《关于进一步促进民营经济发展的若干意见》（市委［2004］14号）、2006年6月《关于进一步鼓励支持和引导个体民营经济等非公有制经济发展的实施意见》（市委［2006］3号，简称"杭州新24条"），等等。期间，又以市委、市政府名义召开4次杭州市民营经济大会，制定和实施了两轮民营经济"三年倍增"计划，推进民营企业"二次创业"，走"以民引外、民外合璧"的发展新路。2006年在全国率先制定《杭州市促进个体私营等非公有制经济发展规划（2006—2010）》，在2007年杭州市民营经济大会上提出"浙江民企看杭州"、打造浙江民营经济"第一强市"的目标。这些政策、措施、发展新路和目标，以市委文件的形式规范、促进和提升了民营经济发展，凸现市委在推动民营经济发展中的政策供给力度。

（三）引导市民参与

市民认同是城市政府、政党有效性的前提，市民认同以市民参与为前提，杭州市委通过政策设计和供给，积极引导市民参与。在上文提及的"三问四权"体制创新中，杭州市通过"红楼问计"、"网上红楼问计"、进社区征集市民意见等政策设计，完善深入了解民情、充分反映民意、广泛集中民智、切实珍惜民力的决策机制，坚持问情于民、问需于民、问计于民，确保群众的知情权、参与权、选择权和监督权，建立便于党委、政府与市民沟通的民意表达渠道、社会舆情收集管道、化解矛盾的平台，健全社会诉求和利益协调机制，使市委、市政府的各项工作都能做到充分了解民情、倾听民意、集中民智；积极发挥媒体引导社会舆论的作用，通过信息平台、互动讨论等方式，搭建不同领域、不同行业、不同群体的沟通平台，在沟通中统一思想、增进理解、互相支持、获得认同，把市民参与、市民做主植入市民生活，成为一种有品质的生活方式。

（四）整治社会环境

杭州经济社会发展，除了有效政党、服务型政府、民营经济和市民参入外，还在于杭州是一个社会环境极佳的城市。自改革开放以来，杭州市历任领导重视环境整治工作，市委出台一系列政策举措领导政府建设"环境生活品质"城市：通过出台市域网络化大都市，设计"双心双轴"城市发展举措，按照"城市东扩、旅游西进、沿江开发、跨江发展"的空间布局，拓展杭州城市发展空间；实施"道路大会战"，出台都市圈交通网络建设和市内"公交优先"、"公交一体化"以及免费自行车，建设都市交通网；实施"蓝天、碧水、绿色、清净"工程，打造"宜居城市"；实施西湖、西溪、运河保护与整治工程，出台江、河、湖、溪、海"五水共治"，打造亲水型城市和山清水秀的自然杭州；出台"清洁杭州"政策，打造"国内最清洁城市"；通过出台改善城市商务环境政策，创建全国最佳商业城市和中国最具活力城市；出台政府信用、企业信用、社会信用和个人信用政策，建设"信用杭州"；出台文化创意产业政策，建设"创业型城市"，提升"软实力"战略。正因如此，这些政策建构了一个山清水秀人美的中国最具幸福感的城市。

杭州是"人间天堂"般美丽、高速发展的城市。城市的又好又快发展，无疑应该归功于杭州市委的有效领导。正是各级政党组织在战略保障、体制创新和政策供给等方面的有效领导，为杭州市建设和发展提供了性能良好的引擎和强大的组织保障。

第三节 民主创造发展：杭州实践的战略选择

杭州的发展，本质上就是在政党领导下的、建立政府、社会和市民一体的复合民主实践形态，以"民主促民生、以民主促发展"，用民主的资源实现市民做主、促进杭州全面发展，从而创造了杭州发展的大格局。

一、民主与发展

民主与发展，是学术界争论不休、没有达成共识的学术问题，存在"亨廷顿迷茫"。在《变化社会的政治秩序》与《第三波》中，亨廷顿认为后发国家从殖民统治者手中获得独立以来，经济、社会发展获得长足发展，也促进了民主的进步；同时，亨廷顿也不否认，这些发展是以非民主的方式获得。这种对于民主与发展模棱两可、互相矛盾的论述，就是"亨廷顿迷茫"。一方面，认为经济发展解放捆缚在个体身上的一些束缚，有利于建立一个相对平等、自由的社会，提出只有发展才能产生民主的论断，其典型就是李普塞特的线性关系。李普塞特通过对欧洲和拉丁美洲的比较观察，于1959年发表了《民主的一些社会条件：经济发展与政治合法性》论文，提出"民主出现与否跟经济发展水平之间是紧密相关的。经济发展水平越高的国家，就越有可能实现民主，并越可能使民主得以巩固"[①]。与李普塞特的线性逻辑关系不同，戴蒙德认为政治民主与经济发展之间存在很强的正相关关系，两者之间的关系是同向的，但是它们之间呈现一种"N"字形曲线[②]，后来还有学者提出"M"字形曲线观点；另一方面，认为在一些后发国家，民主不仅不是发展的助推器，反而是发展的阻力，是消解得以凝聚民心、推进发展的国家这一共同体的巨大阻力，于是稳定、秩序甚至一定程度的非民主才是发展的助力。

这种迷茫，在研究民主与发展关系的学者那里有不同程度的体现。萨米尔·阿明在谈到这一关系时说，"亚洲四小龙"的"成功"以及许多民族主义者的平民主义政府的"成功"与民主没有什么关系。当年德国和日本在赶超英法时并不比他们的竞争对手民主。但是，另一方面我们也看到，战后民主的意大利比法西斯时代的发展要快得多，

---

① 王绍光：《民主四讲》，生活·读书·新知三联书店2008年版，第81页。
② N字形曲线：经济增长到一定阶段以后，实现民主的可能性先增加，后来又缩小，然后再增加。"Economic Development and Democracy Reconsidered, In Gary Marks and Diamond (eds), *Reexamining Democracy* (London: Sage), pp. 99 – 139.

第一章
战略基础

西欧在社会民主主义之下也取得了历史上最辉煌的发展。① 在这里，萨米尔·阿明对民主与发展作了一个看似十分正确但又几乎没有任何价值的解释：一方面从国别比较和一些国家历史看，发展与民主几乎没有任何关系，更谈不上是民主推动了发展或者发展助推了民主，另一方面对一些国家的历史进行纵向比较却发现，民主好像又比独裁能够促进发展。美国纽约大学雪瓦斯基教授甚至在《民主与发展》一书中直接提出"经济发展不一定能导致民主，民主可以在任何情况下随即出现"的论断②。

也许是民主与发展关系的这种迷茫，一些学者开始从其他角度揭示这一问题。产权是一个重要的经济指标。在发展与民主纠缠不清的同时，从产权与民主关系中寻找答案本质上还是探讨发展与民主关系。一般认为，产权的演进，推进了经济领域的发展，是经济发展的直接体现。正是产权的变革推进了个体从经济领域的禁锢中解放出来或者说是劳资关系的颠倒，产生了独立的个体，民主由此应运而生。产权演进是经济发展的前提，也推进了经济发展，同样也促进了人的阶级解放和政治解放，而后是现代民主的发生。这一理论逻辑，在西方学术界并不陌生。经济学家诺思认为，随着中世纪后期的贸易发展，对产权保护的需求不断增长，在保护纳税人产权与国王通过征税确保战争给养、贸易保护之间进行了紧张的博弈，导致西方现代民主的萌芽。③ 巴塞尔则通过"产权与国家演进"的分析模型，验证了现代民主的成长过程。民主理论大师达尔等学者认为，产权是现代民主得以产生并有效维护的关键。无论是诺思、巴塞尔还是达尔关于产权与民主的阐释，无不揭示发展是民主的前提和关键。但是，这种一般的论断同样遭到一般的反对。熊彼特等学者一方面强调两者互为因

---

① 徐洋摘编：《萨米尔·阿明谈帝国主义全球化条件下的民主与发展问题》，载《国外理论动态》，2002年第12期。
② 转引自王绍光：《民主四讲》，生活·读书·新知三联书店2008年版，第87页
③ [美] 道格拉斯·C.诺思：《经济史中的结构与变迁》，生活·读书·新知三联书店、上海人民出版社1994年版。

果,另一方面认为产权的保护与民主的原则并不相符合①,罗利甚至认为它们之间是相互对立的②。正如阿尔蒙德所认为,民主和资本主义两者积极地和消极地联系着,它们既互相支持,又互相破坏。③ 可见,亨廷顿迷茫并没有因为产权要素的介入而得到消解。尽管如此,毋庸置疑的是,发展与民主确实存在一定的关系。基于此,美国学者K·凯伦试图从更加微观的视角,即从民主的发生与发展的时间点的内在关系,阐释发展与民主关系。在1978年8月号《美国社会学评论》上,凯伦对99个国家关于"政治民主与发展时刻"的经验研究得出如下结论:发展时期愈早,则政治民主水平愈高;发展时期愈晚,则愈容易建立民主制度。无疑,凯伦的研究证实了发展时间点与民主化程度的关系,但是并没有解决亨廷顿迷茫,也就是说,发展与民主究竟是何种关系并没有解决。

上述分析表明,民主与发展是存在一定关系的,但这种关系并不是上述提及的线性、N形或者M形曲线的简单关系。民主,是无法一言以蔽之的概念,包含诸多要素;发展,也包含丰富的内容,既有经济发展,也有社会发展,更有类的进步。试图用一个内涵丰富的概念阐释另一个具有丰富内涵的概念,肯定无法获得数学上的一一对应,简单化理解必然陷入亨廷顿迷茫。

首先,发展并不能仅仅指经济发展或者经济增长。经济发展或者增长,固然是发展的一项指标,甚至是一项重要的指标,但不是全部。正如美国经济学家约瑟夫·斯蒂格利茨认为,发展不仅仅是经济领域,同时还包括"社会转型"。这种转型不可避免地会发生在所有主要的制度领域——社会、经济、政治、法律等领域。除了经济发展,发展还包括社会、政治、文化等领域的发展。事实上,发展最重要是类的进步,也就是马克思所说的人的全面发展。只有人的全面发展,

---

① [美] 约瑟夫·熊彼特:《资本主义、社会主义与民主》,商务印书馆1999年版。
② [美] 查尔斯·K. 罗利:《财产权与民主的限度》,商务印书馆2007年版。
③ [美] 加布里埃尔·A. 阿尔蒙德等:《比较政治学》,曹沛霖等译,上海译文出版社1987年版。

第一章
战略基础

才是现代民主的动力。

以经济发展替代发展,并用这一观点研究民主,是西方学者学术优越感的体现,现代化理论就是典型表现。分析现代化理论,暗含了一些基本的假设:历史是一个线性发展过程,从经济落后到经济繁荣,从非民主到民主;民主是唯一的历史必然,其道路只有一条;后发国家必将实现民主,要实现民主只有发展经济。以这样的假设和逻辑,其结果只能是经济发展促进政治民主。这样的理论假设和逻辑所存在的缺陷,西方学者是明白无误的,因此他们把经济发展微观化,通过节点、产权、时刻等与经济发展相关的微观角度研究民主,深陷经济发展与政治民主的迷茫之中也就必然了。

相反,把发展理解为一种包含经济、社会、政治、文化在内的人的解放,那么发展与民主的关系就不是经济发展推进民主或者民主需要经济发展的问题,而是相互促进、共同提升。

其次,发展包含民主。按照马克思的观点,自人类社会以来,人类就处于三种束缚和摆脱这三种束缚的三个解放之中:血缘、地缘和共同体。

每次摆脱束缚的过程,人获得了解放,并随着摆脱"把人们束缚于天然尊长的形形式式的封建羁绊"的"独立的个人"的出现,独立的个体建立了异于传统的交往关系从而培育了现代社会。在这样的社会关系中,现代国家与现代民主获得成长。分析这一过程,人类的发展就是一个摆脱束缚和禁锢、不断获得解放的过程,这一过程为现代民主的破茧而出积蓄了力量。因此,尽管在现代民主成长之间,发展似乎与民主无涉,但孕育了现代民主成长的动力,这是一个民主孕育的过程,所以发展包含民主。

再次,民主也是发展。马克思认为,现代民主是政治解放、阶级解放和社会解放的三者有机统一。三种解放在本质上就是实现人的自由。作为类的国家制度的民主,是人的自由的制度。这三种解放使人摆脱束缚,成为自由的人,这是一个民主的过程,同时这一民主过程也是人获得发展的过程,不仅仅包括物质生活改善的经济发展,也包括建立一个把人的价值置于权力之上、把自由置于控制之上的社会,同时还是建立一个回应社会、清正廉明的政府的过程,本质上是人获得不断独立、自由和发展的过程,这正是民主的内涵。因此民主过程也是发展过程,民主也是发展。

纵观人类历史,发展是人类解放获得自由的历史,民主是人类自我发展的需要,也是促进人类发展的原始动力。因此,发展与民主是人类自我需要,也是人类进步的动力,发展包含民主的进步,民主推进人类的发展。在本质上,发展是人类的进步,人类的进步最终体现为人类的全面自由,民主是一种建立在自由基础上的人类的自我治理,因此发展是民主的前提和基础,民主是发展的目的,也是进一步发展的动力。

改革开放以来,在政党的有效领导下,杭州建构了包括政府、社会和市民在内的复合民主,以民主创造和促进发展,运用发展的成果推进民主建设,再以民主资源推动发展,体现了发展与民主内在的逻辑关系。

二、民主创造发展

民主作为一种实现人类自我治理的手段,在促进自由的同时,也创造了发展的机会和可能。

中国共产党领导人民建立新中国之后,面临现代国家建设和社会主义建设双重任务。因新中国建立在前现代基础上,这双重任务必须采用非一般的现代国家建设逻辑,基于集体主义的民主借助计划体制得以推行。

这种民主,一方面是中国共产党在革命和建设时期对全国人民的政治承诺,确保翻身人民当家作主,另一方面是新中国建构的需要。与西方国家现代民主建设不同,西方国家首先在社会领域进行个体主义的建设,形成社会形态的民主,并在个体和社会形态民主基础上形

第一章
战略基础

成政治压力推动政治形态民主建设。现代民主在西方国家是建立在个体独立、自由和现代社会基础之上的。我国个体主义建设在新中国建立初期就受到了经济基础的制约,不得不转向集体主义。这种转向,一方面契合了中国共产党代表中国人民这一理念,另一方面也与计划体制契合,于是在国家宪法的基础上,建立了中国共产党领导的多党合作与政治协商制度、人民代表大会制度和民族区域自治制度,这三项制度从政治层面保证了作为整体的人民当家作主的愿望,其制度体现为人民民主。

人民民主不仅是一种制度性的政治民主,而且在建国初期也有效地整合了国家资源,在政治建设、社会建设和经济建设等层面取得了巨大的成绩,也就是说人民民主在计划体制下创造了国家、社会和人民的发展。

这种与计划体制契合的民主,随着计划体制的制度效用递减而出现问题。为了维护计划体制,不得不实行更加契合集体主义的民主——人民公社。人民公社制度推行之后,出现了奥尔森所讲的集体行动的"困境",加上自然灾害的降临,集体经济和人民生活出现了问题。此时,经济领域的问题被不当地归类为政治领域的问题,并试图用政治的方法,以大民主的形式解决,这导致"文化大革命"的发生。

计划体制与集体行动逻辑的结果是,国家和人民出现生存问题,这为改革开放政策和市场体制的实施创造了条件。改革开放和市场体制的影响是多元的:一是对集体主义意识形态的反思,在此基础上个体独立和自由获得认可;二是经济领域出现个体经济、民营经济等非公有制经济,市场运行体制统领经济领域,公开、平等、竞争等理念植入独立自由的个体,使得个体权力和权利意识觉醒;三是社会领域的自我管理和整合诉求,产生了非政府组织、中介组织等一些维护个体权利的社会自组织,从而在社会领域出现了社会形态的民主。社会形态的民主诉求,又促进政治领域的民主。

这种民主诉求，一方面是社会形态民主发展的必然。为了促进个体自由和独立，保障公民个体权利，公民个体以及在个体基础上组织了社会自组织。这些个体和组织，不断把政党、政府和市场拖曳进来，成为实现其权利的手段并推动政治民主。中国共产党是代表最大多数人民利益、以实现人民当家作主为目标的政党，人民的诉求使得中国共产党不断以民主回应人民；政府是人民的政府，以回应和满足公民的诉求为其行政的依据；中国建立的市场经济是社会主义市场经济，这种特性决定了人民的利益是这一经济体制得以良好运行的前提和基础。因此，政党、政府和市场不同程度地以人民当家作主为其政治价值，党的十七大确立确保人民当家作主的人民民主就是具体的体现。另一方面为发展创造了条件。以人民当家作主为内核的人民民主，从根本上是一个如何最大限度地保障人民权利、促进人民发展、进步的民主体制。首先，这种民主的本质是人民当家作主。一个人民当家作主的体制，无疑是以保护和发展人民利益为其价值和追求的。其次，这种民主打开了发展的大门。这种建立在个体和市场经济基础上的社会形态推动下的政治民主，是以思想解放为逻辑起点，并以不断突破旧体制的束缚为动力推动了发展，这为现代社会的建立打下了坚实的经济和社会基础，也推动了现代国家建设和人民的全面发展。这既是中国改革开放以来的发展和民主逻辑，也是杭州复合民主的实践逻辑。

杭州市以改革开放为起点，通过把生产还给市场、生活还给市民、山水还给自然的"三还"实践，还出了市民做主的民主主体。在民主实践中，这种主体不断把政党、政府和社会拖曳进来，建构了一个政党有效领导、政府清正廉明、社会有序发展、市民当家作主的复合民主。这一包含政党、政府、社会和市民的复合民主，为杭州的经济、社会、环境进步奠定了基础，形成了一个学在杭州、住在杭州、创业在杭州的杭州大发展格局，杭州市民和到杭州发展的人民共享由民主创造的发展成果。

三、民主促进发展

改革开放以来，杭州市政治、经济、社会、文化各个方面获得了巨大的发展，市民从中充分享受到了发展的成果，也产生了以城市为荣、以城市为家的主人翁责任。分析这些发展，无疑与杭州市实行复合民主有关。复合民主不仅为杭州发展指明了方向、创造了条件、推进了发展，而且复合民主本身成为发展的资源，在民主中发展、以发展促民主，发展与民主互为动力、共同推进，引领了杭州各个领域的发展。

分析杭州市民主促进发展的实践，离不开民主促民生理念的提出和实施。随着经济、社会大发展，城市建设成为市民关注的热点，本地媒体抓住了市民关注的热点问题，进行连续报道，杭州市委、市政府及时回应市民关注点，从解决市民关注的城市建设入手建设一批重点工程。这些源自市民建议的工程，在建设初期给市民出行带来了影响，市民反映强烈。杭州市委、市政府认识到重大工程建设，"面临最大的挑战不是缺资金，而是缺理解。作为城市的管理者，要有在骂声中成长的心理准备"，"要学会用民主的方法解决民生问题"，探索建立一种"民主促民生"的工作机制，利用民主的办法，来为老百姓谋福利、办好事。这直接推动了杭州市设立人民建议征集办公室，向社会公开征集"为建立'民主促民生'工作机制建言"人民建议。征集的建议有选择地通过新闻媒体推荐报道，报送市委、市政府工作决策重要参考，从而建构了"党政、媒体、市民"三位一体"以民主促民生"工作机制，拉近了市委、政府和市民的"心理距离"，赢得了市民的理解，一批现在已经成为杭州市建设样板、标杆的建设项目来自市民建议，极大地推进了杭州城市发展。

正是民主促民生的工作机制，促进了杭州市委、市政府引领各方资源推动以民主方式促进发展，"七难"问题的思路举措就是民主促发展的表现。

党的十六大以来，杭州市委、市政府深入调查研究，倾听群众呼声，梳理出了破解"困难群众生活就业难"、"看病难"、"上学难"、"住房难"、"行路停车难"、"办事难"、"清洁卫生难"等群众关注的7个热点难点问题。全市各级党委、政府从"立党为公、执政为民"和"群众利益无小事"的高度，把"破七难"作为改善民生的主载体、总抓手，立足杭州发展，顺应人民期待，通过体制机制创新，建立了"破七难"的长效机制。

（一）不让一户家庭因生活困难而过不下去

以"春风行动"为载体，以就业援助和帮扶救助为重点，建立动态管理、职业培训、就业援助、社会共建、帮扶保障五大机制，形成了解决"困难群众生活就业难"问题长效机制，基本做到困难群众"出现一个发现一个，发现一个帮扶一个，帮扶一个解决一个"，实现"不让一户家庭因生活困难而过不下去"目标。

一是完善帮扶救助网络。在全国首创市、区、街道、社区"四级救助圈"，将老城区2.4万多户低保和困难家庭纳入帮扶救助范围，实行困难群众分层分级救助，构筑起"纵向到底、横向到边"的帮扶救助网络。

二是加大帮扶救助力度。推动"春风行动"从城市向农村、向"新杭州人"延伸，从保障基本生活转向提高生活品质，连续9年的"春风行动"已累计募集社会资金2.24亿元，向7.49万户（次）低保和困难家庭发放一次性救助金1.81亿元；面向困难家庭的配套优惠政策从2002年的17项增加到目前的33项，已累计向困难群众发放医疗、住房、水电煤等各类补贴和减免有线电视初装视听费、小区保洁费、自来水"一户一表"改装费、公交车费等各类费用2.3亿元；先后11次提高城乡低保标准，目前市区分别达到每人每月400元和300元。"春风行动"先后被中央文明办评为全国精神文明建设创建新方法100例之一，被浙江省人民政府授予"浙江慈善奖"。

三是加大再就业援助力度。面对国际金融危机带来的严峻就业形

第一章
战略基础

势,市委、市政府相继出台《关于做好2009年稳定就业工作的意见》和《关于进一步完善促进就业长效机制的若干意见》,明确新增就业岗位16万个、城镇登记失业率控制在4%以内、打造充分就业城市的目标;建立以"就业帮扶"为首要任务的社区公共服务工作站,创建充分就业社区;推出"万名大学生创业实训工程",打造"网络式创业"、"网络式就业"新模式,推进创业带动就业;发放教育培训券,提高劳动者就业再就业能力;倡导企业在国际金融危机下"不裁员",加强企业社会责任建设。2009年实施"就业新政"30条,总计投入资金将达到5.5亿元。

四是加大社会保障力度。制定实施《杭州市基本医疗保障办法》和《杭州市基本养老保障办法》,在全国率先建立"城乡统筹、全民覆盖、一视同仁、分类享受"的基本医疗和基本养老制度,实现各类参保人员的可选择、可转换、可衔接,有效破解了社会保障制度的城乡二元结构问题。截至2008年底,全市职工基本养老保险、医疗保险、失业保险、工伤保险参保人员分别比上年末净增33.44万人、36.85万人、32.32万人、44.18万人,参加农村居民养老保险人数达13.52万人。

五是提高中低收入居民收入。实施城乡居民收入"五年倍增"计划、低收入群众增收行动计划、低收入农户奔小康工程,建立物价上涨与低收入群体临时补贴联动机制,向困难群众发放消费券,确保低收入家庭收入增幅高于全市平均水平。2009年春节前夕向八城区范围内困难群众发放2.02亿元消费券,受益人数达到132万人。

六是让"新杭州人"在杭州"安居乐业"。出台《关于做好外来务工人员就业生活工作的若干意见》、《杭州市外来务工人员特殊困难救助办法》,设立8000万元外来务工人员特殊困难救助专项资金,确保"新杭州人"有收入、有房住、有书读、有医疗、有社保、有安全、有救助、有组织,连续被评为"最受农民工欢迎的城市"。

(二)医疗质量上去、看病费用下来

从2003年开始在全国率先实施了"四改联动",统筹推进医疗卫

生、药品生产流通、医疗保障和医疗救助四大体制改革,着力推进市属医院功能布局和专业设置两大战略性调整,建设卫生强市和健康城市,初步做到了"医疗保障实现全民覆盖,人人享有基本医疗卫生服务",努力让群众"看得了病、看得起病、看得好病"。

一是推进医疗卫生体制改革。率先推出门诊和住院人均费用"均费双控、超额双缴"措施,同时在省内率先开展单病种收费和检查限价"双单制"试点,在市属医疗机构、市直管医学检验机构间推行"医疗检查通用、结果信息共享",实行"处方外配",减轻患者负担。建立健全社区卫生服务网络,实行社区卫生服务机构"收支两条线管理"、"药品零差率",目前市区共建立社区卫生服务中心(站)318家,社区卫生服务乡镇街道覆盖率达100%,94.9%的居民享有"15分钟社区医疗圈"。成立市卫生事业发展中心,实行管办分离,结合新医院建设,逐步探索决策、执行、监督三权分立。加大医疗市场开放度,稳步推进市属公立医院管理体制改革和产权制度改革,构筑多元化投资兴办医疗机构的新格局,全市累计建立民营医疗机构800多家。

二是推进药品生产流通体制改革。推进医药分离,实行省、市、县三级医疗机构药品联合集中招标采购,规范社区和农村药房管理。规范零售药店准入条件,开放药品零售市场,逐步开展民营医疗机构和单位内设医疗机构药房的规范化管理。坚持低门槛、广覆盖,推进医疗保障体制改革。调整基本医疗保障管理体制,将原由卫生部门管理的新型农村合作医疗职能划归劳动保障部门管理。

三是建立城乡统筹基本医疗保障制度,实现人人享有基本医疗保障的目标。2008年,城镇职工基本医疗保险制度覆盖率达到100%,参加医保的定点医疗机构达到538家,定点药店达到281家。实行企业退休人员门诊医疗费社会统筹,降低参保企业退休人员住院和门诊起付标准。在全市全面推行新型农村合作医疗制度,参保369.18万人,参合率达98.21%,实现乡镇全覆盖,人均筹资额达到上年农民人均纯收入的1.6%。推进医保区域统筹,实现沪杭、杭甬以及杭州市各区县市互相委托结报医疗费。

四是推进医疗救助体制改革。调整医疗救助管理体制,将原由民政部门管理的医疗救助职能划归劳动保障部门管理。加大医疗救助资金筹措力度,增强医疗救助的资金支撑能力。开办杭州惠民医院、在全市公立医疗机构开设爱心门诊。开展"光明行动",对10679名无劳动能力、无固定收入的白内障患者免费实施复明手术。制定出台面向困难家庭人员和居住半年以上的外来务工人员的"两免一减一让利"政策。

五是坚持名院集团化办医,推进市属医院功能布局和专业设置"两大"调整。新建滨江医院、下沙医院、妇女医院等6家非营利性国有控股股份制市属三甲医院,充分整合省与市、地方与高校卫生资源,扩充优质医疗资源,提高医疗服务水平,使患者在市属重点医院排队挂号时间不超过5分钟,能随时在市属重点医院住院。2008年末,人均寿命达79.78岁,病人对市属医疗机构的满意率达到99.02%。

(三)接受更好的教育

坚持"好上学"和"上好学"两手抓,大力实施"名校集团化"战略,推进优质教育的均衡化、平民化、普及化,努力使优质教育资源覆盖到杭州所有家庭、所有孩子,做到"人人好上学、人人上好学",实现"让更多的人接受更好的教育"目标,不让杭州的孩子输在人生起跑线上。

一是实施名校集团化战略。在全国率先实施名校集团化战略,以名校为龙头,按照"因地制宜、分类指导、量质并举、以质为本"方针,通过"名校+新校"、"名校+民校"、"名校+名企"、"名校+弱校"、"名校+农校"等多种模式,积极推进中小学名校、幼儿园名园、职业教育和成人教育集团化办学,输出名校的办学理念、品牌、文化、人才、管理等要素,扩大优质教育资源覆盖面。截至2008年底,全市已成立120个教育集团,成员单位达417个,6个老城区已有59.7%的中小学实施了名校集团化办学,受益中小学生超过50%。

二是建立教育资助券和人民助学金制度。在全国率先发放教育资助券,建构"全员覆盖、全程受助、全体受益"的学生资助体系,减轻困难家庭子女就学负担,不让一个孩子因家庭困难而失学。从2003年到2008年,全市累计共资助困难家庭学生约97.5万人次,金额达到5.06亿元。

三是建设城乡学校互助共同体。开展农村教育帮扶工程,统筹城乡区域优质基础教育均衡发展,实现城市优质教育向农村辐射,提升农村教育质量,推进农村基础教育的均衡、优质发展,实现城乡教育一体化,促进农村孩子"好上学"和"上好学"。目前,加入城乡学校互助共同体的学校达到652所,全市义务教育段城乡学校互助共同体覆盖面达到95.6%。

四是解决进城务工人员子女入学。坚持"公办学校为主、民工子女学校为辅",确保符合条件的进城务工人员子女均能入学。目前,全市共有进城务工人员子女学校54所,进城务工人员子女在杭就学人数达13.83万人,其中市区90%的公立学校接纳了近11.5万人。

五是大力发展高等教育。建成下沙、滨江、小和山、浙大紫金港校区4大高教园区,启动江东、仓前两大高教功能区和"杭州大学城"建设,支持杭州师范大学建设一流综合性大学,加快高等教育普及化,在杭高校全日制在校生从2002年的25万人增至2008年的40.96万人,全市高等教育毛入学率从2002年的30%提高到2008年的51.94%。2008年度,杭州社会各界对破解"上学难"工作的满意率达到97.08%。根据《2009年中国教育蓝皮书》发布的中国主要城市公众教育满意度调查结果,杭州在教育状况总体评价排序上名列第一。

(四)居者有其屋

各级党委、政府始终把解决"住房难"问题的工作重心放在保障

第一章
战略基础

性住房体系建设上,坚持"租、售、改"三位一体工作方针,以落实"两个房等人"、解决"两个夹心层"住房问题为重点,建构经济适用房、限价房(拆迁安置房)、危改房、廉租房、经济租赁房"五房并举"的杭州特色住房保障体系,较好地满足了中低收入家庭的基本居住需求,改善了中低收入家庭的居住条件。

建构"五房并举"的杭州特色住房保障体系。加强经济适用房建设管理,在全国率先制定"租售并举"政策,对符合经济适用房购房条件,但又无力一次性购买经济适用房的家庭,允许其先购买其中一部分住房面积,剩余面积可先租赁,5年内购买。超过5年仍没有能力购买剩余面积的,退出经济适用房,由政府另行提供经济租赁房。截至2008年底,杭州市区累计销售经济适用房4.57万套,现在年满24岁的新婚夫妇,只要符合条件,都可以领到经济适用房认购证,已基本做到经济适用房"房等人"。加快拆迁安置房建设步伐,在2004—2008年拆迁安置房建设累计开工总量1200万平方米以上的基础上,力争2008—2012年五年开工量超过1800万平方米,逐步实现拆迁安置房"房等人"目标。市委、市政府承诺,要让广大拆迁户成为杭州城市建设最大的受益者,切实做到事前协商、征迁政策、征迁方案、住房安置、就业政策、社会保障、集体经济、征迁监管等"八个确保"。比如,杭州市率先出台10%留用地政策,鼓励被征地集体经济组织兴办二、三产业;在全国率先出台农转居公寓办理"三证"政策,在补缴一定费用后可以上市交易。实施危旧房改善工程,政府投入20多亿元,通过维修、拼接、重建和项目带动等形式对木结构、砖木结构等危旧房住宅和厨房或卫生间等设施不全的非成套住宅进行改善,达到厨卫设施配套,消防改善,住房安全,"面积小、功能全、质量优"的目标,提升房屋的功能性、安全性和舒适性,到2009年底将完成老城区156万平方米危旧房改善任务的90%以上,显著改善2.5万户危旧房居民的住房条件。加强城镇廉租住房保障,在全国率先扩大廉租房享受范围,基本实现人均收入在城市低保标准两倍以下的申请家庭应保尽保。建立经济租赁房制度，组建杭州市租赁房建设管理中心，按照"只租不售"原则，向符合相关条件的大学生、创业人才、外来务工人员以及本地居民提供经济租赁房。实施住房环境改善工程。2004年开始，杭州市、区两级财政累计投入16亿元，实施以"交通序化、道路洁化、环境美化、景观亮化"和保护历史文化遗存等为主要内容的背街小巷改善工程，创造了背街小巷改善的"杭州模式"，也创造了历史文化名城保护的"杭州模式"，已累计改善2332条背街小巷，总长度863公里，受益人数超过195万人，市民群众对背街小巷改善工程的满意程度达98%。2007年开始，对老城区745个庭院、3365幢房屋实施包括园林绿化、违建拆除、上改下、平改坡、公共活动空间设计等27项主要内容的庭院改善工程，已完成老城区349个庭院、1771幢房屋的改善任务。2009年开始，实施物业管理改善工程，对涉及2000多万平方米住宅的老旧小区实行专业化或准专业化物业管理，力争做到有物管用房、有公共保洁、有秩序维护、有停车管理、有设施维保、有绿化养护、有道路保养、有维修服务"八个有"。2009年市财政安排1亿元物业管理改善专项经费。近年来，市民的居住条件得到了较大改善，2008年末杭州市区居民人均住房建筑面积达到29.83平方米，保障性住房开工面积占全部新建房屋开工面积的比例已达50%以上，在全国城市中处于领先水平。

此外还通过"群众满意单位不满意单位"评选活动和"12345"市长公开热线、"打造国内最清洁城市"、推进"畅通工程"和"平安大道"等手段破解"行路停车难"、"办事难"、"清洁卫生难"等市民关注的杭州建设和发展问题。

综上所述，杭州之所以取得今天的发展成就，最重要的就是运用复合民主。在杭州市委的有效领导下，整合政府、社会、市民的力量，建构"以民主促民生、以民主促发展"的民主机制，把民主作为解决市民和城市发展的手段，同时把民主作为发展的重要资源，推进杭州的全面发展。

第一章 战略基础

小　结

改革开放以来杭州的发展，始于政府权力下放。杭州通过生产还给市场、生活还给市民、山水还给自然的"三还"过程，还出了一个市民做主的权力主体。这一主体，在政党的有效领导下，建构了一个包括政府、市场、社会和市民的复合民主实践形态。

在杭州实践中，复合民主通过政党的有效领导，以市民做主为本质，以民主创造发展，把民主作为资源推进发展，创造了一个民营经济繁荣、市民生活丰富多彩、自然环境优美的现代化杭州，这是一座属于市民的、由市民做主的城市。这座城市创造的复合民主，是民主政治在中国的具体创造和实践形态，为中国城市发展和民主建设提供了战略基础。

第二章 组织形态

改革开放之后，国家放权，推动社会自主和个体独立，社会生产生活层面发生了显著变化。在农村，实行统分结合的农村联产承包责任制后，一方面激发了农民的生产积极性，另一方面又由于国家对农副产品统购派购的逐步取消，农民有了大量剩余农产品需要到市场进行自由交易，这一方面催生了农民作为独立的利益主体，另一方面催生了市场经济这种新的经济形态。在城市，国家对企业放权让利之后，企业也有很多计划外的工业产品要到市场交易。而且随着经济体制改革的推进，个体工商户和私营企业数量不断增加，他们本身就处于体制外，直接在市场之中进行生产和交易。这样就在计划经济体制之外逐步成长壮大了市场经济体制。顺应市场经济发展壮大的经济社会发展形势，党的十四大明确提出要建立社会主义市场经济体制。社会主义市场经济体制建立之后，社会生产生活从对国家的高度依赖逐步走向了自主，人们开始从对权力的高度依赖走向了民主，在这个过程中，社会开始形成了一种独立的力量，它有自身的民主需求，并对国家构成权力的需求，而国家制度的不完善性会使得这种需求形成很强的压力，从而产生了从社会生活层面实践人民民主的需求。因此我国人民民主的建构开始进入了从国家和社会生活两个层面来实践和完善人民民主的时代，改变了改革开放之前人民民主只有国家层面而没有社会层面的状况。在这个过程中，国家开始以发展生产力和社会民主为核心来建构人民民主，在建构民主过程中实现国家与社会合作，

第二章
组织形态

化解了社会力量对国家的民主需求。在新的人民民主建构逻辑中，经历了从地方、社会到国家的自下而上的民主发展逻辑与从国家到社会的自上而下的民主发展逻辑相互结合的状态。总之，改革开放之前的人民民主是以人民解放为基础、以国家为中心，改革开放之后的人民民主是以个体解放为基础、以社会为中心；前者实现了人民统治的国家政权体系，后者解决了人民当家作主的权力体系。

人民民主国家层面和社会层面的相互结合使其成为我国民主实现的重要路径，党的领导是我国民主实现的另一条重要路径，人民民主要求党的领导，人民民主推动党的领导，党的领导保障人民民主。党的领导与人民民主的相互结合就产生了新时期人民民主的实践形态：复合民主。复合民主是在中国现有的社会、历史、文化条件下实现人民民主的具体民主形态。复合民主使得人民民主实践化、具体化、可操作化，使得人民民主从理论转化为实践，从抽象转化为具体。复合民主以政党为领导，以人民做主为根本，以协商合作为机制，以创造发展为使命。复合民主要巩固和发展，并推动人民民主在中国的实现，就需要在中国社会现实生活中推动发展，创造治理，维护秩序，实现个体与社会的合作。在中国长期处于现代化的情况下，民主的一项重要功能是推动发展。在发展的基础上再追求合作与秩序。

复合民主这种民主形态也包含着自身的组织形态，组织形态的成熟推动复合民主的发展。杭州市的复合民主组织形态建构实践主要包括以下几个层面：第一，实现了政党、政府、市场、社会的有机互动，形成了建构民主机制的合力，建构了民主的治理主体。第二，在互动基础上创建了社会复合主体这个具有鲜明杭州特色的民主组织形态，社会复合主体在承认社会主体、社会力量存在的基础上，又把社会力量纳入到了组织体系的范围之中来，既把社会力量聚合起来，又建立了新的秩序结构，既让每个主体都有权力，又把权力运行范围纳入到秩序运行之中，从而把民主的各个组织要素整合成为一个有序的系统，在此基础上创造有机的民主生活过程，并通过这种民主形态来推动发展，使社会复合主体成为了一个重要的发展主体。第三，市场自治。市场中的个体、个体工商户和私营企业在市场中实行自我管理、自我服务和自我教育，其典型的实践形态是民间行业协会的发展壮大。第四，社会中介体。政府在解决人民日常生活需求中通过社会中介体来保障人民的直接参与，同时又推动政府服务项目质量的优化，这方面的典型实践形态是民间庭改办。第五，基层自治。基层既包括基层群众自治和基层政权建设，又包括社会民主发展过程中产生的业主委员会等社会自治组织。基层自治使基层成为了我国民主成长的重要社会空间。

第一节 互动结构：政党、政府、社会的合作

一、政党、政府、社会合作的理论阐释

在我国现代化的过程中，在社会解放尚未达成的情况下，人民要实现自身的权力，实践人民民主，掌握国家政权，消除国家可能带来的奴役，就需要政党来保证人民当家作主，政党是保证人民民主得到实现的重要机制。当然，其理论前提是政党要代表人民的利益，政党不能有自身的特殊利益。其次，就政党与国家、社会之间的关系而言：在西方，政党是联接国家与社会的渠道，"政党的功能在于组织参与、综合不同利益，充当社会势力与政府之间的桥梁"①；但是在中国，政党是保障国家与社会的重要机制，政党对国家和社会具有整合功能和统领功能。政党具有引领国家与社会发展的功能，政党是国家建设的主体，也是社会建设的主体。在西方的政治逻辑中，是先有现

---

① ［美］亨廷顿：《变化社会中的政治秩序》，王冠华等译，生活·读书·新知三联书店1989年版，第85页。

第二章
组织形态

代国家后有现代政党，政党对国家和社会的影响和控制范围都非常有限。政党仅仅是普通的政治团体，政党以选举为核心，被称为"选举型政党"，即使政党在选战中赢得选举成为执政党之后，执政党的权力职能也是非常有限的，在三权分立的体制下，执政党能够组织政府，但是只能影响议会，当执政党在议会不占多数的时候，执政党的意志就很难通过议会变成国家法律而且也不能干预司法，因为三权分立要求司法独立。执政党的执政活动受到国家与社会的严密监控，同时，执政党也不是领导党。但是在中国，是先有现代政党后有现代国家，也就是党领导人民建设现代国家，国家是党缔造的，所以政党对国家和社会有非常强烈的影响力，政党是国家与社会协调运作的重要整合机制，而不仅仅是国家与社会之间的联接机制，政党既是执政党，又是领导党，政党对国家与社会具有异常重大的社会政治责任。亨廷顿针对这种政党—国家关系指出，"不是政党反映国家意志，而是政党缔造国家，国家是党的工具。政府的行动只有反映了政党的意志才是合法的。政党是合法性的根基，因为它是国家主权、人民意志或无产阶级专政的制度化身。"① 郑永年教授指出，"政党在后发展国家往往充当新国家的缔造者。……在西方先发展国家，政党和国家是两码事。但在后发展中国家，两者的关系并不很明确，甚至不能分离开来。这不仅是因为国家的生存在很大程度上依赖于政党的生存，而且，社会经济的发展也更多依赖于政党的决断。"②

再次，政党是中国发展的重要主体，政党是全国人民的先锋队，是引领发展的重要力量。郑永年教授指出，"对后发国家而言，发展需要主体。政党成为发展的主体，因为政党是很有效的组织力量。政党有多种组织方式，西方是选举型政党，因为它们的政党不需要促进社会经济的发展。西方政党对发展没有什么责任。再说，西方的高速

---

① [美] 亨廷顿：《变化社会中的政治秩序》，王冠华等译，生活·读书·新知三联书店1989年版，第85页。
② 郑永年：《中国模式：经验与困局》，浙江人民出版社2010年版，第64页。

发展已经是过去式，现在它需要的是治理，需要维持社会原有的东西。西方的社会力量比较强，它们的发展不需要政党推动。但后发国家的发展需要国家来推动，国家的组织力量就是政党。在民主革命时期，西方模式的政党不能把中国组织起来，所以就由共产党组织。今天依然如此。中国革命的组织者是共产党，发展的组织者同样是共产党。"①

政党是人民民主实践的主体力量，在中国社会政治生活中具有举足轻重的作用。政党力量的强大可以领导人民限制国家的奴役，保证人民对国家的主导。但是政党对国家与社会所形成的政治优势和组织优势在国家与社会相对不成熟的情况下很容易演变成政党代替国家与社会，或者直接忽视人民的利益，成为限制人民直接参与政治的阻碍力量。这就要求在加强政党领导的情况下全面健全和完善党的领导，实现党的领导的科学化。在政党、国家与社会的基本框架下②保证政党对国家与社会的相互尊重，在政党、国家与社会相互合作的基础上进行有机互动。

在马克思的民主理论中，国家最终要消亡，要被社会所吸纳，建立"社会共和国"，但是在现代化发展尚未完成、整个经济与社会发展处于比较不成熟的历史阶段的情况下，现代化和社会的发展需要国家作为一种推动力量，这时候国家的存在又具有必要性。但是国家不能成为奴役社会的力量，国家不能成为"俨如密网一般缠住社会全身并阻塞其一切毛孔的可怕的寄生肌体"。③ 国家必须与社会合作。在西方宪政政治理念所构建的思想传统中，对于国家存在两种互相对立的观念，一种是传统的自由主义观念，这种观念主张自由市场经济、小政府和不干预政策，认为国家一直是一种与公民自由相抵触的"恶的力量"，必须在宪政与法治的基本原则下"控制国家"，通过政治权力

---

① 郑永年：《社会改革比政治改革更重要》，载《中国社会科学报》，2009年第12期。
② 在政党、国家与社会的基本框架下，国家主要指政府，社会主要指国家之外的社会经济生活，包括个体、私人部门（私营企业）和第三部门（社会组织）。
③ 参见《马克思恩格斯选集》第1卷，人民出版社1995年版，第675页。

第二章
组织形态

的多元分配来控制国家的强制力量①,使国家转变为"守夜型国家"和"服务型国家"。国家把可由公民个人和私人企业决定的事情交给私人,国家只提供最低限度的公共产品,"国家通过提供一系列的经常性社会设施,以换取部分税收"②,用美国前总统里根的话语来表达就是:"政府不是问题的答案,而是问题本身。"另外一种是社会民主主义观念,这种观念主张国家应当适当监管和限制市场行为,避免社会的两极分化,给予弱势群体以保障,建构自由公正的"福利国家。"这两种国家观念主导了西方主流的政治思想,虽然相互对立,但是也只是西方自由主义内部左派与右派之间的对立,在根本的限制国家和保护市场的原则上是一致的,他们都认为国家不能主导经济发展,国家不能直接干预市场行为,国家能力主要体现为国家提供社会公共产品的能力,国家与社会之间相互抵触,应该用社会力量限制国家力量等。但是在东亚、东北亚地区,国家在经济发展中起主导作用,形成了"发展型国家","发展型国家有以下四个特点:第一,持续的发展意愿;第二,具有高度自主性的核心经济官僚机构;第三,紧密的政商合作;第四,有选择的产业政策。"③ 发展型国家通过政商合作和持续的产业政策来推动社会经济发展。在国家与社会的关系上,"国家不会由于社会的强大而变弱,相反,增强代表机制的方法让国家能与有关集体利益的代表进行更多的例行协商"④。国家与社会之间的合作使得整个体制更加具有灵活性,更能够推动产业政策的持续性和经济社会的持续发展。中国地处东亚,与东亚其他国家具有共同的文化传统,在中国的经济社会发展中,国家也是发展的主导力量,国家与社会密切合作,通过核心的经济官僚机构来推进产业政策。与东亚其他

---

① 这方面的内容,请参见 [美] 斯科特·戈登:《控制国家:从古代雅典到今天的宪政史》,应奇等译,江苏人民出版社 2005 年版。
② [澳大利亚] 琳达·维斯、约翰·M. 霍布森:《国家与经济发展——一个比较及历史的分析》,黄兆辉、廖志强译,吉林出版集团 2009 年版,第 275 页。
③ [美] 禹贞恩:《发展型国家》,曹海军译,吉林出版集团 2008 年版。
④ [澳大利亚] 琳达·维斯、约翰·M. 霍布森:《国家与经济发展——一个比较及历史的分析》,黄兆辉、廖志强译,吉林出版集团 2009 年版,第 274 页。

资本主义国家相比,中国在国家主导的背后还有一个强大的政党支撑,而且这个政党是代表人民利益的没有自身特殊利益的无产阶级政党,这是中国特殊的政治优势。

综上所述,在中国的民主成长中,人民民主需要政党领导,但是政党也需要尊重国家与社会,不能把自身凌驾于国家与社会之上。人民民主的实现必须限制国家对人民的奴役,但是现代化又要求国家主导经济社会发展,国家通过与社会合作协商来推动经济社会发展,保障人民当家作主,这就形成了政党领导国家与社会合作协商的民主组织形态。在这个组织形态中,政党、国家、社会之间实现了有机互动,政党领导国家与社会,国家与社会合作,政党代表社会利益,政党领导加上国家与社会的相互合作,就形成了复合民主中政党、国家与社会有机互动的组织形态。这种民主组织形态与西方资产阶级民主的组织形态有鲜明区别。在西方民主的组织形态中,政党赢得选举之后成为了执政党,执政党组织政府,选拔推荐官员,但是政党与政府严格分开,政党对政府没有刚性约束。政党没有引领社会的功能,政党的主要功能是组织选举,参与议会活动,在三权分立的政治架构中,执政党执政发挥作用非常有限。政党、国家与社会之间的合作协商没有建立起来。

二、政党、政府、社会有机互动的杭州实践

把上述复合民主的组织形态落实于杭州的实践,并以此来透视杭州的发展,我们发现在杭州改革开放30年的发展中,政党引领社会,政府引导经济,政府与社会密切合作,社会以市场为主体,展现了复合民主政党、政府、社会有机互动的组织形态,这种组织形态成为杭州经济社会发展的治理主体和发展力量,有力地推动了杭州的民主发展。杭州改革开放30年中,政党是发展主体、社会建设主体,是人民民主实践的主体力量。首先,政党通过解放思想、激发人的活力来推动整个经济社会发展。改革开放30年来,杭州市委先后组织召开

第二章
组织形态

了三次思想解放大讨论。第一次思想解放大讨论是在改革开放之初全国开展真理标准大讨论之际展开的，杭州市委经过这次思想解放大讨论实现了工作重心从阶级斗争向经济建设转移，激发了广大人民的生产积极性，经过三年的努力，到1981年，杭州市工业总产值增长60.6%，农业总产值增长34.8%，财政收入增长37%。① 第二次思想解放大讨论发生在1992年邓小平南方谈话之后，杭州市委在贯彻邓小平"南方谈话"精神过程中破除了"姓社""姓资"争论对经济发展的束缚，全面树立了科学技术是第一生产力观念、商品经济观念、全面对外开放观念等，破除了思想禁锢，进一步激发了人民的生产积极性，使杭州经济发展走上了快车道，1997年全市国内生产总值达到1036亿元，五年间平均递增了20.3%。② 第三次思想解放大讨论发生在江泽民同志提出"三个代表"重要思想之后，杭州市委在这次解放思想大讨论中提出了抢抓机遇加快发展的发展思路，富而思进，基本实现社会主义现代化。到2007年，杭州市生产总值突破了4000亿元，人均GDP超过8000美元。③

其次，政党通过制定经济社会发展战略来推动经济社会发展。新世纪以来，面临新的机遇与挑战，杭州市委通过制定新的发展战略来推动杭州在原有基础上进一步发展。2002年杭州市委在第九次党代会上正式提出了"城市化"、"工业兴市"、"旅游西进"、"开放带动"、"环境立市"等五项战略。④ "2008年，杭州市委十届四次全会又提出了'六项战略'：'城市国际化'、'工业兴市'、'服务业优先'、'软实力提升'、'环境立市'、'民主民生'。这'六项战略'，涵盖了经济、政治、文化、社会'四大建设'，经济生活品质、文化生活品质、政治生活品质、社会生活品质、环境生活品质'五大品质'，城市、

---

① 参见翁卫军：《杭州改革开放三十年》，浙江人民出版社2008年版，第2页。
② 参见翁卫军：《杭州改革开放三十年》，浙江人民出版社2008年版，第3—4页。
③ 参见翁卫军：《杭州改革开放三十年》，浙江人民出版社2008年版，第5—6页。
④ 参见王国平：《城市论》（上册），人民出版社2009年版，第165页。

产业、文化、环境、民主、民生'六大领域'"。① 发展需要领导者，需要推动者，必须有主体，杭州市委就是领导杭州经济社会发展的主体。杭州市委制定的经济社会发展战略确定了杭州的经济社会发展道路，与西方国家政党不需要领导经济发展不一样，在杭州的经济社会发展中打上了鲜明的政党烙印。"我们完全可以把现在的中国共产党称之为发展型政党，至少从经济意义上来说如此。"② 对于杭州市委而言，我们也可以把它称为发展型政党，或者发展型党组织。

在杭州的政治生活中，政党不仅仅通过解放思想来激发人的生产积极性、通过制定发展战略来解决经济问题、推动经济发展。在我国的政治体制下，政党领导地位也决定了政党可以通过对政府的领导来保证政党意志转变为政府政策，通过政党对人民代表大会的领导来保证政党的提案能够在人大获得通过，使政党意志变成法律或法规，并且通过党对人大的领导获得执政的合法性。除此之外，由于政府受政党领导，政党组织政府，政党通过党管干部的原则选拔推荐能够贯彻政党意志的党员担任各级官员，这样就使得改革开放以来大批能够有效推动经济发展的党员走上了政府领导岗位，以此在政府岗位中贯彻政党意志。在政党与政府合作过程中，政党虽然是发展主体，是经济社会发展的引导力量，但是政党并没有替代政府，政党也没有代替社会，并没有建立政党的一元化领导，政党的功能主要体现为总揽全局、协调各方，制定发展战略，调动人的发展积极性。这也充分说明了政党与政府之间的合作关系，而不是西方政党与政府之间那种完全分开的关系。

在讨论政党、政府与社会关系的时候，我们首先必须把社会界定清楚，社会界定清楚之后，政党、政府与社会之间的关系就有一个明确清晰的边界，边界清楚，就能理解三方之间的合作互动。我们在市民社会的意义上来理解杭州的现代社会。黑格尔指出，"市民社会是

---

① 王国平：《城市论》（上册），人民出版社2009年版，第173页。
② 郑永年：《中国模式：经验与困局》，浙江人民出版社2010年版，第69页。

第二章
组织形态

处在家庭和国家之间的差别的阶段。"① 家庭和国家之外的社会经济生活就是市民社会。市民社会也就是现代社会。社会学把现代社会的组织格局界定为三个部门：公共部门、私人部门和第三部门。公共部门是指"被国家授予公共权力，并以社会的公共利益为组织目标，管理各项社会公共事务，向全体社会成员提供法定服务的政府组织。公共部门包括政府、政府各部门及其下属的各类机构和组织。"② 对于杭州而言，公共部门主要是指杭州市政府。私人部门向社会提供的主要是私人物品，私人部门的组织由私人作为投资主体，其权益归私人所有，其目标在于追求私人企业的利润最大化，所以私人部门主要是指市场中以盈利为目的的各类工商企业，包括个体工商户和民营企业等。第三部门组织是指独立于政府组织，不以盈利为目标，依靠组织成员志愿参与的自主管理的自治组织，这种组织向社会提供公共部门和私人部门所不能提供的社会公共物品或准公共物品。我们通常把第三部门组织称之为社会组织、草根组织或 NGO 等③。

除了公共部门、私人部门和第三部门之外，随着社会转型和市民社会的发育，社会中大量存在独立的个体，独立个体在政治上获得了解放。现代化使"共同体人"转化为独立的个体之后，个体社会主体性的确立使得个体成为了与国家之间存在法律关系的公民。"公民身份是个人与国家之间的一种关系，在这种关系中双方通过交互的权利和义务而联系在一起。公民不同于臣民和外国人，因为他们依靠其所拥有的基本权利而成为其所属之政治共同体或国家的正式成员。"④ 在处理公民与国家关系的时候，不能再采用封建社会中臣民对君主的人身依附的方式，只能采用相互承认主体地位、通过法律保障双方权利义务的方式，而且由于现代政治实现了从君权向民权的转型，主权在

---

① [德] 黑格尔：《法哲学原理》，贺麟译，商务印书馆2009年版，第197页。
② 刘豪兴：《社会学概论》，高等教育出版社2003年版，第188页。
③ 同上书，第190—197页。
④ [英] 安德鲁·海武兹：《政治学核心概念》，吴勇译，天津人民出版社2008年版，第147页。

民原则的确立使得国家必须根据公民意见确立公共政策，行使公共权力。在西方，公民通过选举选出自己的代表代表自己行使权力，与此同时，为了防止民粹主义倾向，在政治实践中又坚持民选代表有相对独立行使代表权的权力。但是在实际操作中，往往存在选民选出代表之后代表与选民"脱节"的社会现象，这是西方代议制民主的弊病及西方协商民主兴起的背景。在我国，在政党、政府、社会合作互动的民主政治逻辑下，政党作为人民总体的代表代表人民行使"公意"，并推动政府按照人民的意志开展公共行政，政党、政府来自人民并为人民服务。人民既是立法者，也是执法者，人民直接参与公共行政，参与国家事务管理，体现人民主权的完整性，人民主权不可委托代理，也不可分割。与此同时，政党和政府在制定和行使公共政策的时候征求人民意见，保证人民的政治参与，并根据人民的意愿开展公共行政。这是我国政党、政府与社会合作的一个重要方面。

我们这里讨论的与政党、政府相对应的社会主要是指私人部门和个体，即各类工商企业和个体，第三部门的各类社会组织暂时不在我们讨论的范围之内。由于西方政党是选举型政党，政党本身是松散型的社会团体，尤其对于美国而言，美国政党在选举结束之后似乎从社会中迅速消失了。所以现代社会学在讨论社会组织格局的时候没有把政党作为社会的一个重要组织部门。但是在中国，中国共产党是具有严密组织系统的列宁主义式政党，党存在于社会之中，但是并没有被社会所溶化，而是整合社会的重要力量，是整个社会的粘合剂和领导力量，党与国家关系体现为领导在外、执政在内，所以在中国政党是一个重要的社会主体。而我们讨论中国社会结构的时候也不能忽视政党作为一个社会主体的存在。

通过上述分析我们知道，由于社会主要是指各类工商企业和个体，在这个语境中我们来讨论杭州的政党、政府与社会关系主要体现为两个方面：一个方面指政党和民营企业、个体工商户相互合作，支持民营企业和个体工商户的发展，把支持民营企业和个体工商户的发展作

第二章
组织形态

为推动整个经济社会发展的一个重要方面。另一个方面指政党和政府根据人民主权原则在代表人民行使主权的时候保证人民参与决策，征求人民的意见建议，问计于民，并根据人民的意见建议改进服务，使人民的参与获得实效。

在杭州市的实践中，改革开放初期政党与社会合作的一个重要方面就是支持个体工商户的发展。当个体工商户在发展初期受到社会传统势力抵触的时候，政党和政党领导下的政府旗帜鲜明地支持个体工商户从业者，消除从业人员的顾虑，鼓励个体工商户的发展。杭州这方面的典型事例是"干静事件"。1982年，杭州知青干静在西湖旁边给来往的全国游人从事个体摄影，却遭到了个别人的刁难和排斥，杭州市媒体报道这件事情后，杭州市劳动人事部门专门就这件事情进行调查，督促有关单位查处好此事，同时社会各界就此事展开了如何看待个体劳动者地位的大讨论，通过讨论、宣传、教育，社会上轻视个体劳动的不正确认识逐步得到扭转。同时政府也加强了个体工商户的管理机构。1982年，拱墅区成立了个体劳动者联合会，江干、下城建起了个体工商户管理办公室或委员会。从此以后，杭州市个体私营经济的发展全面迈开了步伐。① 如果按照西方自由市场经济的模式，让市场自发发展，国家不主导经济发展，政党不成为经济发展主体，那么像干静这样被传统势力所抵触的个体工商业者就会在市场竞争中被资本所淘汰，或被传统保守势力所淹没。但是政党和政府的支持使得个体工商业者逐渐成长成为了经济发展的一支重要力量。到2007年末，个体工商户的注册数达到26.91万户，注册资金99.03亿元，从业人员从1982年的445人增长到近200万人。②

民营企业是改革开放持续推进过程中产生的新兴经济体，政党和政府在推进改革开放的过程中继支持个体工商业者之后积极支持民营

---

① 参见翁卫军：《杭州改革开放三十年》，浙江人民出版社2008年版，第128—129页。

② 参见翁卫军：《杭州改革开放三十年》，浙江人民出版社2008年版，第8页。

企业的发展。2001年,杭州市委、市政府制定和实施了两轮民营经济"三年倍增"计划,大力推进民营企业"二次创业",一手抓大企业、大集团,推动大企业、大集团成长为全国一流的大企业集团,2007年全国工商联公布的年度国内民营企业500强,杭州有65家企业入选,占全国的13%,入围企业数连续五年位居全国城市第一,连续四年蝉联全国民企500强"团体冠军";一手抓科技型、成长型的中小企业。同时还积极推进民营企业引进外资,与外资合作,初步实现了杭州市从"国有经济大市"向"民营经济大市"的转型。到2007年,杭州市民营企业总量达到10.99万家,投资者人数25.82万人,民营经济总产值占工业总量的比重达到50.5%,占据了全市工业经济总量的半壁江山。民营经济在批发零售贸易业中,完成商品销售额5029.50亿元,占全市商品销售总额的70.3%。①

  前面我们描述了政党和政府支持民营企业的发展,民营企业在发展过程中反过来也支持政党的发展,支持政党在民营企业中建立党的基层组织,以此支持政党扩大阶级基础和群众基础,使政党的发展触角深入到了私营企业。杭州市民营企业支持政党发展的典型事例是民营企业传化集团。1998年,传化集团建立了浙江省第一个民营企业党委,党委下设四个党支部,共有正式党员104人。传化集团党委成立后,在萧山市委的指导帮助下,加强了党组织建设,各支部下面划分了党小组,选出了党小组长,建立了完整的组织网络。传化集团不仅建立了党组织,"而且把党建工作作为企业持久发展的推动力,把爱党爱国、遵纪守法、共同富裕、稳健发展作为企业的宗旨,写入企业发展纲要。同时,集团主动打破'家族化',组建了有党委书记参加的7人管委会,作为最高决策机构,其中5人是党员。集团的每一项重大决策形成之前,都由党委会事先研讨,供党委书记在管委会上提出意见建议。此外党委委员还参加总裁办公会议,参与研究讨论事关

---

① 参见翁卫军:《杭州改革开放三十年》,浙江人民出版社2008年版,第8页。

第二章
组织形态

企业发展的重大决策。同时，集团董事会在时间、场地和经费等方面对企业党组织开展活动予以全力支持。党员参加党组织活动的时间，集团均按出勤计算。为保证党组织活动的顺利开展，集团拨出专项经费，建立了党建活动室和业余党校，并设立了党委会议室和接待室。"① 民营企业在促进政党发展中获得发展，政党也在推动民营企业发展中获得发展，这种双向互动的发展关系使双方建立了和谐共赢的合作模式，这也是政党与社会合作互动的一种典型形式。

在杭州市的实践中，政党、政府与社会合作的另一个重要方面是征求人民意见，直接让人民行使民主权利，并根据人民要求完善服务。改革开放以来，在杭州市的发展中，把生产还给市场，把生活还给市民，把山水还给自然，建立了相对独立的民营经济体系、生活民主体系和生态文明体系。在建构这三个体系的过程中把权力还给人民，让权力回归人民，实现人民当家作主。与此同时也确立了市场和市民的主体地位，推动了市场、市民和市民生活的相对独立性，市场和市民相对独立性的确立又推动市民个体在日常生活中与国家处于相对独立的地位。在人民民主的政治逻辑中，一方面人民是国家的主人，人民要当家作主，另一方面人民中的每一个人作为独立的个体又相对独立于国家而存在。在这样的情况下，人民民主的实现一方面需要人民在保护个体利益的基础上参与国家事务管理，保卫自己的利益，实现政治参与，另一方面还需要国家根据个体的相对独立性而把生产生活中的重大问题直接向人民征求意见，形成问计于民的民主机制。所以人民民主的实现一方面是个体作为公民的直接政治参与，这是自下而上的民主实现方式，另一方面是国家自上而下就国家生产、生活、生态的重大问题向公民个体征求意见，然后根据公民的意见进行公共决策。这也是政党、政府与社会合作的一个重要方面。

---

① 翁卫军：《杭州改革开放三十年》，浙江人民出版社2008年版，第174—175页。

在杭州市的实践中,其典型形态是"红楼问计"。政党和政府把与人民日常生活息息相关的城市规划与建设项目公布在杭州市城建陈列馆("红楼"),引导广大人民群众对城市规划和建设项目提出意见建议,政党和政府根据人民的意见建议改进规划和建设项目,既保证人民行使当家作主权力,又保证政党和政府作为发展主体综合人民意愿,化"众意"为"公意",引领经济与社会发展。截止2008年,"红楼"始终积极围绕杭州城建中心工作,落实"三问四权",举办了"五纵六路"综合整治方案及历史文化碎片整理与陈设,"古城墙陈列馆"建设工程、第二届杭州"最佳人居环境奖"与"人居奖"评选、"住在杭州"中小套型住宅设计评比、"杭州市地铁一期工程"站点建设、杭州市城市总体规划(2001—2020)宣传、"西溪国家湿地公园综合保护二期('中国湿地博物馆'内外设计)、三期工程设计"、"两口两线"及周边城中村改造工程与历史文化碎片整理与陈设、钱江新城沿江公路工程、"嘉里中心"概念性设计方案、城市河道更新—城区河道综保与开发工程五个规划方案、文晖路立面整治工程、杭州城市标志候选作品、中山路综合保护与有机更新工程、京杭运河(杭州段)旅游亮灯、运河水系游船、拱宸桥西历史街区保护、三个国家级博物馆选址(4项目)方案、西湖风景名胜区环湖景区及钱塘江两岸亮灯规划设计、杭州铁路东站设计、京杭大运河(主城区核心段)旅游实施规划、杭州市城区旅游河道整治、钱江新城雕塑邀请展、杭州市城北体育公园、杭州市"三路一口综合整治设计方案展、地铁1号线武林广场控制中心等上盖物业综合体方案展"等35期城建重大项目设计的专题(公示)展览。2008年举办了15期动态展,参观人数累计43000余人,收到征询意见表2900余份。每次公展前党政部门都做好媒体的信息发布,展中反复征询、收集市民的意见和建议,展毕认真梳理意见和建议,以深化和优化建设方案。从累积收到的6840多份征求意见来看,其中"很满意"的占75%,"满意"的占15%,"一般"的占10%。其中,"杭州市地铁一期工程"站点

第二章
组织形态

建设及"中山路综合保护与有机更新工程"最受关注。①

综上所述,从杭州的实践中我们可以看出,政党与政党领导下的政府推动个体工商业者和民营企业的发展实际上是在体制内的国有企事业单位旁边培养了一个庞大的体制外的市场,在这个市场中,个体工商业者和民营企业激活了整个社会的发展效率,产生了巨大的经济总量,经济总量达到甚至超过了全市经济总量的一半,这就产生了与体制内社会并行的体制外社会,原来在计划经济条件下被国家吞噬的社会随着国家的逐步退出而迅速发育成长。从政治学的视角来看,这意味着国家放权社会,产生了体制转型和社会发育,社会发育之后就产生了大量的独立于体制的社会主体,这些社会主体包括个体工商业者和私营企业主及其从业人员,他们主体地位的确立推动他们的民主要求,形成了民主动员,产生了一种体制性的民主要求。所以中国改革开放以来的民主建设是先在社会生活层面展开的,是先在社会中形成了民主需求,然后社会的民主需求对国家形成压力,在这种情况下或者国家改变体制,或者国家与社会共建新的体制。国家与社会合作产生的新体制,既能满足社会的需求,也能满足国家既有制度的内在逻辑。中国是人民当家作主的国家,国家必须履行人民当家作主的使命,所以中国的民主发展选择了第二条道路,即政党领导下的国家与社会合作的复合民主的发展道路,在这种民主形态中,民主在国家与社会合作中演进,民主在创造发展中发展,政党通过民主推动了经济发展,获得了政治合法性,社会通过民主体现了经济与社会发展的共享性和公民参与的广泛性,政府通过民主获得了政府发展的绩效和亲民性。这样政党、国家与社会相互合作就形成了复合民主的第一个组织形态。在这个组织形态中,政党是发展型政党,政府是发展型政府,社会是发展型社会,三者的有机结合使民主共同推进了中国30年持续的经济社会发展。所以中国的民主要解决民生,创造政府绩

---

① 杭州生活品质网,http://www.cityhz.com 2008 - 12 - 31 16:01。

效,创造政党合法性,民主成为了发展主体和治理主体,这是西方民主难以完成的艰巨任务。

中国的这种民主发展模式与西方民主发展模式存在鲜明区别。在西方民主的发展过程中,当市民社会发育产生民主需求的时候,不是国家与社会的合作,而是社会排斥国家,国家在自由主义民主的推动下逐步退出了社会领域,成为了仅仅提供社会公共产品的服务型国家,即使在自由主义发生转型的20世纪30年代,政府干预社会,推动经济发展,但是社会对国家排斥依然非常强烈,而且西方形成持久的限制国家的保守主义传统。在西方民主三权分立的组织形态下,政党与政府严格分开,政党是一个松散的社会组织,政党也不能引领社会发展。所以不能构建出类似中国复合民主条件下政党、政府、社会有机互动的民主组织形态,也不能使民主成为发展主体和治理主体。

第二节 组织主体:社会复合主体的形成

一、社会复合主体的理论阐释

改革开放以来,国家放权让利,推动社会发育,社会从原来计划经济状态下被国家吞噬的局面中解放出来,从国家—社会的一体化逐渐转型为国家—社会的二元分化,社会从国家分离出来之后逐渐成长为独立于家庭和国家的市民社会。"在市民社会中,每个人都以自身为目的,其他一切在他看来都是虚无。但是,如果不同他人发生关系,他就不能达到他的全部目的,因此,其他人便成为特殊的人达到目的的手段。但是特殊目的通过同他人的关系就取得了普遍性的形式,并且在满足他人福利的同时,满足自己。由于特殊性必然以普遍性为其条件,所以整个市民社会是中介的基地;在这一基地上,一切

第二章

组织形态

癖性、一切秉赋、一切有关出生与幸运的偶然性都自由地活跃着。"①市民社会是个人私利的战场,每个人都为了个人私利与别人发生关系,通过满足别人的需要来满足自己的需要,也就是说,在现代社会中,每个个体都是独立的原子式的社会个体,但是这个个体为了社会生存的需要又处在各种各样的社会关系之中。所以马克思指出:"人的本质,从其现实性上讲,是社会关系的总和。"

与此同时,每个独立个体都是一个社会主体和权力主体。"我个人权利的定在,不久前还是直接的和抽象的,现在,在获得承认的意义上,达到了在实存的普遍的意志和知识中的定在。因此,有关所有权的取得和行动,必须采取和完成这种定在所赋予它们的形式。在市民社会中,所有权就是以契约和一定手续为根据的,这些手续使所有权具有证明能力和法律效力。"② 在市民社会中,个体的权利从抽象变为具体,从虚无变为实在,每个人都是一个实实在在的权利主体,主体之间的联系主要通过契约关系来进行,在契约中"我的意志是一种合理的意志,它是有效的,而这种效力应该得到别人的承认"③。个体通过契约和法律维护自己的权利,并通过与其他人建立契约来使自己的所有权和人格得到法律的承认,并具有法律的效力。个体主体地位的确立就带来了个体政治上的解放,个体政治上的解放也标志着依法治国的开启,因为在市民社会条件下,调节个体之间契约关系的主要是法律。

市民社会对人的主体性的尊重极大地激发了个体的效率和生产积极性,社会主义市场经济体制的建立和完善使得个体可以通过契约和法律来保护自己的权益和财富,个体创造财富的能力被极大地激发出来,个体在追逐个人财富的过程中也创造了社会财富。在杭州,自20世纪90年代以来,经济总量一年一个台阶,1993年、1994年杭州经

---

① [德]黑格尔:《法哲学原理》,贺麟译,商务印书馆2009年版,第197页。
② 同上书,第226页。
③ 同上书,第227页。

济增长分别达到了30.1%和26.3%,至1997年已成为当时全国为数不多的几个生产总值超千亿的城市之一。进入新世纪,杭州经济继续保持较快增长,2003年和2006年连上2000亿元和3000亿元两个台阶。2007年全市生产总值突破4000亿元,达到了4103.89亿元①。在经济总量的迅速扩张中,个体工商户、民营企业等处于体制外的社会主体所创造的经济总量也随着经济总量的增加而迅速增长。至"2007年末,全市私营企业总量达到10.99万家,投资者总数25.82万人,注册资金2268.1亿元;个体工商户注册户数26.91万户,注册资金99.03亿元。个私从业人员超过200万人,占全市二、三产业从业人员比重接近五成。个体私营经济占全市生产总值的比重达到47.7%。民营经济在一些国民经济主导行业中不断发展壮大,2007年,民营经济在批发零售贸易业中,完成商品销售额5029.50亿元,占全市商品销售总额的70.3%;完成规模以上工业销售产值4128.36亿元,占全市规模以上工业销售产值的50.3%;民营经济对财政的贡献进一步突出,全市民营经济提供的财政收入达298.58亿元,民营经济财政收入占全市财政总收入的比重达37.9%,已成为支撑杭州经济发展和财政收入来源的重要力量。"② 在个体解放推动市场经济体制建立,市场经济体制建立带动财富大释放的背景下,社会经济总量迅速增长,与此同时,在政党与社会合作,政党推动个体私营经济发展的情况下,个体私营经济也得到了迅速发展,几乎占了整个经济总量的半壁江山,形成了巨大的社会力量。我们应该看到,这个巨大的社会力量是社会活力的体现和个体追求财富积极性大爆发的结果,是市场经济体制带来的人的解放的结果,同时也离不开政党和政党领导的政府的大力支持。政党和政府创造了一个庞大的处于体制外的社会力量,政党是创造这个庞大社会力量的推动力量,同时社会力量的壮大也对政党提出了挑战,如何处理体制外社会力量的关系是政党面临的

---

① 参见翁卫军:《杭州改革开放三十年》,浙江人民出版社2008年版,第8页。
② 翁卫军:《杭州改革开放三十年》,浙江人民出版社2008年版,第8页。

第二章

组织形态

一个重要的现实问题。

以个体私营经济为代表的体制外的社会力量形成了强大的社会权力①，推动了社会的自主和个体的独立。体制外的社会力量在追求财富的同时也会追求对国家与社会的影响，在民主大众化的时代，他们影响国家与社会的重要方式就是要求参与政治体系，表达利益，反映诉求，也就是提出政治参与的要求。亨廷顿指出："现代政体区别于传统政体的关键乃在其民众政治意识和政治介入的幅度。发达的现代政体区别于发达的传统政体的关键乃在其政治制度的性质。传统政体的制度只需要组织社会上少数人的参与，而现代政体却必须组织广大民众的参与。故而这两种政体关键的制度性区别在于组织大众参与政治方面。"② 在大众民主的时代下，大众政治参与推动了民主进程。面对大众政治参与的要求，"一个正在进行现代化的制度还必须具有将现代化造就的社会势力吸收进该体制中来的能力。在很多情况下，这些社会势力是一些在传统社会并不存在的新的社会团体，例如企业家和工人。然而，至少同样重要的是政治体制还须能将那些在现代化进程中获得政治意识的传统社会团体结合进来。团体意识的发展使得这些团体对政治体制提出要求，并呼吁参与政治体制。对这些要求的反应能力，在某种程度上，乃是对一个制度的考验。"③ 政治制度如果能够成功地吸纳代表社会力量的团体参与政治，就会推动民主政治建设，巩固政治体制，建立新政治秩序，实现有序的政治表达。

在人民民主的理论逻辑下，社会力量给予政治体系的压力、社会权力的增长以及社会力量的民主化要求，推动了人民民主从以国家为中心的民主建构向以社会为中心的民主建构转型，实现以社会为中心

---

① 关于社会权力的概念，郭道晖先生指出，"社会权力即社会主体以其所拥有的社会资源对国家和社会的影响力、支配力"。参见郭道晖：《社会权力与公民社会》，译林出版社2009年版，第54页。

② [美] 亨廷顿：《变化社会中的政治秩序》，王冠华译，生活·读书·新知三联书店1989年版，第83页。

③ 同上书，第129页。

建构民主。简单说来，改革开放之前的人民民主是以人民解放为基础、以国家为中心建构民主，建构了民主的国家制度，实现了人民的阶级解放，但是在单位制和人民公社制度下并没有实现人的个体解放，从而这种民主在运作过程中没有推动人的发展和政治发展，也没有创造民主的绩效。改革开放之后的人民民主，是以个体解放为基础，以社会解放为中心来建构人民民主，通过以社会为中心建构民主体系来解决人民当家作主的权力体系问题，解决当家作主条件下人民的政治参与问题，使人民当家作主真正落到实处，使得这种民主能够推动人的发展和政治发展，并创造出民主的绩效，民主成为了重要的治理主体和发展主体。改革开放前，人民民主建构只有国家形态而没有社会形态，社会层面人民民主的缺乏使得人民民主难以有效运作，也难以创造绩效。改革开放之后，个体的解放和社会力量的壮大使得人民民主实现了国家形态与社会形态的有机结合。

　　以社会为中心建构民主的前提就是政党、政府与社会之间的合作互动。如果政党和国家与社会处于对抗或互相抑制的状态，以社会为中心建构的民主就会在与政党和国家的对抗之中要么推翻政党和国家，要么被国家和政党所消灭，使社会排斥国家，从而使得民主发育在社会层面难以展开，转而从社会层面进入政治生活层面，直接在政治生活层面展开民主，这是西方希望中国所走的民主道路，这条民主发展道路会带来中国的政治动荡，同时不能通过民主来创造发展。对于中国民主而言，民主要体现社会发展的有效性、政府发展的亲民性、公民参与的广泛性，就只能在创造发展中发展。因为在我国人民民主的实践中，国家必须解决人民当家作主的使命，同时社会也有用当家作主的权力来要求国家帮助社会解决它面临的问题，人民实现当家作主的权力也要求政党领导人民限制国家可能带来的奴役，所以在中国人民民主的政治逻辑中，政党、国家与社会之间一定处于合作互动的关系。在面临社会权力和社会力量的时候，在政党、政府与社会合作互动的前提条件下以社会为中心来建构民主形态，这种民主形态

第二章
组织形态

既包括了社会力量，也包含了政党和政府的力量。当然，以社会为中心的民主形态成长壮大之后也会推动国家层面的民主形态的成长，在中国的民主发展路径中，先是社会民主，然后推动地方民主，最终会传导至国家层面的民主。

从政党的角度而言，通过前面的论述我们知道，政党是发展主体，是国家与社会的体制保障，是人民民主实践的主体力量，但是在我国的政治生活中，政党并没有代替国家，政党也没有代替社会。杭州市人大常委会主任、原杭州市委书记王国平指出："经济社会发展中的很多项目，不宜由党政机关直接运作。"① 政党并不直接参与社会经济项目，政党只是通过总揽全局，协调各方，进行引导调控，从而推动经济社会发展。所以虽然政党在中国具有强大的政治动员能力和政治调控能力，但是政党与社会合作的基本政治态势决定了政党不是以社会为中心建构民主的阻力，反而是以社会为中心建构民主的推动力量。通过以社会为中心的民主建构来继续推动经济社会发展，支持社会力量的发育。这样，在社会力量发育推动以社会为中心来实现人民民主的情况下，就形成了以社会力量为主体、包含政党和政府以及其他市场的力量的复合民主结构，我们把这种复合民主结构称为社会复合主体。社会复合主体是复合民主的另外一种组织形态。这种组织形态是政党、政府、社会有机互动向社会的自然延伸，同时也是其深化，因为它实现了人民民主从以国家为中心建构民主向以社会为中心建构民主的转型，使人民民主的国家层面与社会层面更为紧密地结合起来。

从民主的组织形态来看，社会复合主体实现了政党和政治制度的社会吸纳功能，把社会力量纳入到了组织化的范围之中，但是政党把社会力量吸纳进来之后并没有限制社会力量的活力和创造经济效率的能力，相反，政党把社会力量吸纳进来之后塑造了新的发展主体，推

---

① 王国平：《城市论》（下册），人民出版社2009年版，第1445页。

动了经济的快速发展，当然也进一步推进了政党与社会之间的密切合作，实现了二者之间的良性循环。社会复合主体成为了推动经济发展的新的引擎。与此同时，"成功的同化既有赖于政治体制的接受能力，又有赖于参与团体的适应能力，即为了进入政治体制中来，这些团体能情愿放弃它的某些价值观念和权利要求。总的来说，这两种特性是直接相关的：团体的适应能力因体制的接受能力而增强。"社会复合主体这种组织形态构建了一个新的秩序结构，在这个结构中，"把社会不同群体的外在制约转化为内在关联，把社会不同方面的被动参与转化为自觉互动。"① 既让每个主体都有权力，又把权力运行纳入到秩序运行之中，社会复合主体中的各个主体进入这个新的秩序结构之后，增强了自身的适应能力，同时体制也增强了自身的适应能力，这是社会复合主体这种民主组织形态的重要特征。

与此同时，进入社会复合主体之后，参与的各个主体都在适应这个新的秩序结构中改变了自身，完成了自身的转型。所以社会复合主体这种民主组织形态也推动政党、政府的转型和社会的有序政治参与，社会在有序政治参与中也完成了自身的转型。对于政党而言，在改革开放推动政党与社会关系出现松动的情况下，政党在参与、领导、协调、推动社会复合主体发展的过程中又重新与社会建立了密切的联系，推动了政党从一个行政化、官僚化的政党向一个具有政治动员能力的政治治理型政党转型。② 对于政府而言，社会复合主体这种民主组织形态能够推动政府从"全能政府"向"有限政府"、从管理型政府向服务型政府转型，使政府通过社会复合主体这种民主组织形态能够更好地提供社会公共产品③。对于社会而言，社会复合主体这种民主组织形态能够实现社会协商，推动社会主体实现有序的政治参与，表达利益，反映诉求，同时在推动自身发展的过程中推动整个经

---

① 王国平：《城市论》（下册），人民出版社2009年版，第1422页。
② 参见郑永年：《中国模式：经验与困局》，浙江人民出版社2010年版，第75—77页。
③ 参见王国平：《城市论》（下册），人民出版社2009年版，第1423—1424页。

第二章
组织形态

济社会的发展。① 通过社会复合主体这种组织形态，社会与政党、国家建立了密切的联系，避免了二者之间的对抗。

所以对于民主的组织形态而言，关键在于把民主的各个组织要素组合成一个有序的组织系统，在这个组织系统中，民主的各个组织要素建构出一个有机的民主生活过程。民主不是各个组织要素自行发挥作用，而是在构建一个民主组织系统的基础上发挥民主的政治、经济与社会效应。把民主的各个组织要素组合成一个有序的组织系统之后，就建立了一个固定的民主秩序结构，这个秩序结构就成为了整个社会形态和政治形态的重要政治支撑，一旦这个秩序结构发生危机或动摇，就会颠覆整个社会形态与政治形态。在西方，大众民主是平衡资产阶级民主的一种重要的民主组织要素，通过大众民主实现了资产阶级民主与大众民主之间的平衡，从而形成了资本主义民主的组织形态与巩固的秩序结构，在这个结构中，大众掌握选票，资产阶级掌握政权，大众通过选票来决定资产阶级的某一个政党来进行统治，资产阶级通过选票来选择某一个资产阶级政党代表整个资产阶级来进行阶级统治，因而资产阶级要巩固自己的阶级统治就需要倾听来自大众的呼吁和诉求。在这个平衡与呼应的过程中就产生了西方的代议制与选举制等民主的组织要素，然后在资产阶级民主的形态下把代议制、选举制等民主要素整合成为一个有机的整体，建构有机的公共生活。在我国，在人民民主的政治逻辑下，政党、政府、市场、社会等要素相互合作来推动人民民主的实践，形成了复合民主的民主秩序结构，在这个结构中，政党领导建立在人民民主基础之上，人民民主的实现需要政党领导。在这种合作互动过程中产生了人民代表大会制度、基层民主自治、协商政治等民主的组织要素，然后在人民民主的组织形态下把它们整合为一个有机的整体，并建构有机的民主生活过程。当然，在我国人民民主尚未完全落到实处的情况下，人民民主发育不足

---

① 政党领导下的社会参与和社会协商形成了复合民主的另外一种组织形态——协商政治。这是本章下一节主要讨论的内容，这里暂时不谈。

也可能带来政党和国家对社会的奴役,这种状况是政党和国家的"异化"——即从服务于人民的力量转变为脱离人民、接受人民服务的力量——所导致的。所以,对于我国的民主形态而言,关键在于发育人民民主,使人民民主落到实处。通过人民民主的发育来平衡政党或国家对社会可能存在的奴役,从而实现政党、国家与社会之间的平衡,最终巩固我国的民主秩序结构。

二、社会复合主体发展的杭州实践

在我们的研究视野中,社会复合主体既是一种"以公益为导向、经济自我运行、资金自求平衡的"社会组织①,也是一种"以推进社会性项目建设、知识创业、事业发展为目的,社会效益与经营运作相统一,由党政界、知识界、行业界、媒体界等不同身份的人员共同参与、主动关联而形成的多层架构、网状联接、功能融合、优势互补的新型创业主体"②。作为社会组织,它以推进重大社会性事业项目为主,以弥补公共部门和私人部门在城市治理中的不足作为最终目的,实现多个治理主体的合作治理;作为新型创业主体,它以推动经济社会发展为最终目的,以盈利为各个市场参与主体的现实目标。与此同时,社会复合主体更是一种民主的组织形态,"社会复合主体为社会不同群体、不同层次积极参与、共同协商搭建组织平台,因此是一种更为直接、更为普遍的民主方式。"③ 这种民主的组织形态改变了人的生活状态与交往方式,从而也改变了政治生活,为塑造优良的政治生活创造了社会条件。总之,社会复合主体在杭州的发展以公益型社会组织为表象,以推进经济社会发展为最终目标,以推动人民民主的社会实践为政治产物,因而社会复合主体既是一种社会组织,又是一种经济组织,同时更是复合民主的一种组织形态。社会复合主体的发

---

① 王国平:《城市论》(下册),人民出版社2009年版,第1459页。
② 同上书,第1420页。
③ 同上书,第1444页。

第二章

组织形态

展,推动了这种民主组织形态的发展,也推动了人民民主的社会实践。

杭州市社会复合主体可以分为三类:行业联盟组织、项目推进组织和市校联盟组织。行业联盟组织社会复合主体主要包括丝绸和女装行业联盟、茶行业联盟、数字电视行业联盟、美食行业联盟、婴童行业联盟、工艺美术行业联盟、西博复合主体、休博复合主体、动漫复合主体、城市品牌网群、生活品质行业点评复合主体等。① 在这种社会复合主体中,"在复合的方式上,主要通过建立战略合作委员会或领导小组或协调小组,整合党政机关、研究机构、高等院校、行业企业等相关资源,辐射行业协会、设计中心、展示中心、生产基地等行业主体,实现行业整体运作、联动发展。"② 项目推进组织社会复合主体主要包括西湖综合保护复合主体、运河综合保护复合主体、西溪综合保护复合主体、钱江新城建设复合主体、大良渚遗址综合保护复合主体。③ 市校联盟社会复合主体主要包括杭州市与浙江大学战略联盟、杭州市与中国美术学院战略联盟。"它在主体复合的方式上,主要以党政界人士与专家、党政部门与院校的联合为主,同时以相关经济组织作为支持。"④

随着市民社会的发育和个体主体地位的确立,市场作为一个独立的主体迅速发展壮大,个体主体意识和权利意识也不断增强,同时要求参与政治体系,反映自身诉求,以此来维护自身的利益与合法权益,从而与国家建立一种法律关系。"但在现实中由于社会主体多元分层而社会组织单一,使得社会不同群体民主参与渠道不够畅通。"⑤ 在这种情况下,如何畅通市场与社会主体的民主参与问题就成为了现代国家民主政治建设的一个重要问题。这个问题在西方的解决主要通

---

① 王国平:《城市论》(下册),人民出版社2009年版,第1426—1433页。
② 同上书,第1426页。
③ 同上书,第1434页。
④ 同上书,第1438—1439页。
⑤ 同上书,第1422页。

过工人阶级前赴后继的政治斗争和西方持续的民权运动来进行。在西方，自 19 世纪中叶开始至 20 世纪长达两个世纪左右的工人阶级的阶级斗争和民权运动推动了西方民主从精英民主走向大众民主，广大民众通过政治斗争获得了普选权等民主权利，以赤裸裸的阶级斗争的方式争得了自己的政治参与权利，捍卫了人民主权原则。

  在杭州的人民民主实践中，社会复合主体是解决市场和社会主体政治参与问题的重要方式，也是发育人民民主的重要方式。在社会复合主体中，政党和政府领导建立"战略合作委员会"、"合作领导小组"或"协调小组"等组织协调机构，借助政党和政府的政治优势和资源优势，以"战略合作委员会"、"合作领导小组"或"协调小组"为核心来整合市场与社会，在承认市场主体与社会主体主体地位的基础上，把他们整合到社会复合主体中来。在社会复合主体中，政党、政府与市场主体和社会主体进行平等协商，把体制外的无序的民主需求转化到体制内的有序的政治协商，通过协商形成合作，以合作形成创业合力，以合作代替对抗，以合作代替阶级斗争，以合作来解决市场和社会主体的政治参与问题。建立"党政主导、企业主体、社会参与、实现共赢"[①]的复合模式，以此来实现市场主体和社会主体的政治参与。这也说明市场与社会主体的民主参与不仅仅只有维权抗争的"斗争模式"，还有双方共赢的"合作模式"。这是中国民主政治发展的崭新特征。在这种社会复合主体中，政党与政府是合作的推动力量，是弥补市场与社会主体作为私人部门的不足而代表公共利益的主体，是把市场和社会主体粘合起来的粘合剂。所以社会复合主体不仅是一种经济组织和社会组织，更是一种民主的组织形态，这种组织形态也是人民民主的实践形态，这种实践形态的发育必将推动人民民主的制度形态和价值形态建设。

  在杭州的社会复合主体建设实践中，政党和政府在发展驱动力下

---

① 王国平：《城市论》（下册），人民出版社 2009 年版，第 1432 页。

第二章
组织形态

积极推动社会复合主体建设。社会复合主体建设的源动力在于政党和政府借助自身的政治优势与资源优势对社会复合主体施展"第一推动力",市场和社会主体在接收到这个"第一推动力"之后借机借势推动自身发展,同时在推动自身发展中推进杭州经济社会的总体发展,从而实现良性循环。在这样的逻辑下,首先,我们看到了政党和政府在社会复合主体中的领导和主导功能。如在丝绸和女装行业联盟中,政党和政府牵头成立了杭州市"弘扬丝绸之府、打造女装之都"战略合作促进委员会,以此为推动力打造"女装之都",整合了产业、旅游、文化、会展、科研、信息、教育等资源,形成了丝绸女装行业从衰落到迅速发展的"第一推动力"。在茶行业联盟中,政党和政府牵头成立了杭州市"倡导茶为国饮、打造杭为茶都"战略合作促进委员会,整合茶行业的研究机构、茶楼业协会、茶生产基地、茶文化村,形成了茶行业从衰落到发展的"第一推动力"。在西湖综合保护复合主体中,政党和政府牵头,形成了由西湖综合保护工程指挥部、西湖风景名胜区管委会、西湖学研究会和西湖学研究院、西湖博物馆、各项目施工单位等不同主体相互关联的组织架构,推动了西湖自然环境的改善,还湖于民。在杭州市与浙江大学战略联盟中,政党和政府牵头成立了杭州市和浙江大学战略合作促进委员会组织架构,建立了杭州市与浙江大学长期稳定战略合作的总平台。

其次,虽然每一个社会复合主体中都有政党和政府的推动力,由党政进行主导,但是在人民民主的逻辑下,党政的主导和领导并不等于掌控,或者独裁、专制。党政的领导和主导建立在合作与协商基础之上,没有合作与协商就没有党政的主导和领导。因为市场主体和社会主体的主体地位的确立是党政领导和主导的前提,党政的领导与主导建立在主体与主体之间的协商对话基础之上,在协商基础上合作,在合作基础上形成党政的领导和主导地位。所以这种社会复合主体中的党政主导与计划经济体制下市场和社会主体地位尚未确立时的全面掌控有本质区别。这种主导建立在合作与协商基础之上,既提高了效率,又保持了活力。

更为重要的是,政党和政府凭借自身的政治优势与资源优势推动了社会复合主体建设,但是中国共产党作为没有自身特殊利益的政党,并没有在社会复合主体中作为一方利益的代表与市场和社会主体进行利益竞争,退出了市场利益的排他性竞争,使市场和社会主体获得了超越自身能力的特殊利益,以此来推动社会发育,并把人民的利益凝聚为有机的整体。张兆曙指出,"政府退出排他性利益的分配,减少利益分配的成员数量,从而提高了其他参与者的利益空间。形象地讲,相当于'三个人挣钱、两个人分享'。'政府不拿走一分钱'是杭州构建社会复合主体的一个基本前提和原则。作为社会复合主体的发动者与核心参与者,政府承担着启动资金的注入、政策资源的供给、政府延伸机构(比如社委会、综保委和丝绸女装办等)的运作成本、资助民间社团或购买服务等重要的职能,但政府并不分享复合主体带来的直接利益,政府追求的是间接和长远利益,比如培植税源、优质资产、城市软实力的提升、投资环境的改善、对人才的吸引力等等。总之,政府'舍弃'了静态的和短期的'蛋糕'比例换来了间接和长期利益,从而实现了整体利益关系的帕累托改进,即任何一个主体利益的增加不会损害其他主体的利益。在这里,'政府不拿走一分钱'不仅是一种利益姿态,而且意味着政府职能的重大转变。"① "政府不拿走一分钱"是政党和政府没有自身特殊利益的典型表现。政党和政府注入资金,推动社会复合主体建立,扩大社会经济总量,而政党和政府并不在发展起来后与市场和社会主体争利,这样市场和社会主体既能在政党和政府帮助下发展,而又不会因为政党和政府的介入而剥夺自身的利益,反而扩大了自身的利益,政党领导与市场机制就这样通过利益而结合起来,以利益为基础,市场和社会主体就有了积极参与社会复合主体的内在驱动力,这种驱动力的根源是利益,而不

---

① 张兆曙:《城市议题与社会复合主体的联合治理——对杭州三种城市治理实践的组织分析》,载《管理世界》,2010年第2期。

第二章
组织形态

是传统计划经济体制下的权力或强制。这就通过利益渠道建立了政党、政府与市场和社会主体之间的利益协调机制，通过利益把市场主体、社会主体纳入到共同的社会秩序中来，这样，政党作为领导，就能够通过社会复合主体有效地把各个市场和社会主体凝聚为有机整体，既保持社会内在的协调与统一，又保持政党和政府在社会中的领导和主导地位。

再次，政党和政府虽然在社会复合主体中处于领导和主导地位，但是社会复合主体并不以政党和政府为主体，而是以市场为主体。在市场中既有企业，也有社会组织，同时体制内的研究机构也参与市场，为企业和社会组织出谋划策，形成了政府领导力与市场资源配置力的合力，并以这种合力来推动发展。政党和政府在启动资金上资助社会复合主体之后，社会复合主体即在市场中自筹资金自谋发展。以市场为主体是社会复合主体以社会为中心建构民主的逻辑延伸，如果以党政为主体，就还是传统的以国家为中心建构民主。在以社会为中心建构民主的过程中，人民在社会复合主体这个组织形态中开始有了自己的视域，开始有了自己管理自己的组织形态，通过这个组织形态的发育，人民最终可以当家作主，把人民民主从理论变为实践，实现人民民主制度形态、价值形态与组织形态的有机统一。在杭州的各个社会复合主体中，都确立了企业或社会组织等市场主体的主体地位。如在丝绸和女装行业联盟中，以丝绸女装界知名企业为主体；在茶行业联盟中，以产茶企业和茶楼业协会为主体；在西泠印社社会复合主体中，以西泠印社集团有限公司为主体；在西湖综合保护复合主体中，以西湖综合保护工程指挥部、各项目施工单位等为主体；在运河保护社会复合主体中，以杭州市运河集团等为主体，等等。

最后，对于中国民主而言，民主只能在创造发展中发展，不能创造发展的民主对中国没有意义。在杭州的人民民主实践中，民主嵌入了整个城市发展，嵌入的民主跟城市形成共振，成为了推动城市经济发展不可或缺的重要资源。社会复合主体作为人民民主在杭州实践的组织形态，本身也就是以发展为驱动力和目标的。社会复合主体的发展也推动了与其相关产业从衰落走向兴盛，社会复合主体这种民主组织形态创造了杭州的经济社会发展。首先看西泠印社的情况。自2003年组建西泠印社复合主体以来，西泠印社的文化产业总体销售收入年均增长53.9%，净利润年均增长151.5%，经营性国有净资产年均增长48.85%；2006年被国家商务部首批重新认定为"中华老字号"；2007年销售额达到6597.8万元，利润2882.1万元。另一方面，西泠印社的文化事业也开始重现盛景，从2004年起，恢复中断多年的春秋两季雅集等传统文人集会活动，业内有影响力的高级会员数量达历史最高水平；到2005年开始已成功举办三届西泠印社国际艺术节；2006年，西泠印社的"金石篆刻艺术"被列入第一批国家级"非物质文化遗产"保护名录；2007年和2008年分别举办"百年西泠·中国印"大型海选活动和"百年西泠·西湖风"国际篆刻创作活动；此外，国际国内鉴赏会、研讨会、展览和艺术讲座等已经在西泠印社的社团活动中常规化，社团的印学研究、出版活动、文物保护、社址修缮等彻底走出了困境。

再看运河治理。从2002年开始，经过联合治理实践的逐步推进，到2006年运河综保一期工程竣工后，主城区的运河水质历史性地甩掉"（劣）五类"和"臭水沟"的帽子，部分河段已经达到和超过"四类"水质的标准；而杭州市环境监测中心的检测数据表明，随着运河综保第二期工程的实施，2007年运河干流各断面水质指标年均值比2006年又有进一步的改善。2007年有关机构曾对1000户居民家庭和500名运河游客进行抽样调查，91.6%的市民和游客认为运河整治后的总体环境"很好"（34.4%）和"较好（57.2%）"。随着运河人文生态的修复，运河两岸的景观绿化带已经成为杭州居民最惬意的休闲、健身场所，沿岸的历史街区、古建筑遗存等人文景观已经成为运河申报世界文化遗产的重要资本，运河观光已经成为一条水上旅游的黄金路线。更重要的是，到目前为止，除市财政提供少量启动资金

第二章
组织形态

以外，运河综合保护已投入的近百亿元资金均由市场化手段来自行筹措。

最后是丝绸女装产业。在社会复合主体的联合驱动下，杭州的丝绸与女装产业在"产业升级"和"品牌战略"上迈出了坚实的步伐。从2005年成立丝绸女装战略联盟开始，到2007年已经拥有10个中国名牌和4个驰名商标，其中2007年新增中国名牌4个、驰名商标3个。2008年，获得北京奥运会4个丝绸礼品特许经营权中的3个。同时，在丝绸女装战略联盟的框架内形成了强劲的复合支撑体系：2007年获得2项丝绸纺织类的国家"科技进步奖"；俄罗斯和中东市场的开拓弥补了因金融危机而萎缩的欧美市场；2008年武林路专业市场相继获得"中国时尚女装第一街"和"中国特色商业街"的称号以及"商业文化建设贡献奖"，杭州市重点建设工程"中国四季青服装交易中心"一期已经建成开业；政府资助的中国杰出女装设计师发现计划已经完成第二期的人才选拔和海外培训，并成为杭州丝绸女装产业转型升级的重要人才支点。[①]

综上所述，在社会复合主体中，以政党和政府为领导，以企业和社会组织为主体，以人民当家作主为根本，以协商合作为机制，以创造发展为使命，社会复合主体的上述特征使其既是一种经济组织和社会组织，更是一种民主的组织形态，是人民民主的一种实践形态。通过社会复合主体，人民民主找到了实现人民当家作主的一条路径。这条路径建立在利益这个现代社会的基本机制之上，从而使得民主建设不是建立在虚幻的意识形态基础之上，而是建立在实实在在的利益基础之上，这是人民民主自身实现的一条唯物主义路径。所以社会复合主体的发展推动了人民民主的发展，人民民主的发展也推动社会复合主体不断发展壮大。社会复合主体这种民主组织形态推动了以社会为中心建构民主的进程，而随着以社会为中心建构民主的推进，又会孕

---

① 王国平：《城市论》（下册），人民出版社2009年版。

育出其他的民主组织形态。

第三节 市场自治：民间行业协会的实践

一、市场自治的理论阐释

复合民主是人民民主与党的领导的有机结合，政党领导建立在人民民主基础之上，通过人民民主来完善政党体系和国家体系，从而使一党领导消融在人民民主之中，保证中国政治的人民性。在复合民主的组织形态中，政党、政府、社会合作互动，政党成为了民主实践的主体，而不是民主实践的阻碍力量。在合作互动过程中建构了社会复合主体，社会复合主体以政党和政府为领导，以企业和社会组织为主体，以人民当家作主为根本，以协商合作为机制，以创造发展为使命。在上述两种复合民主的组织形态中蕴含着第三种组织形态：市场自治。在政党、政府、社会合作互动中，以社会为主体；在社会复合主体中，也是以社会为主体。社会主要包括个体、私营企业和个体工商户，它们都生活在市场当中，这样实际上就确立了市场在整个生产、生活和生态中的主体地位，市场主体地位的确立构建了市场的相对独立性，形成了市场自治。市场自治以市场代替政府，推动了政府从微观管理市场到宏观指导市场的转型，推进了现代政府建设。市场自治也推动了社会发育和社会自治。市场中的自治主体为了更好地维护自身权益、体现人民当家作主，在实践中相互联合互动，建立了各种各样的市场自治体。市场自治体是市场自治的载体与表现形式。

市场自治的前提是由改革开放所带来的权力回归人民，由人民当家作主，真正由人民自己决定自己的事情。在传统的计划经济体制下，不是以市场为主体构建社会经济体系，而是在否定市场的基础上以生产计划为主体、以权力为核心来构建社会经济体系。哈耶克认为，在高度集权的计划经济体制下，计划当局在经济活动中对人们的

第二章
组织形态

控制表现在控制生产，并通过产品生产的控制间接控制人们消费哪些产品，由此，决定产品在各地的分配，形成差别待遇。在作为生产者方面，当局同样加以控制，一个人并不能自由选择自己的职业，当局在没有能力根据个人性格、爱好、特长而安排工作的情况下，只能制定几条抽象的准则，按这个大准则进行个人分工，这就压制了个人的个性和创造力。① 个体的个性和创造力遭到压制之后，整个社会就没有效率和活力，也不能进行有效的自治，以及有效地实现人民民主。因为在计划经济体制下，人民虽然实现了阶级解放，但是人民个体并没有解放，在个体没有解放的情况下，人民民主在构建组织形态的时候有了国家动力，建构了国家层面的人民民主的组织形态（如人民代表大会制度、民族区域自治制度等），但是缺乏社会动力和个体动力，从而虽然建构了国家层面的民主组织形态，但是缺乏社会和个体层面的民主组织形态配合，因而难以有效地开展人民民主实践。因为人民民主的本质在于人民当家作主，人民自己决定自己的事情，而人民决定自身事务的前提就是独立的自身事务的产生，也就是个体解放。只有在个体解放的基础上，个体作为社会的一分子才能直接参与政治，决定自身的事务。所以人民民主的实现可以分为两个层面，一是国家的层面，二是社会生活的层面。改革开放之前，在国家层面建构了人民的政治体系，但是在社会生活层面，在城市的单位制和农村的人民公社制度下，人民民主缺乏社会生产和生活层面，缺乏这个层面使得人民民主难以有效展开。

改革开放以后，在杭州的人民民主实践中，"三还"是杭州实践人民民主的逻辑起点，我们还是回到"三还"的基本政治逻辑中来。改革开放启动了杭州的"三还"。"三还"首先是把生产还给市场，以市场为核心组织社会生产，构建民营经济体系。在政党、政府、社会合作的基本民主组织形态下，政党是发展主体，政府主导经济，政党

---

① 参见［英］哈耶克：《通往奴役之路》，王明毅等译，社会科学文献出版社1997年版。

和政府是经济发展的"第一推动力",但是这种推动并不是全面掌控,也不是计划经济体制下依靠权力来控制经济,而是在政党和政府大力支持民营企业和个体工商户发展的同时,在民营经济逐步发展壮大的时候,政党和政府实施完"第一推动力"之后就逐步淡出市场,建构由市场主导的社会经济体系,由市场中的民营企业和个体工商户在市场中施展自己的才华。在市场中,企业具有明晰的产权、独立的主体资格,较强的自我积累、自我发展能力,人民产生了独立的自身事务,并由人民自己决定自己的事情,从而最终达到人民自己决定自己事情的市场自治。也就是说,市场在政党、政府与社会合作互动的基本前提下保持自身的相对独立性,且对于经济社会发展而言,政党和政府虽然是主导,但是它们从来没有认为自己是主体,而是认为主体的力量是市场,它们推动和发育市场,当市场成长起来之后,它们正式把生产还给市场,构建相对独立的市场。相对独立的市场依然在政党和政府的领导之下,市场中的部分企业与政党、政府相互结合形成了社会复合主体(当然社会复合主体也是以市场中的企业为主体),部分企业和个体工商户在市场中实现人民民主——市场自治,这样既保持整个社会的一体化,又保持市场的活力与效率。这样对于政党而言,解决了政党执政的合法性问题和政党领导的有效性问题;对于政府而言,解决了政府的亲民性问题;对于社会而言,解决了社会生产的效率问题,增加了社会产品总量。而在市场经济体制发育不充分、市场主体地位没有确立起来的情况下,政党和政府的主导地位就容易演化成主体地位,由于没有市场主体地位的相互映照,政党、政府与社会的合作就容易导致官商搅合在一起,社会很难制约企业,政党很难解决自身的合法性和政党领导的有效性问题,政府也很难解决自身的亲民性问题,这就会导致政党、政府、社会合作互动的"异化"。所以市场主体地位及其市场自治的确立既是复合民主的一种组织形态,也是复合民主成长发育的关键之一。总之,领导建立在合作基础之上,而合作建立在相互承认主体地位之上,相互承认主体地位意味

第二章
组织形态

着相互之间边界明确,而且存在一定的监督制衡机制。也只有在这个基础上,才能建立有效的合作互动。

对于社会中的私营企业主和个体工商户而言,个体一方面是一系列需要的综合,是需要的集合体,另一方面个体的需要又要通过他人来使自己的需要得到满足。个体不是孤立的个体,必须与他人建立联系才能满足自己的需要,捍卫自己的权利,所以个体社会人的属性又决定了个体在捍卫自身权利的过程中必须与其他个体在相互承认基础上建立起联系。这就使得社会上的市场主体之间相互合作互动,建立了各种各样的市场自治体,通过这些市场自治体一方面满足自己的需要,捍卫自己的利益,在整个社会的利益博弈中形成合力,实现自己的利益最大化,实现自己的发展;另一方面又通过市场自治体建立与政党和政府之间的有效联系,通过市场自治体作为联系政党和政府之间的桥梁和纽带。这样,就在市场当中由市场自治主体为了维护共同的和法律的利益构建了大量市场自治体,市场自治体的主要表现形态就是民间商会、行业协会、同业公会等等。

在西方的民主发展过程中,也经历了市场自治的过程。西方在资本主义早期发展过程中经过市民自治,培育了市民阶级,形成完整的市民社会。市民阶级先跟君主合作推翻了封建国家,建立了绝对主义国家,然后随着市民社会和市场自治的进一步发育,资产阶级进一步积蓄了阶级力量,当资产阶级力量足够强大的时候,资产阶级就通过资产阶级革命推翻了绝对君主,建立了资产阶级共和国,从而推动资产阶级民主从社会民主走向地方民主和国家民主,资产阶级最终掌握了国家统治权。而从西方市场自治所构建的民主形态来看,西方在市场自治这种民主形态下是社会对抗国家,而不是社会与国家合作,社会推翻国家而建立崭新的资产阶级共和国。我国市场自治的民主形态建构与西方民主发展过程相似的地方在于也是经历了从社会民主到地方民主,再从地方民主到国家民主的发展历程,不同的地方在于我国的市场自治推动的是社会与国家的合作,而不是国家与社会的对抗。

在西方，在资产阶级民主革命之后还经过了持续的无产阶级革命运动，或者说持续的民权革命，才推动西方民主从精英民主走向了大众民主，普通民众最终获得了无附加条件的选举权，选举权实际上建构了无产阶级与资产阶级合作的一种形态。而我国的人民民主一开始就是一种大众民主形态，所以我国的民主建构一开始就是在最现代的民主形态基础之上，这种民主形态保证了国家与社会之间的相互合作。

二、市场自治的实践形态——民间行业协会

市场自治作为一种民主的组织形态，具有自身的实践形态。在市场中，企业作为微观经济主体进行市场活动，在市场活动过程中企业主体为了克服同行之间恶性竞争、规范同业行为，建立同一行业统一规范的行业行为标准，同时在与本国或国外的同行或其他行业竞争中保护本行业的利益。市场主体自发建立了民间行业协会来保护自己的利益，实现市场民主。所以民间行业协会是市场运作过程中企业主体为了保护共同利益、实现民主权利而自发产生的实行行业服务和自律管理的非营利性社团组织。民间行业协会也是市场自治的实践形态，是重要的市场自治体。

行业协会的生长途径大致有两种，一种是自上而下的体制内生成途径，通过这种途径生成的行业协会是政府已经开始转变职能，但是职能转变不彻底的情况下，由政府行业主管部门自身组建的行业协会，这种行业协会受政府委托或授权，承担部分行业管理职能。这种行业协会往往容易演变成政府部门的下属或附属单位，官办色彩浓厚，有的甚至被称为"二政府"。由于这种行业协会是政党和政府在推动市场自治过程中自身异化的产物，在实际运作中由于缺乏活力，大多名存实亡。这种行业协会不在市场自治这种民主实践形态的讨论范围之内。另外一种是自下而上的体制外生成途径，这种行业协会是由民营企业自生自发建立起来的，这些企业通过行业协会的自律管理和自我服务，真正按照"自我管理、自我服务、自我协调、自我约

第二章
组织形态

束、自我教育"的原则开展工作，以追求公平的竞争环境，促进企业发展，① 由行业协会来承担需要监管但是政府又监管不好的公共服务职能，由行业协会的行业自治来推动市场自治，由市场自治来保障市场中企业主体的自我管理、自我服务和自我教育，保障企业主体在市场中的当家作主权力，从而最终使人民民主在市场中得到实现，使人民民主从抽象的意识形态落实到具体的市场民主生活之中，这也是人民民主实践的一种重要方式。所以对于人民民主而言，不仅仅需要制度形态和价值形态，也需要体现在日常生活中的具体实践形态，并通过人民民主的实践形态来培育人民民主，使民主成为一种生活方式，推动民主在地方生长发育，然后再把在社会生长发育的人民民主传达到地方政府甚至国家，从而实现人民民主自下而上的成长。

杭州市民间行业协会大多成立于上世纪80、90年代，是在市场经济发展过程中基于市场和行业发展需要而自生自发地成长起来的。据杭州市发展与改革委员会统计，"全市行业协会由2000年底的136家发展到2007年底的383家，其中市级101家，各区、县（市）282家，8年间行业协会总量净增了1.82倍，年均增幅达15.94%。其中在制造业、批发零售业、建筑业等领域行业协会的发展更为迅速，已涌现出了一批初具运作规模、民间化程度较高、具有一定带动力和影响力的行业协会。美食、茶楼、疗休养、演艺、化妆、保健、女装、婴童、运动休闲、工艺美术等，已被市委、市政府确立为重点发展的'十大特色潜力行业'"，行业协会分布合理，涵盖了国民经济发展的主要领域，"在国民经济的18个经营性行业门类中，我市已建立行业协会的有17个，尚未设立的只有采矿业。""职能定位逐步清晰，作用和功能不断发挥。行业协会作为政府与企业之间的桥梁和纽带，承接政府转移的微观管理职能，在代表行业与会员利益、为会员提供服务、加强行业自律、向政府部门反映会员企业的诉求或呼声、解决发

---

① 参见杜亮：《杭州——一份关于民间商会的调研报告》，载《中国企业家》，2002年第11期。

展中的难点和重点问题等方面发挥了积极有效的作用。据2006年全市行业协会普查,市级行业协会80%以上编印了刊物,75%开展了对本行业难点、重点问题的调研和定期、不定期地召开行业信息沟通交流等会议,60%参与了研究制定行业发展规划、行业质量标准和行业服务、行业扶持政策等的相关体系建设,还有47%参与了国家、省、市行业产品标准的制定,42%建立了行业协会网站,30%实施了业内监督或惩戒措施,19%实行了标识和资质证书的发放,17%参与过行业的反倾销、反垄断。此外,市级、区级各有1家行业协会具有原产地证明的发放权。"①

上述统计数据中的行业协会既包括体制内的行业协会,也包括体制外的行业协会。为了推动体制外民间行业协会的成长,杭州市积极推动体制内行业协会脱钩。"全市共有234家行业协会脱钩,其中合署办公分离145家,财务分设11家,行政机关人员脱离198家,涉及市和区、县(市)两级机关公务员674人(次)。同时,借助'三脱钩'契机,整顿规范行业协会,注销了27家有名无实或长期活动不正常的行业协会,变更了1家为联合性协会,新成立了3家行业协会。全市行业协会总数由脱钩前407家调整到脱钩规范后的383家。在实施'政会分开'、走'民间化'的道路上迈出了实质性的步伐。"② 行业协会脱钩必将推动民间行业协会迅速成长,民间行业协会的成长将推动人民民主在社会领域的实践与复合民主的发展。

民间行业协会是社会活力的表现,是社会力量和社会权力增长的表现,更是社会民主不断发育的表现。民间行业协会发展推动市场自治,市场自治推动人民民主在市场的实现,人民民主在市场的实现又推动人民民主在社会领域的发展,人民民主在社会领域的发展最终会使党的领导消融在人民民主之中,党的领导不是人民民主的阻碍力量,而是人民民主的实践主体和领导力量,同时党的领导也是推动市

---

① 杭州市发展与改革委员会:《杭州市行业协会发展规划》,2008年2月。
② 同上书。

场自治和经济发展的主体，发展需要主体，政党成为发展主体，因为政党具有很强的组织力量。民间行业协会的发展部分承担了政府的监管职能，使市场代替政府，推动了政府变迁，使政府向服务型政府转型。与此同时，政党和政府在承认市场自治的基础上积极支持民间行业协会的发展，推动行业协会脱钩，同时下放政府管理职能，由民间行业协会协助政府来承担部分管理职能。这又体现了在市场自治基础上政党、政府与市场之间的合作活动。所以民间行业协会的发育将推动人民民主在社会领域的实践，也推动复合民主在社会领域的不断发展。

第四节 社会中介体：民主参与的社会载体

一、社会中介体的理论阐释

人民民主的本质是人民当家作主，人民确立国家制度，并且把国家事务当做自己的事务来决定。人民民主的基础建立在政治解放、社会解放与阶级解放三者统一的基础之上，政治解放意味着个体摆脱对封建主的依附，成为自由的劳动力和政治上独立的个体。社会解放意味着社会摆脱国家成为自主的力量，并且将国家重新收回社会，建立马克思的"社会共和国"。阶级解放意味着工人阶级作为先进生产力的代表打破资本对劳动的奴役。所以人民民主的实现建立在非常成熟的现代化发展基础之上。林尚立教授认为，中国作为一个现代化发展并不成熟的国家，实现人民民主、保障人民对国家权力的掌握主要通过三个途径来实现：一是通过人民这个阶级集合体中的领导阶级来掌握，即通过工人阶级政党来掌握；二是通过人民"一切健全成分"的直接代表组成代表大会来掌握国家权力；三是人民自身作为权力的拥有者通过各种形式的政治参与来掌握。基于这三个途径，国家权力完全掌握在人民手中。在这个三个途径中，第三种途径是通过人民直接的政治参与来实现的,通过人民的直接政治参与来保证人民的当家作主权力,这也就是直接民主。实行直接民主的前提是国家规模较小,在规模较大的现代国家里难以实行古希腊那样的直接民主。但是人民民主的本意是人民当家作主,因而在较大规模的现代社会中如何实现人民的当家作主权力是我国民主政治建设面临的一个难题,也是人民民主发展必须解决的一个现实问题。

在复合民主的理论逻辑中,人民民主的实现需要工人阶级政党来掌握,需要党的领导,同时人民需要政府来帮助解决自身生活中的一些问题。所以在我国这种超大规模社会的现代国家里直接民主的实现就与政党和政府紧密联系在一起。从民主的本质来看,民主是一种生活方式,即人民自己管理自己,但是人民自己管理自己一方面需要有政党的领导,另一方面需要政府来解决自身生活中的现实问题,因此,政党和政府就需要进入人民自己管理自己的生活方式中去。所以从现代民主作为一种大众民主的情况下,民主的空间从社会进入了个体生活当中,要在生活空间当中发育民主,并通过在生活当中发育民主来推动社会领域的民主。

在政府进入人民日常生活以帮助人民解决自身生活之中的现实问题的时候,就存在政府意愿如何与人民需求相互契合的问题。因为在现实的社会生活中,非常容易出现政府公共服务的"异化",即政府简单地自认为自己代表"公意",并以"公意"的形式进入人民日常生活,而忽视了人民自身具体利益的整合与表达。因而避免这种异化状况的出现就需要人民自己管理自己与政府帮助人民解决一些生活问题相结合,同时在这个过程中加强党的领导,以党的领导来平衡政府可能给人民带来的奴役,保障政府的亲民性。人民自己管理自己的机构与政府帮助人民解决生活问题的意愿相结合就形成了社会中介体。社会中介体介于人民和政党、政府之间。对于人民而言,社会中介体的成员产生于小规模的人民日常生活之中,成员由人民商议产生,直接代表了人民的利益,这是一种直接民主的形式,也是在生活中实现

第二章
组织形态

了民主的本意，在生活领域中解决了较大规模社会中人民的直接民主问题。对于政府而言，中介体可以使政府的工作得以改善，使政府帮助人民解决日常生活问题的工程得以优化。总之，社会中介体是联接政党、政府与人民，实现二者之间在生活领域中的契合，这种民主组织形态既实现了大众民主时代人民的直接民主需求，又保障了我国人民民主发展过程中对政党和政府的需求，在生活空间实现了二者的复合，所以社会中介体是民主在生活空间中发育的结晶，也是复合民主的一种组织形态。

社会中介体这种民主组织形态的出现一方面解决了人民的直接参与问题，在小规模的人民的日常生活中间实现了直接民主，实现了民主的本意；也避免了西方竞争性的代议制民主的局限性。在西方竞争性的代议制民主中，"普通公民并不直接参与国家的政治决策，而是推举代理人来进行决策和管理，后者才真正享有决策权。就治理而言，无论是选民本身，还是民选的代议机构，他们都只是被动地对政府的决策做出反应，已完全谈不上什么自我管理了。"[①] 西方在应对代议制民主的局限性过程中，提出了参与式民主，以人民的直接参与来避免代议制民主体制下代表与选民的脱离，让人民直接参与政治生活。参与式民主一方面是民主本意的回归，另一方面，也体现了西方民主从精英民主向人民民主的转型。这也从另一个侧面说明了我国人民民主的优越性。

社会中介体这种民主组织形态出现的前提是人民民主实现了从以国家为中心建构民主到以社会为中心建构民主的转型。在以社会为中心建构民主的前提下，民主进入了日常生活，成为了一种生活方式。王绍光教授指出，"真正的民主派认为，民主适应范围是没有时空界限的，凡是涉及到利益相关者的事务，都应该由利益相关者用民主的方式进行决策。……真正的民主要求所有利益相关者能够平等地参

---

① 王绍光：《民主四讲》，生活·读书·新知三联书店 2008 年版，第 47 页。

与，从而对决策有平等的影响力"。① 在民主进入日常生活空间之后，生活中的利益相关者就能主动关联，平等参与，民主决策，真正实现人民民主。

在杭州市的人民民主实践中，经过改革开放三十几年的发展，实现了三个"还"，即把生产还给市场、把生活还给市民、把山水还给自然，建立了民营经济体系、生活民主体系和生态文明体系，在此基础上建立了新的多方共治的社会治理结构。这个社会治理结构包括政府、市场与社会三个方面，政府在共治结构中进行赋权、协调与保障，市场在共治结构中进行具体社会实践，社会在共治结构中让民众直接参与管理、参与监督，三方合作来共同推动民生问题的解决，并进而达到生产、生活与生态三者的有机统一，推动杭州经济社会的发展。同时在推动杭州经济社会发展的过程中实现以国家为中心建构民主向以社会为中心建构民主转型。在以社会为中心建构民主的过程中，形成了政党、政府与社会合作互动的社会复合主体、市场自治等民主的组织形态。当人民民主进入人民日常生活领域之后，就形成了社会中介体这种新的组织形态。

二、社会中介体的实践形态——民间庭改办

杭州市在实践人民民主的过程中，形成了一些社会中介体的实践形态，如民间庭改办、草根质监站等。这里以笔者调研的杭州市上城区清波街道民间庭改办为例来介绍社会中介体的实践形态②，以显现人民民主在杭州市的实践进程。民间庭改办是由上城区清波街道在庭院改善中首创的工作机制。新世纪以来，杭州市委、市政府为了改善居民日常生活环境，满足人们优良生活环境的需求，于2004年启动了背街小巷改善工程，截止2008年底，共改善了背街小巷2332条，

---

① 王绍光："超越'选主'——对现代民主制度的反思"，载《社会科学报》，2010年7月8日。
② 参见上城区清波街道党工委、办事处：《以人为本，积极创新，努力探索"民主促民生"新思路——首推"民间改善办"工作机制的基本做法及成效》，2010年7月。

第二章
组织形态

总长度 863 公里，受益人数 195 万人，受益单位 188876 家①。在背街小巷工程改善中，政府已经进入了居民的日常生活领域，但是还是处于日常生活领域的外围。在背街小巷工程取得显著成效后，2006 年，杭州市委市政府进行庭院改善工程，开始从人们日常生活的外围进入了核心领域，直接进入了居民的日常生活之中。而居民也需要政府来帮助解决庭院改善问题，以实现杭州市总体的美观整洁。为了顺利推进庭院改善工程，杭州市在市、区和街道都成立了庭改办，作为政府的工作机制来推进庭院改善工程。

街道庭改办在庭院改善工作中，在工程实施之前广泛征求居民意见，让居民知晓各项政策和参与改善工作的设计。在正式施工图纸确定下来之后，再由施工单位进行实施，街道庭改办负责协调。街道庭改办作为政府代表以为自己代表居民利益并为居民谋利益，居民一定会满意政府帮助下进行的自家庭院的改善工程。但是在几次工程验收之后，街道庭改办进行居民满意度调查，发现居民满意率并不高的怪现象，调研时有的街道庭改办同志说，"满意度达到 70% 就了不起了"。街道庭改办工作人员在反思的时候发现根源在于改善过程中，居民即时参与度不够，"居民找不到人，都在外面工作。"而居民参与、监督的缺位致使一些细节问题在最后验收时才提出，造成了工程满意率的降低，出现了政府出钱改善庭院，反挨居民批评的现象。政府在为居民解决自身需求、提供公共服务的时候简单地认为自己代表"公意"，并以"公意"的形式进入人民日常生活，但是却没有人民意愿相契合，人民自身具体利益的整合与表达存在不足。

针对这一现象，清波街道在认真研究、广泛征求意见后，决定在劳动路 136 号—156 号的庭院改善过程中尝试建立民间庭改办。民间庭改办由从事多年基建工作的居民担任负责人，由 5 位热心居民作为成员。由于庭改办成员作为社会中介体的代表，一方面要代表居民的

---

① 参见王国平：《城市论》（中），人民出版社 2009 年版，第 662—663 页。

利益，实现居民的民主参与需求，对施工单位进行监督，另一方面又要代表政府的需求，推动政府更好地为居民日常生活服务，在工作中要联接政府、市场与居民。所以在成员选择中清波街道对成员进行了相关限定，组成人员必须具备四大条件：一是热心，要对社区公共事务比较关心，能有较多的时间参与整个工程；二是懂行，要具备一定的基建经验，能对工程建设提出实质性意见；三是有威信，要在居民中有一定公信力，对工程中出现的各类情况能及时处理并得到认可；四是有沟通能力，在施工过程中能及时收集居民的意见、建议，和施工单位及街道庭改办进行协商、讨论，认真监督整改，确保工程质量。

按照上述要求协商产生民间庭改办工作人员之后，街道庭改办主动放权让位，对民间庭改办赋权，街道赋予其监督工程进度、材料质量、文明施工、安全检查等方面的权力，在不增加工程量的前提下，"民间庭改办"对具体事务进行裁决。在调研时有的街道庭改办同志说，"小区工程开工要有民间庭改办，否则不能开工，这个机制对政府级的庭改办是有压力的。民间庭改办的特点是善于挑刺，同时弥补细节上的问题。民间庭改办代表百姓利益最热心，都是社区居民挑选出来、办事公道的老同志担任，反映百姓意见最迅速，与施工单位架桥，工程监督管理最有力，是小区改善工程的受益者，也是改善工程的守卫者。"

庭院改善工程涉及面广，包含了立面整治、平改坡、上改下、完善功能等22个项目。民间庭改办在工作中编制了庭改工程监督单，其中包括工程施工管理、施工安全问题、工程材料质量、施工队工作态度、工程进度、施工质量等六大项15点要求。并且建立了四大工作制度：一是每周例会制度，二是轮值班制度，三是即时沟通制度，四是全程参与制度。民间庭改办成员根据上述四大制度按照监督单所列事项，轮流值班，每天对工程进行全面监督，发现问题立刻记录在案，并及时向施工单位负责人指出，限期整改，一周内汇总一次，并在每周例会召集施工单位、建设单位、社区、街道庭改办人员开会解决。对于施工过程中居民提出的细节问题，民间庭改办要求施工单位在二十四小时内限时进行反馈，限期整改。庭院改善工程结束后，实行三重验收制度，除了常规的监理单位验收和施工单位答辩之外，还实行居民评分制，居民评分达到百分之百满意，工程才能最后通过验收。

在庭院改善过程中，民间庭改办使居民直接参与，并对工程进行管理和监督，满足了居民在庭院改善过程中的民主需求。政府进行赋权、协调和保障，支持民间庭改办开展工作，同时也增强了政府服务居民的能力，优化了政府的服务。市场施工单位根据居民需求在民间庭改办监督下进行施工，提高了施工的效率。这样就实现了政府、市场、社会合作来做一件让居民满意的事情的局面，并在合作过程中优化了政府、市场与社会的关系，这种合作的结构就是民主的结构，这种合作结构所形成的治理机制就是民主的机制，所以民主的本质在于创造治理，建构秩序，促进发展。民间庭改办作为社会中介这种民主组织形态的实践形态，在三方合作中充当了润滑剂的作用，尤其使得政府与社会之间以合作代替了对抗，避免了政府与居民的对立，使人民民主条件下政府服务居民的意愿与居民要求政府服务的意愿之间实现了契合。这样就在基层的居民生活空间中塑造了一个民主的机制，推动了民主在社会生活空间中的发育，民主在社会生活空间中发育出来之后就会推动以社会为中心建构民主的实践。这是自下而上的中国民主成长的路径。

第五节 基层自治：持续发育的社会基础

一、基层自治的理论阐释

人民民主的本质是人民当家作主，人民当家作主的基本表现形式包括两个方面：一个方面是人民直接参与国家管理，与这种表现形式相对应的政治制度是人民代表大会制度；另一个方面是人民自我组织、自我管理与自我服务，即人民群众通过在基层社会领域的自治来实现人民当家作主①。目前，根据我国现行宪法和有关法律的规定，这种自治的制度安排主要集中于基层群众自治，如村委会、居委会、职代会等。基层群众自治构成了我国政治制度中的基层自治制度。基层自治制度建构了我国的基层民主，所以基层群众自治是人民民主在基层的表现。在我国复合民主的人民民主实践形态中，随着社会民主的发育和社会民主新形式的不断涌现，要求在基层群众自治的基础上吸纳社会民主的新形式，使基层群众自治成长为基层自治。在基层自治中，既包括基于国家民主设计而形成的基层群众自治，也包括社会民主发育过程中而形成的其他自治形式。基层自治是两者的复合，基层自治是复合民主的一种组织形态，同时也是基层民主发展的方向。

新中国建立初期，在进行国家政权建设的时候，在农村基层建立了村委会，在城市基层建立了居委会等群众自治组织。这些基层群众自治组织在从建国到改革开放的30年间，由于处于高度集中的计划经济体制之下，它们作为处于国家政权之外，但是又承担一定国家政权功能的政府末梢，只是在政治上体现了人民当家作主，在实际功能上则承担了部分的政府职能。基层群众自治组织更多地体现为国家的政治制度设计，而不是推动人民民主在基层实现的平台。所以这时期的基层群众自治组织政府功能强，人民民主的功能弱，多了政治性与行政性，少了民主性与自治性，基层群众自治组织并没有成为发育基层民主的社会空间，人民民主在基层并没有得到有效的实践。

改革开放以来，国家放权，推动社会自主和个体独立，个体主体地位确立起来，个体主体地位的确立推动了个体作为权利主体的发育。在农村，实行统分结合的农村联产承包责任制后，农民作为权利

---

① 林尚立：《基层民主：国家建构民主的中国实践》，载《江苏行政学院学报》，2010年第4期。

第二章
组织形态

主体的地位确立起来，因为农民交够国家和集体之外的所有剩余农产品都归农民自由支配，而且农民自由支配自己的劳动力，即自由支配自己的农业劳动时间。这样一方面激发了农民的生产积极性，另一方面又使农民有了大量农副产品需要到市场进行自由交易，这就催生了市场经济体制的确立。在市场经济体制下，个体之间作为独立的主体催生了个体自由，市场中个体与个体之间的关系主要是契约关系，以及由契约关系所构建的法律关系。这些都决定了在相互承认主体地位的情况下，只能通过契约和法律的方式来调节个体之间的关系，这也就是通过民主的方式来调节个体之间的关系，而不是传统社会的专制、依附或计划经济条件下的权力关系。所以从这个意义上看，民主的本质是市场经济条件下处理独立个体之间关系的一种政治手段，并通过这种手段来保护个体独立自由，维护社会秩序，推动经济发展。所以有了现代市场经济体制，就会在此基础上产生现代民主，市场经济推动了中国的民主化进程。所以改革开放之后，由于社会生产关系和交往关系的变化，以个体自由为前提的市场得到发展，使得以基层为代表的社会成为了民主成长发育的巨大空间，基层民主成为了我国人民民主发展的新方向，也促进了人民民主的深化。与改革开放之前对比，改革开放之前的基层民主只是一种根据国家制度而设计的政治形式，而改革开放之后的基层民主不仅仅是一种政治形式，而且具有丰富的民主内涵，它使得民主不仅仅是一种政治形式，更是一种治理形式与发展动力。

在中国现代化过程中，国家起着主导作用，国家不仅主导经济发展，而且也主导着政治的现代化发展。在基层自治制度中，村委会、居委会和职代会等制度设计是国家主导政治设计的产物，也是国家主导政治发展的结果。国家在主导政治现代化过程中，在基层建立了由村委会、居委会和教职工代表大会等基层群众自治组织。但是在国家主导政治发展的同时，社会也按照自身的逻辑构建社会自身的民主体系，由于基层社会具有广阔的民主发展空间，所以基层社会也具有强烈的民主冲动。人民群众在具体的生产生活领域中也发育了一系列具有自我服务、自我管理功能的自助式或维权式的社会组织，如业主委员会和其他社会组织等，这些社会组织是基层社会民主发育的产物，也是基层人民当家作主的体现。它充实了人民群众的自治能力，也拓展了人民群众的自治空间，同时也是社会自治的体现。

在这种情况下，就形成了基层社会民主成长的国家逻辑与社会逻辑。国家逻辑是国家主导政治现代化发展的产物，是在国家主导下进行民主设计的体现；社会逻辑是社会发展过程中由于个体自由和个体主体地位确立而带来的自发的民主发育。民主成长的国家逻辑与社会逻辑相互复合就形成了复合民主新的组织形态：基层自治。在基层自治这种民主形态中，既包括基于国家民主设计而产生的基层政权和基层群众自治组织，也包括社会民主发育过程中产生的业主委员会或其他的自助性、维权性的社会组织。基于基层自治的政治逻辑，这就要求我国的基层民主建设从基于国家设计而形成的基层群众自治向既包括基层群众自治又包含社会组织和社会自治转型。这种转型扩大了基层的民主空间，推动了基层民主从基层群众自治走向基层自治。"因此，中国今天的基层社会已成为不断孕育和发展新的民主力量与新型民主生活方式的重要空间。在这样的情况下，基层民主发展可以坚持以基层群众自治为主要平台，但不能局限于基层群众自治，应该将基层群众自治纳入到基层自治的平台，并在这个平台上，整合基层群众自治与其他各类社会组织、各类新型的民主生活方式之间的关系，充分发挥它们的群众性、自治性和民主性，孕育出群众自治的活力、基层管理的合力和民主成长的动力。"①

二、基层自治的杭州实践

在基层自治的政治逻辑中，基层民主实际上涉及到四个主体：人

---

① 林尚立：《基层民主：国家建构民主的中国实践》，载《江苏行政学院学报》，2010年第4期。

第二章
组织形态

民群众、社会组织、基层群众自治组织和基层政权。其中人民群众和社会组织属于社会一方,代表着基层民主成长的社会逻辑;基层群众自治组织和基层政权属于国家一方,代表着基层民主成长的国家逻辑,是国家民主设计的产物。对于基层民主建设而言,关键在于民主发育的国家逻辑与社会逻辑有机结合,从而形成基层自治。这就要求基层民主建设从以国家为中心向以社会为中心转型,把上述四个方面有机结合起来。与此同时,基层自治的上述四个方面构成了基层民主实践的四个重要领域,杭州市从上述四个领域出发积极推进基层民主建设。

首先,杭州市充分发挥人民群众在基层自治中的主体作用。人民群众是基层自治的主体,人民群众直接参与基层自治是人民当家作主的重要体现。在基层自治过程中,杭州市市委市政府对涉及人民切身利益的民生工程和重要事项上都坚持"四问四权"。"四问"即问需于民、问计于民、问情于民、问绩于民,"四权"即落实群众的知情权、参与权、选择权、监督权。在危旧房改善、背街小巷改造、庭院改善、历史建筑保护等涉及人民群众切身利益的工作中,让人民群众直接参与,政府充当牵头人的角色,由群众组织民间庭改办、草根质检站等社会中介组织进行参与、管理和监督,最终决定权在人民群众,[①]务求人民群众满意,发挥人民群众在基层自治中的主动权和主体作用,在追求人民群众满意的过程中,推动政府、市场、社会合作来为人民群众日常生活服务的民主组织形态。在市场中,政党和政府作为"第一推动力"推动市场发育,借助自身的资源优势和政治优势推动市场发展,但是市场发展起来之后政党和政府积极支持市场中的个体实行自治,也就是市场自治,市场中的个体工商户、私营企业主等主体也是人民群众的一部分,他们主体作用的发挥推动了市场自治,市场自治也是基层自治的一种形式。

---

① 参见王国平:《城市论》(下),人民出版社2009年版,第1391页。

其次，杭州市积极推动村民自治，加强村级民主政治建设。村民委员会是基层群众自治组织，也是基层自治的一项重要内容。2003年，杭州市村级民主政治建设试点工作在余杭区全面展开，余杭区全面实施"村务管理12345工程"，全国首创《杭州市余杭区农村基层民主政治建设评价体系》，主要内容是"民主选举、民主决策、民主管理、民主监督和村务公开、财务公开"。经过几年的探索和实践，建构起了党组织领导下的村民自治机制，产生了"村务村民理、村官村民选、村情村民知、村策村民定、村事村民管"的村民自治五条经验，形成了村级民主政治建设的余杭模式，并作为现成经验在全国推广。2003年余杭区被命名为"全国村民自治模范区"，2006年又被命名为浙江省唯一的"全国村务公开民主管理示范单位"，2007年被民政部命名为"全国农村社区建设实验区"。2005年，杭州市委全面总结余杭等地的村民自治经验，制定了《关于进一步加强村级民主政治建设的意见》，推动村级民主政治建设在全市范围内全面、稳定推开。① 村级民主政治建设是国家主导政治发展的产物，村级民主政治建设的推进将推动基层群众自治，并最终推动基层群众自治向基层自治转型。此外，杭州市在积极推动村级民主政治建设的过程中也积极推动居委会自治。

再次，随着市场经济的发育，物的所有权问题是市场主体在订立契约、建立法律关系过程中碰到的重要问题，而我国《物权法》的制定和通过使得物的所有权问题得到了确定，同时确立了个体的财产所有不可侵犯。中国《物业管理条例》规定，房屋的所有权人是业主。业主选举产生业主委员会，业主委员会是指由业主选举产生，代表业主利益的组织，是业主行使共同管理权的一种特殊组织形式。业主委员会是业主大会的执行机构，其职责是维护全体业主的共同利益。业主委员会作为一种组织形式是一种民主的组织形式，而且这种民主组

---

① 参见翁卫军：《杭州改革开放三十年版,》，浙江人民出版社2008年版，第227—228页。

第二章
组织形态

织形式是社会自身发育民主的产物,体现民主发育的社会逻辑。在杭州市的基层民主发展过程中,业主委员会也从无到有并迅速发展。绝大多数小区都建立了业主委员会,由业主委员会来维护物业管理区域内全体业主在物业管理活动中的合法权益,保障物业的合理、安全使用,维护物业管理区域内的公共秩序,创造整洁、安全、舒适、文明的环境。

小 结

民主是在现代政治体系下处理公民个体与国家之间关系的政治方式,也是现代政治治理的表现形式。现代化使民主成为了人的政治解放的体现。只要在现代政治的基本逻辑下,所有政治体系都会用民主的方式来构建政治秩序,民主是现代政治的基本选择。"民主制是国家制度一切形式的猜破了的哑谜。"① 通过民主既保护公民的权力和权利,又保持国家的完整和一体,达成公民个体与国家之间的平衡,由平衡而达到二者之间的互动、合作与协调。现代民主的本质在于在公民与国家之间创造更为合理的秩序,更加合理的治理,通过民主达到个体的独立与社会的合作。这一点无论对于东方国家的民主还是西方国家的民主都是一样的。亨廷顿指出,"人当然可以有秩序而无自由,但不能有自由而无秩序。"② 在现代化引发社会分化的国度里,权威、秩序比自由更为重要。西方发达国家的民主从表象上看是竞争与冲突,而维系西方民主的核心精神依然是治理、合作与秩序。所以一些发展中国家通过选举模仿了西方民主竞争与冲突的表象,却缺乏内在核心的保持多元一体的政治文化,

---

① 《马克思恩格斯全集》第1卷,人民出版社1956年版,第281页。
② [美] 亨廷顿:《变化社会中的政治秩序》,王冠华等译,生活·读书·新知三联书店1989年版,第7页。

进而难以通过民主实现治理、合作与秩序，进而使社会在民主化所带来的社会分化中被撕裂。

要实现合作、治理、秩序与协调，就需要有合理的利益共同体，因为在现代市民社会中，"人们奋斗所争取的一切，都同他们的利益有关"①，通过合理的利益共同体，既要保护公民的个体利益，又要保护国家的利益，建立利益共同体就需要建立治理共同体，让公民参与国家治理。利益共同体和治理共同体的建构都需要一定的组织形态来体现，组织形态是利益的保障机制和治理的实现主体，因而民主需要建构一定的组织形态，去创造治理，协调利益。所以设计一个合理的组织形态是民主发展的重要基础，民主形态的成熟跟民主组织形态的成熟密切相关。任何民主的组织形态都有一个发展的过程，组织形态经历了从初期的不成熟到逐渐成熟并且系统化、制度化的历程，而从不成熟到成熟的过程也就是民主成长的过程。

其次，现代化使民主成为了人类普遍的理想，但是"民主的理想不能界定民主的现实，反过来说，现实中的民主不是理想的民主，也不可能同它一样。民主是从它的理想和现实的相互作用中，从应然的推动力和实然的抗拒力的相互作用中产生和形成。"②民主的实践是具体的，是把民主的基本原则与各国具体的社会、历史、文化条件相互结合而形成的，应然的民主理想与实然的社会现实相互结合就产生了各个国家具体的民主形态。不同的民主形态在发展过程中都孕育了自身特殊的组织形态，因而民主理想在转变为民主现实的过程中都建构了自身特殊的组织形态，并通过具体的民主组织形态来作为民主形态的支撑性框架，通过自身的民主形态来反映民主理想。

在杭州的民主实践中，党的领导与人民民主二元复合产生了复合民主，复合民主是当今中国人民民主的实践形态。复合民主在发

---

① 《马克思恩格斯全集》第1卷，人民出版社1956年版，第82页。转引自郭道晖：《社会权力与公民社会》，译林出版社2009年版，第177页。

② [美]萨托利：《民主新论》，阎克文译，上海人民出版社2009年版，第20页。

第二章
组织形态

展过程中也需要一定的组织形态与之相适应,也需要创造人民当家作主的组织形态与机制,并由中国共产党通过复合民主的组织体系和机制来领导人民当家作主。所以,组织形态建设对于复合民主的巩固与发展具有异常重要的作用。对于复合民主而言,如果没有相应的组织形态来巩固人民民主的价值形态和制度形态,就不能把人民当家作主的民主理想转化为民主现实,也不能体现人民民主的优越性。人民民主作为一种民主形态要超越资本主义民主,就要在社会生产和生活领域中展现自己的优越性,如果不能在具体的生产和生活领域中得到实践,并展现自己的优越性,那么人民民主就不能从理论转化为实践。

在杭州市的复合民主实践中,建构了政党、政府、社会合作互动、社会复合主体、市场自治、社会中介体和基层自治等组织形态,这些组织形态支撑和巩固了复合民主,使复合民主作为人民民主的实践形态在杭州的生产生活领域中成为实实在在的与人民群众日常生活息息相关的民主形态,也使得人民民主不仅仅是一种理想和理论,而且进入了社会现实生活和人民群众的日常实践。从这个意义上说,杭州市的民主实践代表着人民民主的发展方向。

杭州市的民主实践表明了我国人民民主发展的基本特征:第一,民主的成长过程中,国家与社会必须合作,国家与社会合作是我国人民民主发展的基本特征。第二,我国民主的成长包含三个过程:从社会生活的民主成长到社会自治,即社会领域的民主成长,再由社会领域的民主成长到地方的民主成长,最后由地方民主成长推动国家民主成长。在杭州的民主实践中,杭州市的民主成长也必将推动整个国家的民主成长。第三,改革开放前,我国民主建设的基本路径是以国家为中心建构民主,建构了民主的政治体制,实现了人民的阶级解放,改革开放之后,我国民主建设的基本路径是以社会为中心建构民主,实现了个体的解放。当然,在杭州市的民主实践中,也还存在一些不足,社会复合主体、社会中介体和基层自治等民主的组织形态还不够成熟，民主发育过程中的国家逻辑比较强，而社会逻辑还相对较弱。这些民主组织形态的成熟也将推动复合民主的成熟，复合民主的成熟将推动人民民主的进一步巩固。

第三章 民主绩效

"谁统治"、"如何统治"、"统治得如何"是政治科学的三个最基本问题。第一个问题是有关谁是权力主体以及权力在各个主体之间如何配置的问题，第二个问题是有关权力主体如何组织及权力如何运用的问题，第三个问题则是有关权力运用的实际效果及对这种效果如何评价的问题。本章讨论民主绩效，主要"着眼于民主的效果，民主将导向什么"①。如果说本书第一、二章分别回答了杭州民主实践中"谁统治"和"如何统治"的问题，那么本章着力要回答的是"统治的如何"的问题。民主绩效是一个理论问题，它与民主的性质、民主的前提、民主的手段、民主的条件、民主的发展等问题一样，是民主理论研究中的一个普遍性的问题，是我们观察和思考民主问题的一个基本维度；民主绩效更是一个经验命题，这是因为，具体到每个国家或地区的现实民主而言，其效果如何，必须具体问题具体分析，必须一切以经验为依据，看其是否能真正保障人民的权利，创造社会的治理和促进人与社会的全面发展。

民主绩效如何衡量？王绍光从总体上将民主绩效的衡量标准分为两类：一是用工具性标准来衡量，如民主是否有利于经济增长，是否有利于促进社会公平，是否有利于增进人们的幸福感等；二是用民主本身的尺度来衡量，即现实的民主制度多大程度上是按照民主的原则

---

① [美]科恩：《论民主》，聂崇信、朱秀贤译，商务印书馆1988年版，第209页。

和方式运作的。① 前者是结果导向,后者是过程导向。然而,从经验观察来看,这两类标准之间并非泾渭分明、互不关涉的,恰恰相反,两者之间是紧密关联、互相影响的。因此,本文对杭州民主绩效的分析,对民主结果和民主过程两方面的因素予以了综合考量。

第一节 民主促进民生:解决民生的政府战略

杭州把民主政治建设同务实的工作、民生的工程结合在一起,在国内率先提出"以民主促民生"并把它作为政府发展战略,从而使民主回归其原意,即人民当家作主。"以民主促民生"发展战略的确立及相应的工作机制的构建使"人民当家作主"不再只是停留在理念层面,不再只是一句口号,而有了切切实实的制度保障和实现机制。尤其是在衣、食、住、行、用、教育、就业和生、老、病、死等与普通民众生活、生计休戚相关的公共民生事务中,民众享有了比较充分的知情权、参与权、表达选择权和监督权,真正成为了公共民生问题决策和实施的参与者、监督者与受益者,真正做到了"大家的事大家来办、杭州的事杭州老百姓来办"。在这个过程中,一大批直接与民众生存、生活、生计相关的民生问题得到有效解决,民众的工作和生活状况得以切实改善。

一、"民主促民生"作为政府发展战略

民生的"民"指的是普通民众,"生"是指生存、生活、生计。所谓民生问题,就是因民众在生存、生活、生计方面的正当需求得不到满足而引发的问题,它包括民众的衣、食、住、行、用、教育、就业和生、老、病、死等方面的事宜。民生问题具有以下基本特征:第

---

① 参见王绍光:《民主四讲》,三联书店2008年版,第191页。

第三章
民主绩效

一、基础性,即马克思、恩格斯早就用历史唯物主义的观点说明过的:人们首先必须满足吃、穿、住的需要,然后才能从事其他各项活动;① 第二、普遍性,即这些问题是社会上每一个人都要面临的问题;第三、易发性,即由于民生问题与人民群众的生存、生活、生计息息相关,是其最关心、最现实也是最敏感的利益问题,因此也是最容易触发的问题;第四、长期性,即由于人民对自己生活目标的追求总是持续向上、持续向好的,随着社会的进步,原有的民生问题解决后,必定会出现新的更高层次的民生问题。

从性质上看,民生问题既有私人性,也有公共性。在个人力所能及的范围内,民生问题首先是私人问题。但它又不单纯是私人问题,多数民生问题在一定条件下都会转化为社会的公共问题。还有些民生问题本身就是公共问题。作为社会公共问题的民生问题,主要表现在以下三个方面:第一,一些民生问题由于涉及到社会成员个体最基本的社会保障、教育保障、工作保障和人格尊严,也就是触及到社会基本的道德底线或法律规定,因而需要社会其他成员或者政府帮助解决,从而成为公共问题;第二,带有普遍性的民生问题,同时也就是一个公共问题,例如,如果社会中很大一部分成员在吃饭、饮水、治病等事项上发生了困难,那么解决这些困难就成了公共问题;第三,只有通过整体协调、合理规划和制定公共政策才能有效解决的问题。有些民生问题的解决牵涉到社会的多个领域,需要动用大量的资源才能解决,例如,道路的修建,失业人员的再就业等;有些民生问题需要作出长期规划、通过长期努力才能加以解决,例如,教育资源的调整和合理配置,普通民众的住房问题等;还有些民生问题本身就是公共问题,只能由政府出面才能解决,例如,社会治安的维持,传染病的防治和公用水资源的管理等。这些具有明显公共属性的民生问题的存在,不仅关系到人民的切身利益,而且与私人民生问题相比在更大

---

① 恩格斯:《在马克思墓前的讲话》,见《马克思恩格斯选集》第3卷,人民出版社1995年版,第776—778页。

程度上关系到社会的公平和正义,关系到社会的稳定和长治久安,因而是各类民生问题中最为突出也是最为重要的问题。

解决民生问题,无论是私人性质的民生问题,还是公共性质的民生问题,政府都承担着不可推卸的责任。对于前者,政府的责任主要是创造条件,使个人或家庭能够通过自己的劳动来积累财富和其他资源,以解决所面临的问题;对于后者,政府负有更大的责任,需要根据自身握有的财力和能够动用的社会资源,通过自己的施政行为,直接地或以与社会合作的方式去加以解决。政府解决民生问题的基本做法就是制定和实施公共政策。换言之,民生问题能否有效解决,首先取决于公共政策的质量如何。

所谓公共政策,就是政府制定出来用以引导和规范社会机构、团体及个人行为的准则或指南。公共政策的制定一般分为三个阶段:政策议题的认定;政策备选方案的规划与评估;公共政策的确立。公共政策实施后,还需对其成效进行评估,并据此作出延续、调整或终止政策的决定,从而形成一个完整的政策过程,由此推动着公共问题的不断解决。[①] 从理论上看,科学、合理的公共政策过程必须满足一些基本要求:首先,政策议题要反映民众的公共需求;其次,政策规划和评估既要体现科学性,又要能回应民众的意愿和诉求;再次,决策过程不仅要内容上合理,而且要程序上合理;最后,既要讲究决策效率,又要讲究政策接受度。当然,这些要求是就一般情况而言,具体到某一个特定的公共问题,其本身的特点对决策过程和决策机制也会产生特定的影响,提出特定的要求。而就民生问题尤其是公共民生问题而言,其性质和特点决定了对于这一类问题的公共决策而言,除了要遵循公共政策制定的一般规定外,更要特别强调和尊重人民群众在整个政策过程中的主体性作用:首先,在民生问题的认定阶段,社会公众应直接参与决策过程,并成为民生问题认定的主体。这是因为,

---

① 余逊达:《公共民生问题的解决与民主》,海峡两岸"民主与治理绩效"学术研讨会会议论文,2009年9月。

第三章
民主绩效

民生问题都是与人民群众自己的生存、生活、生计和发展休戚相关的利益问题，因此他们对这些问题感受最深，最有发言权，并且他们也最有意愿和动力去表达自己的看法。在这个过程中，政党或政府可以做并且在一定条件下必须做各种组织、引导、梳理和整合的工作，但不能一厢情愿地越俎代庖，用自己的看法替代人民群众的看法。其次，在政策备选方案的规划和评估阶段，考虑到信息、知识和责任等因素，规划和评估的主体应该是政府职能部门和相关领域的专业人士，普通民众的意见和建议主要则是作为参考之用。尽管如此，普通公民表达的愿望和需求仍然应被视为是政策规划和评估的出发点和归宿点。再次，在公共政策的确定阶段，应该区分不同情况，按照党和政府发挥主导作用、同时动员和组织人民群众积极参与的原则来加以安排。最后，在公共政策的评估阶段，则应同在政策问题的认定上一样，必须把人民群众的评价意见放在首要地位。这是因为，尽管人民群众对政策效应的质性判断和主观感受与专业人员的量化测评和客观评估相比，少了许多精确性和准确性，但是一项真正使多数民众受惠的民生政策，不仅能够改变这些人的处境，而且能够帮助广大人民振作起来，团结起来，激发起自身的劳动积极性和创造性，还能增强社会的凝聚力和政府的正当性，维持社会的稳定和秩序，进而为社会其他领域的发展创造条件，而能够实现政策的这些溢出效用和长期影响的，就必须有赖于民众的感受与判断。

综合以上分析，在解决问题，尤其是公共民生问题上，政党和政府作为公共政策制定者，必须坚持科学、合理的公共政策制定过程所要满足的基本要求；作为职能机构，也必须发挥好它在信息、资源、协调、规制等方面具有的优势。但是，由于民生问题本身的性质，决定了最有意义的举措是广泛动员和组织公众参与，及时听取和吸纳民意，实行民主决策，并以此来引导和约束政府行为。民意对政府来说，不仅是认定和解决民生问题的基础，而且是引领政府资源配置、工作布局、确定工作重点，决定现有政策的延续、调整或终止的基础。① 换言之,"民主促民生"成为现代民主政治条件下有效解决民生问题的必然选择。

"民主促民生",简单来讲,就是用民主方法解决民生问题。对中国政治而言,人民当家作主,既是一种价值理念,更是一种治理方式。作为一种特别强调人民性和参与性的治理方式,它首先必须有助于解决人民最关心、最直接、最现实的利益问题,即民生问题,在这些最基本的问题上保障和实现人民的各项权益。中共十七大既突出强调民生,把改善民生作为各级政府的第一要务;又高度重视民主,把人民民主视作社会主义的生命。党的十七届四中全会也特别强调:"要提高运用民主方法形成共识、开展工作的本领。"因此,"民主促民生"是社会主义民主政治建设的重要切入点,也是社会主义民主政治建设和社会建设的一个比较好的结合点。从这个意义上来看,杭州提出"民主促民生"并将其作为一项城市发展战略,是具有相当远见的。

杭州"民主促民生"战略的形成,经历了一个探索和积累的过程。从2000年起,杭州市开始在市直机关进行评选"满意单位不满意单位"活动,近年来杭州市的媒体也在积极与党政部门合作,协力推动民生问题的更好解决。2007年底,杭州市委十届三次全会把"民生民主"列入工作重点。在2008年的深化拓展"树创"活动中,"民主促民生"活动被市委确定为五大专项活动之一,并被纳入2008年市直部门领导班子综合考评共性目标,由此建立了"以民主促民生"的工作机制。"以民主促民生"的工作机制启动后的第一次大规模运作,就是"光复路148号厕所分配问题"。危旧房改善工程中只涉及3户人家的一个偶然事件,经媒体披露后在短短3天里就收到上万份热心市民对解决方案的投票,充分证明关系老百姓切身利益的民生问题是市民关注的焦点,也是民主参与的热点。问题的解决充分显示了群众的智慧和力量、舆论的力量、民主的力量。在初战告捷并且产生巨

---

① 参见余逊达:《公共民生问题的解决与民主》,海峡两岸"民主与治理绩效"学术研讨会会议论文,2009年9月。

第三章
民主绩效

大社会影响的基础上,"以民主促民生"的工作机制被运用到"停车新政"、中山路综合保护和有机更新工程、"公交优先"、建立免费自行车租赁系统、庭院改善工程等一系列民生工程中。市政府常务会议也多次通过网络视频直播和以邀请市民代表参与的方式直接听取群众的意见、建议。市政协建立了有市民代表参加的民主议政会制度。2008年7月召开的市委十届四次全体(扩大)会议正式提出了"民主民生"并将其作为六大城市发展战略之一①,提出要"发展民主,改善民生,真正做到发展为了人民、发展依靠人民、发展成果由人民共享、发展成效让人民检验"。

新世纪以来,杭州先后实施了西湖综合保护、西溪湿地综合保护、运河综合保护、市区河道综合整治与保护开发、背街小巷改善、危旧房改善、庭院改善、市区道路综合整治、中山路综合保护与有机更新、农贸市场改造提升、"停车新政"、"免费单车"系统建设等一系列民生工程,着力破解群众就业难、看病难、上学难、住房难、行路停车难、办事难、清洁难等"七难"问题,有力地推动了杭州城市发展,极大地改善了民生。而每一项重大工程和重大举措的实施,都离不开民主促民生工作机制的保障。杭州把"民主促民生"概括为"四问四权",即通过"问情于民"落实人民群众的知情权,"问需于民"落实选择权,"问计于民"落实参与权,"问绩于民"落实监督权,使公共政策从制定、执行到评估监督都有民主的机制和程序,从而保障民生问题得到符合民意的有效解决,使民主真正成为改善民生的保障和动力。从具体做法来看:

(1)"民主促民生"的决策机制:听取民众呼声。"民主促民生"首先要求政策的制定必须是为了广大民众的利益,同时要建立广泛吸取民众意见,并根据民众公共需求作出决定的决策机制。杭州市委市政府通过各种民主渠道了解社情民意,从中找准需要解决的民生问题,分清轻重缓急,科学确定民生建设的先后次序和途径方法,避免

---

① 该次会议提出的另外五项城市发展战略分别是城市国际化、工业兴市、服务业优先、软实力提升、环境立市。

"拍脑袋"决策和"作秀"。杭州市在推进民主决策方面采取了一系列举措，包括开展"满意单位不满意单位"评选活动、开通"12345"市长公开电话、建立民情民意调查网、设立人民建议征集办公室、创立市民免费电子邮箱、"红楼问计"、创办"杭网议事厅"、构建"重大工程"建设民主参与机制、建立市四套领导班子成员联系企业家、科技人员、文艺界人士制度等，这些举措在扩大民众政治参与、广泛收集民意、推动政府与社会良性互动以及帮助人民群众解决各种困难问题等方面，取得了良好的效果。

2007年杭州市基本养老保障和基本医疗保障两个《办法》的出台后，就是一个民主决策的成功范例。两个《办法》酝酿之初，市委、市政府组织7个专项调研组，深入基层和各类群体，召开了100多个座谈会，听取了近千名群众的意见，汇集了8大类500多条意见建议，并积极采纳。两个《办法》（草案）形成后，在《杭州日报》进行了全文公示，广泛征求意见建议。对市民提出的51条意见建议，市委、市政府高度重视，召开专题会议进行逐条研究。其中，23条意见建议吸收到两个《办法》中。两个《办法》修改完善后，市委、市政府召开新闻发布会，通报了两个《办法》公示后征集意见建议情况和答复意见，再次将两个《办法》向社会公示，并在《杭州日报》上刊登了对群众意见建议的答复意见，对群众提出的意见建议进行直接回应。两个《办法》出台后，市本级财政与基金仅2008年就增加开支6亿元以上，当年全市养老和医疗参保率增幅高达50%以上，受到了百姓的拥护和欢迎。

更具有民主决策制度化性质的是政府的开放式决策，其实施和制度设计包括以下方面：一是建立市政府决策事项事前公示、听证制度；二是建立人大代表、政协委员列席市政府常务会议制度；三是建立市民代表和专家列席市政府常务会议制度；四是实现市政府常务会议网络视频直播互动交流；五是制订实施《杭州市人民政府重大行政事项实施开放式决策程序规定》和《杭州市人民政府开放式决策有关会议会务工作实施细则（试行）》，开放式决策由市级政府层面向区

第三章
民主绩效

（县、市）级政府延伸；六是政府对开放式决策中收到的意见予以研究、采纳和公开回应。"开放"的理念贯穿于政府决策的全过程，包括决策事项的酝酿、调研、起草、论证，直至政府常务会议讨论、决策，以及决策的实施，都是开放的、民主的，既向市民开放，又向媒体开放。从2007年11月14日至2009年9月4日，杭州市政府常务会议先后邀请155位人大代表、政协委员和92位市民、专家代表列席，并通过网上视频直播接入100位市民与市长互动交流，共同讨论政府工作报告、廉租住房保障管理办法、新型农村合作医疗实施办法等72项决策事项。2009年起，杭州市及所辖13个区、县（市）政府均已开始推行"开放式决策"。

2008年12月10日召开的第39次市政府常务会议审议《杭州市个人信用信息征集和使用管理办法》时，市民代表和网民在个人信用信息征集的范围和使用、征信中介机构设立等方面争论比较激烈。市政府常务会议认为该办法还不成熟，决定暂不通过，交由有关部门再做深入研究。市政府常务会议上的议题没有获得"原则通过"，这种情况并不多见。可以看出，普通民众的声音，已经直接影响市政府的决策。

（2）"民主促民生"的执行机制：引进社会参与。近年来，杭州市全力推进的背街小巷改善、庭院改善、公厕提升改造、危旧房改善、历史建筑保护等五大"民心工程"普遍建立了民主的执行机制，凡是实施过程中涉及老百姓切身利益的调整问题，不是由领导拍板，不是靠行政干预，而是通过发扬民主特别是基层民主的办法来解决，真正做到杭州的事大家来办，老百姓的事政府和老百姓共同来办。坚持以群众的呼声为第一信号、以群众的利益为第一追求、以群众的满意为第一标准，把工程实施过程中对树木和房屋的迁移量降低到最低限度，把对沿线老百姓和单位的影响降低到最低限度，把改善的综合成本降低到最低限度。为了更好地掌握和落实民生需求，更好地发挥民主促民生的作用，下放"民心工程"的组织管理体系，使接触群众多的街道成为"民心工程"的执行主体。积极发挥媒体的中介作用和舆论引导、舆论监督作用，努力使这些工程成为"以民主促民生"的样板与典范。例如，在庭院改善工程中，对列入改善计划的项目，通过政府网站、社区公告栏、热线电话、居民需求调查表等途径，让居民选择改善内容。工程施工前，设计方案必须经过调研会、听证会、设计座谈会和设计方案公示会征求民意，进一步与居民意愿吻合。实行多数人决定，有50%以上住户要求改善的内容可列入设计。在居民听证、方案公示、专家会审的基础上，再邀请市、区、街道及社区代表，重点对设计中的敏感部位、关注焦点、棘手问题进行探讨和修改，最大限度地实现多方互利共赢。建立专家顾问组，全过程参与前期论证，所有设计方案会审都邀请专家参与，专家组检查施工现场覆盖率达100%。还建立市、区、街道信访处置三级工作网络，市民的每个意见层层溯源，层层落实。定期汇总分类研究解决复杂问题，实现落实一个意见带动一类问题的解决效果。又例如，在中山路综合保护工程中，市建委领导班子多次赴工程现场听民意、聚民智，媒体连续组织特别报道，还组织电话热线安排建设单位、监理单位、施工单位解答老百姓疑问，听取相关建议和意见。通过建立和完善民主恳谈、民情访谈、重大事项公示、聘请义务监督员等制度，推动了工程建设向人性化、科学化、民主化以及规范化发展，进一步拉近政府和群众的距离，既维护了市民的切身利益，又快速推进工程建设。

（3）"民主促民生"的评估机制：接受民众评议。要保障民主的决策得到卓有成效的执行，还必须建立民主的监督机制，保障广大市民的监督权，由人民群众以人民利益为标准进行治理评估。每年一度民众对市委、市政府部门的满意度评价，结果纳入政绩考核，给垫底部门带来巨大压力，促使他们千方百计做好工作让民众满意。① 在近几年实施的各项民生工程中，这种民主的评估机制与解决民生问题的具体工作更加紧密地结合起来。以往政府工程完工后，通常由政府对

---

① 关于"满意单位不满意单位"评选活动，在后文还会有比较深入的阐述，此处不再展开。

其作出"自我"肯定和褒扬。但现在,杭州建立健全了重大工程民众直接参与项目评判机制,将政府工程完工后的质量评价权,交给"直接享用工程质量优劣"的老百姓,把工程成果"与民共享、由民检验"作为"以民主促民生"的终极体现。杭州各区工程负责部门牵头建立了由监理单位、施工单位、居民共同参与的工程回头问察制度,通过居民参与工程验收、社区送表格、信访上门询问、技监实地察看、施工单位整改的"五位一体"联动措施,运用居民手中的"打分器",将居民对工程成果的满意度与施工资金拨付挂钩。

通过一系列的探索,杭州市明确了"民主促民生"的重要意义、指导思想、主要目标和基本原则,建立起"民主促民生"的决策机制、执行机制、评估机制和保障机制,在推进党政决策科学化、民主化,规范民生工程的民主参与机制,以及发挥媒体的宣传引导和舆论监督作用这三个重要领域形成了完善的治理机制和具体的工作形式,取得了丰硕的成果。这些成果集中体现在2009年6月26日杭州市委、市政府颁布的《关于建立以民主促民生工作机制的实施意见》中,这也标志着"民主促民生"作为一项政府发展战略有了制度和机制上的规范和保障。2010年8月28日,杭州市人民代表大会常务委员会出台了《关于以民主促民生的工作意见》,"民主促民生"战略实现了与地方人大制度的衔接,从而将在更广泛的领域和更深刻的层面上推进地方民主的发展和民生问题的解决。

二、民主推动公共民生问题的解决——以"破七难"为例

"好政府并不仅仅是各种观点相互竞争的论坛,也不仅仅是人民不满情绪的回音壁;它是要实际地解决问题的。一个好的民主政府不仅要考虑它的公民的需求(即,它是回应型的),而且要对这些要求采取有效的行动(即,它是有效率的)。"[①] 践行人民民主,实质是代

---

① [美]帕特南:《使民主运转起来》,王列、赖海榕译,江西人民出版社2001年版,第72页。

表和回应人民的利益和要求，关键是要落实到解决实际问题上。因此，各方面工作有没有新的改进，群众工作和生活的状况有没有新的改善，人民群众是否满意，是检验党和政府实行人民民主有没有成效的最重要的标准。杭州市"民主促民生"的实践，在发现公共诉求、提供政策咨询、提升政策认同、提高政府效能方面，已经发挥出巨大的体制性作用，而其最明显的效应就是直接推动了一大批与人民群众切身利益密切相关的公共民生问题的有效解决，从而推动了经济和社会的全面发展。其中，最为典型的范例就是"破七难"。对杭州人民来说，"破七难"已成为杭州改善民生的代名词。

从2000年起，杭州市为改善投资环境、提高政府效能，开始在市直机关进行评选"人民满意单位不满意单位"的活动。① 在评选活动中，市民代表②，党代表，人大代表，政协委员、省直机关、老干部、专家学者、行风评议代表，区县（市）四套领导班子成员，区县（市）的部委办局及街道（乡镇）党政（包括人大）负责人，社区党组织和居委会负责人以及企业代表9个层面共15000多名参评人，通过填写问卷等途径，对政府各部门的工作进行评价，并对政府施政特别是政府各部门的工作提出意见建议。评选活动每年举行一次，从2000年到2009年共进行了10次。据统计，在这10年中，每年从评选中收集到的意见和建议的件数分别为：2650，6063，5565，7668，5538，4517，4698，5122，5930，11085。③ 这些意见和建议有许多涉及到的是市直机关各部门的具体工作，但也有一些是与多个部门相关的、带有普遍性的问题。根据对民众反映的意见和建议的数量统计，在2001年度的评选中，四个问题相对突出：一是群众"办事

---

① 从2005年度开始，杭州市将"满意单位不满意单位"评选与目标考核、领导考评结合起来，构成了一种新的考评体系，称为"综合考评"。原来的"满意单位不满意单位"评选在新的考评体系中叫"社会评价"，其评比得分在整个考评体系中占50%的权重。
② 从2007年起市民代表中包括了外来务工人员；2010年度的考评增加了农村居民代表。
③ 2000年至2008年为对原始意见和建议进行梳理归并后的数据，2009年为原始意见和建议的数量。

第三章
民主绩效

难",表现为群众反映较多的政府机关"门难进、脸难看、话难听、事难办";二是困难群体的生活和就业问题;三是由于交通拥挤而造成的"行路难、停车难";四是城市卫生中的"脏乱差"现象比较突出。在2002年度的评选中,除上述四个问题外,另外三个问题开始凸现:一是由于药价过高而导致的"看病难"问题;二是教育问题,主要是"上学难"问题;三是由于房价上涨过快而导致的"住房难"问题。上述这七个问题被统称为杭州市政府工作中存在的"七大问题",也被称为"七难"问题[1]。到2009年的评选中,人民群众最为关注的仍然是这"七难"问题[2]。在"七难"问题中,除机关工作作风中的部分内容外,其余都是与人民群众吃、住、行、教育、就业及生、老、病、死密切相关的民生问题。

从决策的角度看,"七难"问题不是由上级领导或"红头文件"明确规定要解决的问题,而是从人民群众的意见和建议中直接归纳和提炼出来的问题,实质上反映的是民众带有普遍性的愿望和利益诉求。换言之,人民群众是"七难"问题的认定主体。

为了代表人民利益,回应人民诉求,向人民负责,从2002年起,杭州市委市政府将解决"七难"问题作为各项工作的"重中之重"。具体做法包括:市委书记和市长作为解决"七难"问题的第一责任人,对各项问题的解决负总责;成立多个由市领导挂帅的领导(协调)小组,负责提出阶段性目标和工作重点,对各项工作加以部署、协调和督促,保证相关部门间的良好合作;各责任单位负责搞好目标任务分解,并定期向市委市政府报告工作进度;完善考评制度,将各责任单位解决"七难"问题的成效纳入对各级领导干部政绩考核、市

---

[1] 余逊达、黄天柱:《加强执政能力建设的有益探索——杭州市解决"七难"问题的实践与思考》,载《浙江社会科学》2004年第6期。

[2] 在2006年所进行的一项"当前最需要解决的十项问题"的调查中发现,除了"七难"问题外,"食品安全问题"和"环境保护问题"成为市民关注的新热点,从而也纳入了政府的工作重心。在2007年,"物价问题"和"垄断企业服务质量问题"也成为民众普遍关注的问题。这样,杭州市的"七难"问题实际上变成了"7 + x"问题。但是,为了叙述方便,这里仍使用"七难"问题这一提法。

委市政府年度重点工作任务目标考核和人大对部门工作的评议，并向社会公布考核评议内容，接受群众监督；在市政府门户网站及"杭州网"上开辟专题网页，方便市民了解和参与解决"七难"问题的具体情况和进程。从决策角度看，与"七难"问题相关的政策措施的规划、确立、实施和评估，主导者是政府，但同时也广泛发动和组织民众参与。这样一方面发挥了政府部门了解实际情况，熟悉技术、法规、财政状况的优势，一方面又做到集思广益，使政策措施既有科学性、可行性，又能及时回应人民的要求。

在具体的政策实施过程中，杭州市提出了"整合资源、形成合力"的工作方法，即始终坚持政府主导、企业主体、社会参与，实现政府主导力、企业主体力、社会推动力"三力合一"，形成"破七难"的强大合力。所谓"政府主导"，一方面要强调政府的领导，形成"纵向到底、横向到边、不留空白"的"破七难"责任体系；另一方面把"破七难"的有关投入纳入财政预算，并根据经济发展和财政增长的状况保持逐年增加。所谓企业主体力，一方面是积极引导企事业单位参与实践项目建设，调动企业家的参与热情，拓展筹资渠道，另一方面也调动企业家服务社会、奉献社会的责任意识。所谓社会推动力，就是依靠全社会的力量，充分调动社会各界的积极性、主动性、创造性，有钱出钱、有智出智、有力出力，形成人人关心、支持、参与"破七难"的良好局面。杭州市一方面强调市委市政府及有关党政部门在"破七难"过程中的责任，另一方面还非常注重搭建各种开放的公共平台，通过与社会组织和广大民众平等的交流、沟通和协商，开展政府与社会的合作，开发和利用各种社会资源，为解决"七难"问题服务。例如，为解决困难群众的生活和就业问题，政府与专业培训机构合作，对困难群众进行有针对性的技能培训；同时，开展"春风行动"，发动社会力量，接受社会捐赠，救助贫困群体。为解决看病难问题，政府逐步放开医疗市场，鼓励社会办医。为解决"上学难"问题，政府在高教园区建设的安排中，重点发展民办高等教育，同时充分发挥社区在教育事业发展中的重要作

第三章
民主绩效

用。为解决"行路难、停车难"问题，在做好事故预防工作时，充分发挥各方作用，积极推进形成"政府领导、部门负责、全社会参与"的交通事故防范机制。为解决"清洁杭州"问题，政府一方面将环卫作业推向市场，引入竞争机制，提高服务质量和工作效率，另一方面吸引广大人民群众直接参与"清洁杭州"活动；同时，建立有市民群众、人大代表、政协委员、新闻工作者等参加的清洁杭州监督委员会，监督杭州的环境卫生的整治。

杭州市在治理"七难"问题过程中所形成的工作机制，对于推动"七难"问题的解决，发挥了显著功效。自2002年首次提出"破七难"战略以来，杭州市紧紧围绕"破七难"不放松，通过一系列破解七大难题举措的实施，有力地保障和改善了民生，提升了人民群众生活品质，增强了市民认同感与幸福感，促进了社会和谐。经过七年多的努力，"七难"中的"上学难"和"清洁卫生难"问题已基本上解决。从2006年至2009年这四年社会评价的情况来看，民众对这两个问题的不满意率已降到3%以下。其中，围绕解决"上学难"问题：在全省率先取消农村学生学杂费；在全国率先实施名校集团化战略，截至2008年底，6个老城区已有59.7%的中小学实施名校集团化办学，受益中小学生超过50%；在全国率先发放教育资助券，减轻困难家庭子女就学负担；建设城乡学校互助共同体，实现城乡教育一体化，全市义务教育段城乡学校互助共同体覆盖面达到95.6%；妥善解决进城务工人员子女入学，并实行取消义务教育阶段的借读费、免杂费、课本费、作业本费的政策。根据《2009年中国教育蓝皮书》发布的中国主要城市公众教育满意度调查结果，杭州在教育状况总体评价排序上名列第一。围绕解决"清洁卫生难"问题，通过完善城管工作体系，实施数字化城市管理，开展打造"国内最清洁城市"活动，推进"五水共导"①，实施农贸市场改造提升工程，杭州城市的市容市

---

① 所谓"五水"，即江、河、湖、溪、海。

貌发生了巨大变化。近年来，杭州先后获得国际花园城市、国家环保模范城市、国家卫生城市、全国绿化模范城市、中华环境奖等"桂冠"，2009年又被授予"国家森林城市"称号。办事难问题也大大缓解，通过开展"满意单位不满意单位"评选活动，办好"12345"、"96666"公开电话，深化行政审批制度改革，推行投资项目审批代办制，杭州市政府部门的办事效率在全国同类城市中已名列前茅，2009年的社会评价中，民众对这个难题的不满意率也只有5%稍多一点。杭州已连续多年被美国《福布斯》杂志评为"中国大陆最佳商业城市排行榜"第一名、被世界银行评为"中国城市总体投资环境最佳城市"第一名。在破解"困难群众生活就业难"方面，以"春风行动"为载体，以就业援助和帮扶救助为重点，建立动态管理、职业培训、就业援助、社会共建、帮扶保障五大机制，形成了杭州特色解决"困难群众生活就业难"问题长效机制，基本做到困难群众"出现一个发现一个，发现一个帮扶一个，帮扶一个解决一个"，实现了"不让一户家庭因生活困难而过不下去"目标。2009年城镇登记失业率控制在2.99%。近年来，杭州荣获了"全国再就业先进单位"称号，连续两次被评为"最受农民工欢迎的城市"。围绕解决群众"看病难"问题，在全国率先实施"四改联动"，统筹推进医疗卫生、药品生产流通、医疗保障和医疗救助四大体制改革，着力推进市属医院功能布局和专业设置两大战略性调整，建设卫生强市和健康城市，初步做到了"医疗保障实现全民覆盖，人人享有基本医疗卫生服务"。2008年城镇职工基本医疗保险制度覆盖率达到100%。全面推行新型农村合作医疗制度，参合率达98.21%，实现乡镇全覆盖。实施药品集中招标采购和处方外配，有效降低了医疗成本。2008年末，杭州人均预期寿命达79.78岁，病人对市属医疗机构的满意率达到99.02%。围绕解决"住房难"问题，构建经济适用房、限价房（拆迁安置房）、危改房、廉租房、经济租赁房"五房并举"的杭州特色住房保障体系，着力改善中低收入家庭的居住条件。近年来，市民的居住条件得到了较大改

第三章
民主绩效

善。2007年，城镇居民拥有自己的住房比率达88.5%，比2000年增加27.5个百分点。2008年末杭州市区居民人均住房建筑面积达到29.83平方米，保障性住房开工面积占全部新建房屋开工面积的比例已达50%以上，在全国城市中处于领先水平。在解决"行路难停车难"问题上，通过加快以地铁、公共汽车、出租汽车、水上巴士、水上的士、免费单车（公共自行车）"六位一体"大公共交通体系建设，实施了一批包括夜晚开放市委市政府机关大院供居民停车和向社会提供8000辆免费自行车供居民自由使用等广受好评的举措，市区主要道路的通行能力明显提高，停车泊位数也有一定增加。近年来，杭州先后荣获"全国城市道路交通管理畅通工程模范管理（一等）水平城市"、"全国优先发展公共交通示范城市"等称号。①

"七难"问题的最大特点就是它们与人民群众切身利益的紧密相关性。解决"七难"问题，对政府而言，是政府以人民的要求和意愿为基础，不断调整自身职能、改进自身工作的过程；对广大人民群众而言，不仅是表达愿望和诉求利益的过程，更是一个愿望和要求得到实现和满足、公共福利得以增进的过程，因此，也必然是人民群众对政府及其工作的满意程度不断提升的过程。尽管"七难"问题尚未从根本上得到解决，但是杭州市将解决"七难"问题作为自己工作的"重中之重"的定位和为此而付出的努力，却赢得了人民对政府工作的广泛认同和积极支持。在最近3年所做的关于政府解决"七难"的评价上，民众对政府工作的总体满意度（满意、比较满意和基本满意三者相加）一直保持在90%以上。② 在由《瞭望东方》周刊所做的全国性调查中，杭州市连续6年被评为人民幸福感最高的城市，这不能

---

① 此处关于杭州解决"七难"问题的举措及成效，综合参考了历年尤其是2007至2009年三个年度杭州市综合考评委员会办公室公布的《社会评价意见报告》，此外还参考了中共杭州市委学习实践办：《杭州破解民生'七个难'》，载《政策瞭望》，2009年第9期。

② 2007年度、2008年度、2009年度群众对"破七难"的总体满意度分别为91.18%、95.77%、94.99%。

不说是对政府工作最大的褒奖。杭州市"破七难"的实践也得到了中央的高度肯定。2005年,中央先进性教育活动领导小组专门以《简报》的形式予以推广,并向中央政治局常委会、中央党建工作领导小组汇报了杭州的做法。《简报》指出:浙江省杭州市在先进性教育活动中,扎实开展"破解七大难,党员做贡献"主题实践活动,引导广大党员把共产党员先进性体现在本职工作中,体现在解决群众反映比较集中的"七大难"问题的具体实践中,收到初步成效。当然,"七难"问题的解绝不是一朝一夕的事情,对此,杭州市委市政府从一开始就有清醒的认识,因此,始终也未停止过探索解决"七难"问题的更好的办法和长效机制。2007年,中共杭州市委制定了《关于认真贯彻党的十七大精神改善民生破解"七难"建设"生活品质之城"的决定》,提出将破解"七难问题"作为杭州市改善民生的总载体和建设"生活品质之城"的着力点,并明确了进一步破解"七难问题"在总体要求、基本原则、主要目标和主要举措。我们相信,经过全市人民持续的努力,杭州市解决"七难"问题的成效必将更为明显。杭州市委市政府也必将以其实际行动,得到杭州人民更多的认同和赞誉。

第二节　民主优化治理:治理的民主网络基础

"民主促民生"既是杭州城市治理的新理念,也是一种民主治理模式,它包含了公民参与的众多面向,从决策参与、合作生产到直接治理,是一系列民主参与机制的总称。杭州围绕"民主促民生"所形成的发展实践,在杭州的城市治理中发挥了重要作用,不仅直接推动了一大批公共民生问题的解决,推动了经济社会的全面发展,而且也改善了党的领导,改进了政府管理,推动了职能调整,扩大了公民参与,推进了合作治理,从而从总体上推动了地方治理的创新和优化。

第三章

民主绩效

一、民主治理网络

进入新世纪以来,杭州市委、市政府在正确政绩观的指导下,以创建人民满意政府为目标,强调政府公共管理过程中的民众参与,大力推进民主治理,创造性地建立和推出了一系列用于收集和整合人民意见与要求的制度和机制,初步形成了一个既有利于民众参与、又能够有效回应民意,既能与市场经济体制相适应、又能体现民主政治和责任政治要求的治理网络和治理方式。在具体做法方面,除了不断推进政务信息公开外,主要还包括以下几种机制和通道:

一是"满意单位不满意单位"评选制度(社会评价)。从2000年起,杭州市每年进行一次在市直机关和部门评选"满意单位不满意单位"的活动。评选活动在内容上包含了问卷调查与评比、整改争创、深化扩展、监督检查四个基本方面。"满意单位不满意单位"评选活动中最大的亮点并不是评选本身,而是杭州市委市政府始终坚持以"收集民众意愿、回应民众需求"为目的,以"请人民评判、让人民满意"为标准,通过不断听取人民群众表达的意见和利益诉求,不断发现和解决党政机关在施政和作风中存在的问题,对其中的一些个案性的问题作出迅速、积极的回应,而将其中一些涉及到多个政府部门的具有普遍性的问题,调整为政府施政的主要内容,倾全市之力,努力予以解决,从而在改善政府工作的同时,也推动了杭州市各项工作的全面发展。

"满意单位不满意单位"评选活动的工作流程如图3-1:

二是"12345"市长公开电话。1999年杭州在全国首创"12345"市长公开电话,目前已形成了电话、电子邮件、手机短信、网上信访等多种形式同时受理的网络体系,24小时全天候受理群众诉求。其基本任务是:受理基层单位和市民通过电话反映的对政府工作的批评、意见和建议,向有关责任单位交办和转办来电反映的问题,并督促检查办理情况;及时向领导汇报市民来电反映的重大问题,反馈处理结

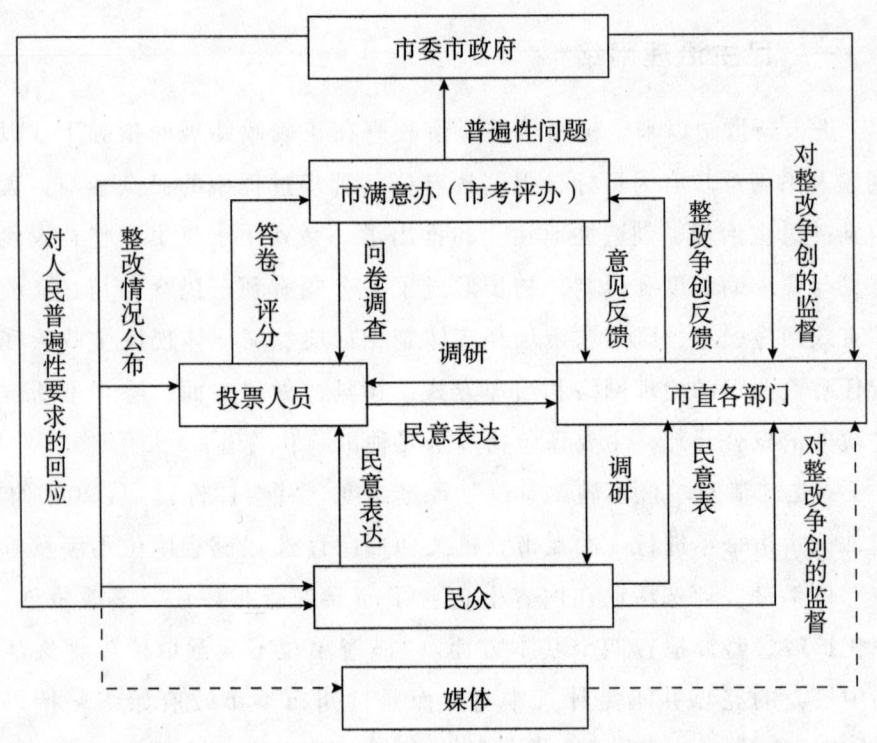

图 3-1 "满意单位不满意单位"评选活动基本流程

果;及时向领导提供具有紧迫性、苗头性和普遍性意义的有价值的信息。公开电话实行 24 小时不间断运作,并充分利用现代通讯技术尤其是网络技术,开通了"12345"市长公开电话电子信箱、语音导入系统和手机短信平台,并与各成员单位实行了联网,通过网络实现受理件的交办、分办、反馈、统计和分析,基本实现了"外网受理、内网办理、外网反馈"办理模式,70% 以上的交办反馈均在网上进行。截至 2008 年底,共受理群众各类诉求 150 万件,群众满意率达 98%以上。因工作成绩突出,"12345"公开电话被浙江省政府推荐为"联合国公共服务效能提高奖"候选单位。

公开电话的工作流程如图 3-2:

三是民意民情调查网。2000 年 3 月,杭州市成立了由市政府秘书长召集,市府办公厅、市委宣传部、市统计局、财政局、公安局、人

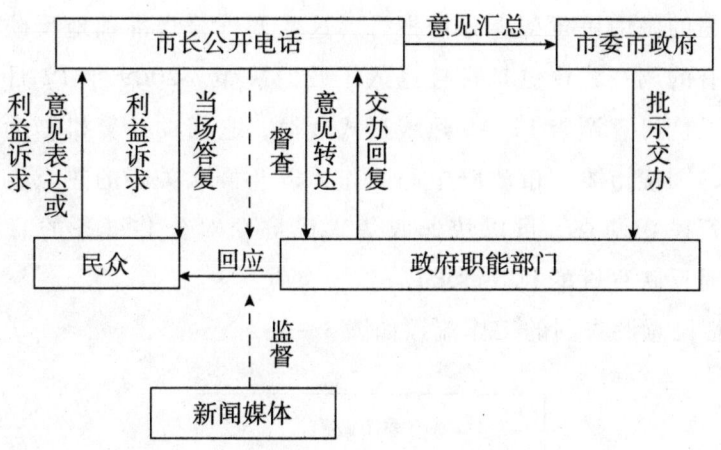

图 3-2 "12345"市长公开电话工作流程

事局、民政局、市总工会、城调队等相关部门负责人和各区政府分管领导组成的民情民意调查联系会议，组建了由市统计局局长为主任的民情民意调查办公室，并按照抽样调查的原则，在市区 37 个街道（镇）中抽选 80 个居委会、4000 户居民，组成民情民意调查网络。萧山、余杭两县市并入杭州市区后，民情民意调查网进行了扩户、换户工作，调查范围由原来的 6 个城区扩大到 8 个城区，调查户总数增至 5000 户；同时经过两次换户，对 2000 户民情民意调查户进行了轮换，更新调查点（社区居委会）40 个。目前，民情民意调查户已扩大至 8000 户，调查户数占全市非农居民家庭户数的 1% 左右，具有较强的代表性和覆盖面。为了防止样本老化，保证样本的代表性，杭州市民情民意调查网络每年都要对四分之一的调查户进行轮换。这个网络的作用是直接倾听市民的声音，为市委、市政府及有关职能部门提供决策参考和服务。通过这样一个调查网络也可以了解一些重大改革措施出台前、实施中及实施后广大市民的反响和评价，有利于提高政府决策的民主化、科学化，进一步密切党群、干群关系。杭州市民情民意调查网络成立以来，已经在实现上述目标方面取得了很大成效。从 2000 年至 2009 年这 10 年间，民情民意调查工作共开展了 90 余项调查，收集市民意见、建议 30 余万条，形成了一大批参考价值高、针对性强的民情民意调查分析报告。这些调查报告准确地反映了民情民意，有的调查建议更是直接进入了政府决策。2009年12月21日，杭州市民情民意调查12340热线正式开通，它借助计算机辅助电话访问系统，围绕市委、市政府中心工作，以及群众关心的热点、难点问题，进行民意调查，可以快速收集人民群众对公共事务的意见和态度，及时反映百姓的利益诉求。

民情民意调查网的工作流程如图3-3：

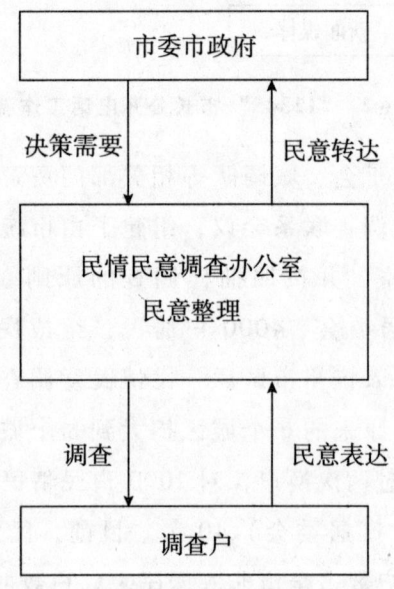

图3-3 民情民意调查网工作流程

与"12345"市长公开电话相比，民情民意调查网工作流程的特点是："12345"是群众向政府打电话，而民情民意调查网是政府在觉得需要通过调查搞清民意后采取相关决策时启动的；"12345"具有较大的交办权、转办权、督查权和协调权，而民情民意调查网所承担的工作主要是就某些特定问题征求民众意见；"12345"市长公开电话在吸纳民众参与上是全开放性的，而民情民意调查网的参与主体是有选择性的，是通过抽样调查的方法确定的；从实际效果来看，"12345"主要解决公民个人反映的问题，而民情民意调查网由于它的自上而下性、较强的针对性以及民意表达的集中性，使得它所收集的意见和建议更能引起政府方面的重视，对政府的公共决策也能产生更直接的影响。

四是人民意见征集制度。从1994年起，杭州市政府每年都要为群众办10件实事。当时的做法比较简单：针对群众关注的热点问题，由职能部门根据自己的工作计划确定几个重点，列出10件大事，作为政府当年要办的实事工程。对这项工作，广大群众"看得见"、"摸得着"，被市民赞誉为"民心工程"。为了使"民心工程"更能体现民意，从1999年起，杭州市政府公开在报刊和市政府的网站上向社会征集办实事的建议，同时还向人大代表、政协委员以及政府各有关部门征求意见。2000年专门成立了人民建议征集办公室，主管"实事工程"。征集办通过信件、电话和电子邮件，广泛收集、听取市民的意见和建议。每年征集到的人民建议都在万件以上。在汇总市民建议的基础上，征集办经过统计、挑选，拟出市民建议较集中、群众呼声较高、力争在年内能够完成的20条建议，提供给市政府及有关部门参考决策。市政府根据这些建议并通盘考虑，最后确定当年的10件"实事工程"，并由市长在向市人大所做的政府工作报告中向全市人民做出公开承诺。2003年杭州市政府10件"实事工程"中，其中有8件是来自市民的建议。为进一步畅通政府与社会之间的沟通渠道，更加广泛地听取市民对政府工作的建议，2002年2月下旬，杭州市政府在自己的门户网站上新设立了"建言献策"栏目，使人民建议征集工作朝着信息化、电子化方向迈进了一步。除此之外，征集办每年还根据实际情况进行一些专题征集工作，如2003年为配合杭州市加快接轨上海，推动杭州开放型经济跨越式发展，征集办在全市开展了"加快接轨上海、积极参与长江三角洲合作与发展"的人民建议专题征集活动。杭州市还设立人民建议的奖励制度，对那些为政府决策提出了好建议的市民进行表彰和鼓励，促进了人民建议征集制度的实施和完善。

人民建议征集办公室的工作流程如图3-4。

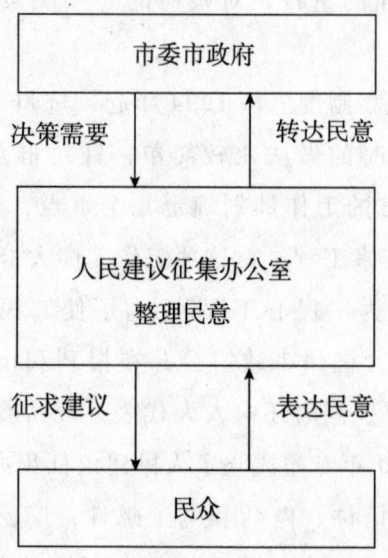

图3-4 人民建议征集制度工作流程

将图4与图3进行比较，可以看出人民建议征集活动的特点是：从民意表达主体上看，民情民意调查网是有选择的，而人民建议征集工作的对象是全方位的；从工作性质和收集民意的侧重点来看，民情民意调查网属于调查统计工作，其侧重点是对社会现状的客观描述，尤其是找出现实生活中存在的问题，调查的结果往往是作为事实依据来支撑政府的决策；而人民建议征集工作属于信访工作，征集的主要范围是"人民建议"，其侧重点是广泛集中民智，吸收那些能解决实际问题的具有建设性的意见和建议，这些意见和建议往往能够直接调整为政府的施政内容。

五是市民免费电子邮箱。2003年6月28日，杭州市政府市民电子邮箱正式开通，只要凭本地居民身份证就能免费获得。"市民邮箱"是"中国杭州"政府门户网站最大的一项互动应用，邮箱用户可以进行网上订阅，直接成为网站注册用户参加"政务论坛"讨论，享受"个人定制"等个性化服务。现在已经有50多万位杭州市民拥有了

hz.cn 后缀的电子邮箱。一些政府公告、通知以及水电费清单、银行对账单等信息,可直接发至这个实名制的邮箱,第一时间通知市民,也可以通过市民邮箱开展民意调查。市民也可以通过这个途径,直接与政府领导沟通,表达自己的意见或建议。从 2007 年开始,考评办依托市民邮箱开展"网上评议"。尽管网上评议的结果不计入社会评价总分,但对于群众通过网上评议系统提出的意见建议,经过梳理汇总后,将一并纳入社会评价意见整改范围,这进一步拓展了市民邮箱广采民意的功能。市民邮箱作为一种民主治理的载体,其流程如图3-5 所示:

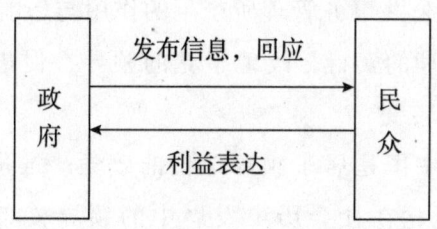

图 3-5 市民邮箱的工作流程图

市民邮箱的工作特点可以说是一目了然,即由于采用了互联网这一现代化的技术手段,政府与民众之间实现了没有中间环节的直接平等沟通。通过政府的电子邮箱,公民不但可以获取政府提供的各种信息,而且还可以参与政府部门的各种讨论,表达自己的观点与意见,参与政府的治理。通过这种电子邮箱,在政务公开的同时,公民个人可以随时与具体行政部门或行政人员,甚至是市长,保持联络并对政府治理的流程进行监督。

除这五种机构和机制外,还有其他一些举措:如,重要立法规划事先向社会公示,征集人民群众的意见和建议;坚持把重要公共工程或与人民关系密切的公共服务设施的设计方案和实施计划向全社会公布,听取社会各界的意见,并以此作为决策的依据;坚持市党政领导每月十五日接待群众来访制度;实行"开放式决策",将政务的事后公开变为事前、事中、事后的全过程公开①等。所有这些机构和机制在收集民意、扩大参与和帮助人民解决各种问题或困难方面,有着各自的功能和作用,从而构成一个既相互分工又相互补充的整体,为人民群众以各种途径表达自己的意愿,为党和政府全面、系统地了解民意,从而更好地履行自身职责、对民意作出回应奠定了重要基础。

二、民主治理绩效

从杭州的实践中,能够明显地看到这种民主治理网络和治理方式对政治体系运作和公共事务管理所产生的作用与影响。

第一,民主治理的实行,改善了党的领导,促进了党的执政方式和政府施政方式的转变。

中国共产党在中国是居于领导地位的政党。推进人民民主,必须始终把确立和保证党在社会历史发展中的领导核心地位放在首要位置。党的领导主要是思想、政治和组织的领导。党的领导权威的形成,主要是靠她所倡导的政治理想和主义的吸引力,她所制定的纲领、路线、方针、政策的正确性,以及她的组织和成员在执行这些纲领、路线、方针、政策时表现出来的模范作用和精神感召力。而所有这一切的基础,是党能否真正体现时代的要求,能否真正代表和维护广大人民的意志和利益,能否真正全心全意地为实现人民的利益而奋斗。党如果脱离了人民群众,党的领导地位就必然会被削弱。为此,必须把代表人民利益、回应人民要求、向人民负责,作为党政机关一切工作的出发点和归宿,通过党和政府自身的工作,来赢得人民群众对党的领导地位和政府工作的认同和支持。

党政机关在工作中代表人民利益、回应人民要求、向人民负责,

---

① 即政府常务会议"会前"充分征集民意后将政府决策事项提交市政府常委会,"会中"邀请人大代表、政协委员和市民代表列席会议发表意见,市民也可以通过网上留言发帖或网上视频直播参与决策讨论,"会后"由市有关部门24小时内给予网民及时回应。

第三章
民主绩效

这是由党的性质和宗旨决定的，因而在思想上、理论上是毫无疑义的。但是，对于从事具体经济社会事务管理的党政机关来说，要真正做到这一点，就必须能够及时发现、科学解读和合理整合民众的呼声和诉求，并据此调整自己的工作部署和资源配置，最终要接受人民对自身工作的检验和评判。民主治理的实行，有效改进了党的领导，提供了一个让各阶层、各方面的人士向党和政府充分表达自己的意愿和对政府工作提出批评和建议的机制，使各级党组织和党的领导者能够更全面更细致地了解人民群众的意见和要求，进而更好地反映人民群众的意愿，集中人民群众的智慧，围绕人民群众最关心的问题去制订方针政策。因此，实行民主治理的过程同时也就是加强和改进党的领导的过程。杭州市在这个问题上给人以最大启发的地方有三点：一是市委市政府及各级基层组织和职能部门非常注重利用现代社会调查技术和各种有效的途径，定期、全面、系统和多层次地收集民意，并通过核实和分析，做到去伪存真、去粗取精、由此及彼、由表及里，较好地摸准了社会跳动的脉搏和民众对政府的需要。二是市委市政府能够及时按照社会发展的要求和人民群众的愿望，制定政策、汇聚力量、调集资源、精心部署、果断行动，能解决的问题及时加以解决，不能解决的问题也制定出明确的计划，创造条件逐步加以解决，使人民看到了实实在在的成果和进一步努力的方向，对未来具有比较稳定的预期。三是敢于对社会作出承诺，敢于让人民来评判党委和政府的工作，并把人民满意不满意当作评价党委、政府各项工作成效大小的最终标准。杭州市的这些做法，在整体上向人民展示了一个代表人民利益、回应人民要求、向人民负责的政府的形象，使党和政府走在了社会发展的前列，在应对各种困难棘手的问题时成为人民的主心骨，进而始终能成为杭州市现代化历史进程中的领导核心。

实行民主治理，使民众能更广泛地参与公共事务管理，体现了人民当家作主的本质要求，促进了党的执政方式的转变。人民当家作主主要有两种形式：一种是选举，即民主授权；另一种是民主治理，即以民主的方式执掌和行使国家权力。① 从人类发展的视角来看，民主治理就是"善治"，其核心内容就是"人民在影响他们生活的决策中享有发言权"②。余逊达教授基于对杭州经验的多年跟踪研究指出，杭州实践"给人印象最深、最值得思考的，是它围绕公共民生问题，以政府绩效评价和管理为中轴，逐渐形成了一套以公民广泛、深入参与政府公共事务管理为基础的民主的工作制度，这与近代以来西方民主着力于代议制和选举制度不一样"。③ 在杭州市，每年通过问卷调查、公开的意见和建议征集、公开电话、面对面的访谈、电子信箱和网上政务论坛等途径，都有数十万条各类反映人民普遍愿望和个别要求的信息被收集和传递到政府，政府在经过调查核实后，确定自己的施政方针和内容。这些施政方针和内容及其实施的成效，在新一轮评估或意见征集中，重新接受人民的评判。人民在评判的同时，又向政府表达出新的意愿和利益诉求。政府与人民之间这种经常的、制度化的、平等的互动，已成为政府权力运行的基本路径。现在，全市各单位，从基层组织到市委市政府，对公共事务的管理和公共政策的制定，都被纳入到了这个互动过程中，都是在这种互动的过程中进行的，又都是在这种互动过程中改进和完善的。例如，自 2002 年以来作为杭州市各项工作中"重中之重"的"七大问题"，就是市委市政府根据广大人民群众的强烈反映而确立的。这就表明，一种体现了人民当家作主精神的民主治理方式，已经成为杭州市治理公共事务的基本方式。

第二，民主治理的实行，改进了政府管理，改善了公共部门的服务理念、工作作风、办事效率，促进了服务政府、责任政府、法治政府的建构。

实行民主治理，加强了政府与社会之间的互动，打掉了许多政府

---

① 余逊达：《民主治理是最广泛的民主实践》，载《浙江社会科学》，2003 年第 1 期。
② 联合国开发计划署组织撰写：《2002 年人类发展报告：在碎裂的世界中深化民主》，中国财政经济出版社 2002 年版，第 41 页。
③ 余逊达：《公民参与与公共民生问题的解决：对杭州实践的研究和思考》，载《浙江社会科学》，2010 年第 9 期。

第三章
民主绩效

官员的"官本位"意识与衙门作风，推动了行政审批制度的改革，大大增强了各级政府官员的服务意识。管制是计划经济时期政府管理体制的基本特征。随着社会主义市场经济体制的建立，政府职能也从原来的无所不管转向主要从事经济调节、市场监管、社会管理和公共服务。但是在一段时间里，政府管理体制改革滞后于经济体制改革的进程，使审批事项过多过滥、审批环节多、自由裁量权过大、审批行为不规范，已经成为人民群众和企业对一些政府部门不满意的主要原因所在。社会各界和人民群众通过民主治理网络，向政府表达了要求改革行政审批制度的强烈愿望。政府各相关部门对此作出了积极回应，按照建立社会主义市场经济的要求进行了政府职能的调整与转变，并据此修订和完善了各项审批制度，设立了政府办证中心，进一步精简了审批项目，缩短了审批时间，规范了审批行为，改善了办事环境，增加了工作透明度，提高了办事效率。杭州市行政服务中心自2005年成立以来，已基本构建起以市行政服务中心为龙头，包括市、区（市级部门）、街道三级的覆盖全市的行政服务窗口体系，各级服务中心在职能确定、机构设置、队伍建设、载体建设等方面取得了较大进展。目前已初步建立集行政审批、资源配置、行政监察和社会服务于一体的综合性行政服务平台，形成了一个完整的行政服务网络，对于提高行政审批效率，改善政府社会形象，优化投资环境都起了重要作用。2006年11月11日，世界银行公布中国120个城市投资环境评价报告，杭州市位列榜首。在世界银行设计的评价指标中，一项很能反映绩效水平的指标就是企业与政府打交道的时间，杭州全年只有8.1天，是这120个城市中最短的，而排名最前10%的城市为平均36天，排名最后10%的城市平均为87天。各单位还从实际出发，努力在加大服务力度、改善服务质量上下工夫，在主动服务、优质服务上做文章，逐步形成了一个党政机关为基层、为群众服务的从政理念与良好氛围。对于政府机关服务态度的转变和服务效率的提高，投资者和广大群众给予了很高的评价。

民主治理的实行，推动了党政机关内部的管理制度的改革，理顺了党政各机关之间和每一机关内部各成员的权责关系，大大增强了各级政府官员的责任意识。"对人民负责"不仅是一种从政的道德格言，而且也是从政的义务与职责，是要承担在领导无方或失职渎职时的政治责任或工作责任。为了改进政府工作，市委市政府在按照社会主义市场经济和建立法治国家的要求，从宏观上解决政府职能缺位、越位与错位问题，在进行相应的机构改革和干部人事制度改革的同时，还按照责权一致的原则，对各政府部门的职责进行了调整，明确界定了各部门的职能分工，努力克服职能交叉、权责脱节和决策、执行、监督不协调的弊端。在各个党政机关内部，普遍实行了岗位责任制，并将公务人员对待群众的态度和为群众办实事的能力与以岗位责任制为基础的年度工作考核，与干部评议、奖惩、选拔和任用挂钩，从而把责任落实到每一个岗位和每一个工作人员。对通过民主治理网络发现的各种渎职或失职者，依法进行严格处理。所有这些做法，都使对人民负责不再成为一句空话。

民主治理的实行，推动了对行政行为的监督，促进了政府工作的制度化、法制化，大大增强了各级政府工作人员的法治意识。社会主义法治强调法律的极大权威，任何人、任何组织都必须服从这种权威。在民众与政府的接触、互动过程中，人民群众用来衡量政府部门和政府工作人员是否称职的一个重要标准，对政府工作是否感到满意的一条重要依据，就是各级各类党政部门是否依法行政，工作人员是否具有明确的法治意识和依法办事的能力。因此，实行民主治理，必然内含着加强制度建设、严格依法办事这一重要内容，不仅审判、检察、公安、司法等与法治直接相关的部门是如此，其他所有的党政群部门也都是如此。为了推进依法行政的进程，杭州市人民政府专门制定并颁布了《杭州市人民政府推进依法行政工作实施方案》。2003年市长分别与46家行政单位的主要负责人签订了行政执法责任书，以此明确各执法部门的基本责任和行政执法管理目标，有效加强了依法

第三章
民主绩效

行政的制度建设。2006年,继杭州市委颁布了《关于建设"法治杭州"的决定》之后,杭州市人民政府制定颁布了《关于推进法治政府建设的意见》,进一步明确了建设法治政府的总体要求和目标任务。2009年,杭州市人民政府颁布了《2009—2013年依法行政实施方案》。目前,杭州各地、各部门均对本地区、本系统贯彻落实市政府《关于推进法治政府建设的意见》和《2009—2013年依法行政实施方案》进行了部署和组织实施,各地、各部门依法行政的意识不断加强,依法行政的能力不断提高,全市依法行政的氛围不断增强。

改革开放以来,特别是我们党把建立社会主义市场经济体制和社会主义法治国家确立为改革的基本目标后,政府管理体制的改革就一直处于不断推进、不断深化之中,政府的服务性、责任性和法制化程度也在不断提高。在杭州市,民主治理的实行,进一步加快了这一改革的进程。并且,由于民主治理网络把政府管理体制改革和转型的进程置于广大人民群众和政府各部门相互之间的严格监督之下,对于依然坚持官本位、滥用权力和各种目无法纪行为进行责任追究,改变了以往对于违规者缺乏严格制裁的状况,从而把政府体制改革和转型推向了一个新的平台。现在,在杭州,传统的管制政府、权力政府和当权者意志决定一切的政府已经消退,服务型政府的雏形已经形成,同时在建构责任政府与法治政府方面也都迈出了新的具有标志意义的步伐。

第三,民主治理的实行,推动了政府职能的调整,强化了政府的公共服务和社会管理职能,使保障社会各个领域的均衡发展成为地方政府的主要职能。

改革开放之后很长一个时期内,经济建设成为各级政府的中心任务和主要职能,这在当时的历史条件下是一种正确的选择,但由此也造成一些地方政府对经济建设的过度偏重,导致了政府公共服务和社会管理职能的严重弱化,为全面可持续发展和社会公正的实现留下了隐患。伴随着经济快速增长,30多年来没有来得及解决的大量社会问题，如贫困问题，收入分配差距不断扩大问题，社会保障体系建设明显滞后问题，失业问题，部分社会阶层增收困难、负担过重甚至长期背负制度性歧视问题等，变得越来越突出，导致相当比例的人民群众感到就业不安全，收入不安全，养老不安全，社会不安全，使各级政府肩负沉重的社会压力。因此，强化政府公共服务和社会管理职能，保障经济与社会协调发展，越来越成为人民群众的强烈要求。从杭州市来看，经过30多年的发展，市场经济体制和相应的经济秩序已基本形成，人均GDP已超过1万美元，解决与经济发展没有直接关联的公共民生问题成了人民群众主要的利益诉求，而这些公共民生问题基本都是属于政府公共服务和社会管理职能范围内的问题。在这种情况下，在不放松推动经济持续发展的同时，为了更好地代表人民利益、回应人民要求、向人民负责，杭州市强化了政府公共服务和社会管理的职能，把解决以"七难"问题为主的公共民生问题确定为各级党政机关在当前和未来一个时期内的中心工作，并逐步使推动和谐社会的建立、保障社会各个领域的均衡发展成为政府的主要职能。杭州市的这些做法符合社会发展的要求和人民群众的愿望，受到了人民群众的广泛赞誉，被实践证明是一种成功的做法。

第四，民主治理的实行，深化了公民参与，使公民参与的范围和途径日益扩大和丰富，参与的制度化、规范化、程序化水平不断提高。

民主和参与之间有着深刻的内在关系。一方面，"民主决定于参与"①，公众能在多大范围和深度上介入和影响政策制定过程，其利益实现程度如何，已成为判断一个国家民主化水平的关键标准。中国是社会主义国家，社会主义民主在中国的具体实践就是人民民主。人民民主的现实表达方式就是人民当家作主，参与国家事务管理。这种现实表达的最基本民主实践是公民参与公共权力的运行，其核心是参与

---

① [美]科恩：《论民主》，商务印书馆1988年版，聂崇信、朱秀贤译，第12页。

第三章
民主绩效

公共政策的制定。人民民主的本质属性规定了没有公民参与,人民民主也就无从谈起。① 另一方面,民主推进公民参与,民主的实践过程也就是公民参与不断深化的过程。

从杭州的实践来看,公民参与的深化主要表现在两个方面:一是参与的扩大化,二是参与的有序化。参与扩大化包含了三个方面:一是参与主体的扩大。如满意单位不满意单位评选活动的投票层面,从2000年的4个层面、5000余人扩大到2009年的9个层面、15076人,并且从2007年开始,将外来务工人员纳入社会评价投票层面,"依托市民邮箱,试行网上评议",设立社会评价专线电话和专用电子邮箱;民情民意调查网的调查户从一开始4000户扩大到现在的8000户;"12345"市长公开电话、人民建议征集制度、市民免费电子邮箱则实现了全开放性。二是参与层次的扩大。杭州民主治理中的公众参与在层次上是有序演进的,从起步阶段的市长电话、信访投诉、社区听证,到发展阶段的专家咨询、满意不满意评比、对公示项目评议,直至市民直接参与市政府常务会议决策过程(即"开放式决策")。三是参与领域的扩大。随着杭州民主治理的稳步推进,民众不仅参与那些与其切身利益密切相关的公共事务的决策和治理(如"七难问题"),而且随着其参与意识、参与知识和参与能力的增强,还开始从全局、整体、长远的角度来看问题,并参与到那些影响整个城市建设和发展的重大事项的公共决策中去。从开始主要集中在柴米油盐、生老病死等基本生活需求层面,到关注背街小巷改造、庭院楼宇改善、安居乐业政策等利益攸关重大决策,直至进入到市政府常务会议参加涉及产业规划、西湖申遗等事关杭州中长远发展的重大政务议题的讨论。2008年市"两会"前,市政府在网上公示《政府工作报告》草案,征求市民群众意见,收到各类意见938人(次),最后有68条意见被直接吸收写进政府工作报告。2009年3月,杭州市政府工作报

---

① 林尚立:《公民参与:民主深度发展的动力之源》,第四届生活品质全国论坛会议论文,2009年12月。

告、国民经济和社会发展计划报告、财政预决算报告在"两会"前一个月网上公示征求意见，公示页面点击浏览量达 16 万人次，市民通过发帖或发邮件发表意见 606 件，有 1147 人次参与了网上调查投票。在《政府工作报告》中，市民代表提出的"扩大医疗保险联网支付覆盖面"、"加强妇幼保健工作"、"引导学校等单位内体育设施节假日向社会开放"、"扩大老小区物管覆盖面"、"表彰扩大就业先进企业"、"加强劳动监察工作，及时纠正和查处欠薪等违反劳动法律的行为"等意见建议均被吸收采纳，写入《政府工作报告》。群众反映比较集中的扩大消费、公交路线、住房、新建小区配套设施、统筹城乡区域发展、外来务工人员生活保障、优化城市生态环境等合理建议被《计划报告》采纳。廉租房补贴、旅游设施投入、消费券发放、国有资产管理、人才引进机制、民生保障与从严控制会议、接待、出国和公车购置使用等被采纳写入《财政报告》。

如果说参与扩大化主要体现的是公民参与的广度和深度，那么参与有序化强调的则是公民参与的秩序和效果。公民参与的有序化是指公民在维护自身利益或公共利益中，通过合法、合理的途径和制度化的渠道，按照法定的组织程序影响公共决策的活动。有序化参与是一种制度化、规范化、程序化的参与形态。只有建立了程序化的参与制度，用来指导和规约公民的参与，这种参与才能走在健康的轨道上。杭州在推进民主治理的实践中，十分注意把所有良好愿望，延伸到制度化、规范化和程序化的形态上，使之能够成为一种常态性、不因领导人更换而存废的政治成果。比如，在"开放式决策"方面，涉及到政务公开、事先公示、市民参与、网络直播等与政府常务会议开放决策相关的创新，都尽可能通过地方政府规章的形式出台文件，明确相关规定、流程和法律约束性，制订实施了《杭州市人民政府重大行政事项实施开放式决策程序规定》和《杭州市人民政府开放式决策有关会议会务工作实施细则（试行）》。类似的规范性文件还包括《关于进一步完善市政府民主决策制度的通知》、《中共杭州市委、杭州市人民政府关于建立以民主促民生工作机制的实施意见》、《杭州市政府关于进一步完善全市经济和社会发展重大事项行政决策规则和程序的通知》、《中共杭州市委杭州市人民政府关于对市直单位实行综合考核评价的意见》、《市长公开电话服务规范》、《杭州市人民建议征集和奖励的实施意见（试行）》、《关于建立杭州市民情民意调查网络的若干意见》等。通过这些法制化的程序，公民民主参与的权利得到了切实的体现和保障。

第五，民主治理的实行，推进了合作治理，使党政优势得以发挥、市场效率得以提升、社会活力得以激发，从而在公共事务治理中形成党政、市场、社会各司其责、合作共治的良好局面。

随着社会的日益复杂化、多样化和动态化，以及公民社会的发育和成长，单纯靠政府已无法对社会公共事务进行有效的管理，而借助于政府与社会的合作，通过政府与社会的沟通、协商和互动去处理公共事务，就成了一种有效的选择。通过这种方式，实际上是扩大了公共事务管理责任的覆盖面，更好地开发和利用各种社会资源，增加公共物品和公共服务的有效供给。为了营造政府和社会的协作机制，必须进一步调整政府治理结构。为此，要合理配置政府权力，降低行政管理的重心，简化行政工作流程，倡导地方治理。通过社区自主管理、建立公私合作关系、外包、民营化等途径，以多种多样的组织形式生产和提供各种公共物品与公共服务，使公民组织、民营机构与政府组织共同承担公共管理的责任。同时，通过在政府内部引入竞争机制，在可行的地方实行仿企业化运行，提高政府公共物品生产的效率和公共服务供给的质量。杭州市实行民主治理，在推进合作治理方面进行了积极探索，除了前面已讲到的在"破七难"过程中形成的"整合资源、形成合力"的工作方法之外，还有以下三种合作治理的方式值得关注：

一是积极发展社会复合主体。在杭州的城市建设实践中，不同社会主体的复合与共建共享，在推进合作治理方面带来了多方面的综合效应：首先，社会复合主体建构了跨越三大部门的社会资本网络，增强了城市公共性和公益性建设所能调动的资源规模和社会动员能力；其次，社会复合主体伴随着一种复合性的公共责任，在政府权力不断收缩、私益性经济主体不断成长、民间组织不断自治的条件下，复合主体为停留于观念形态的公共责任奠定了一个物质形态的组织基础，不同主体的公共责任因此而得到"有形"的强化；再次，社会复合主体形成了一种多个主体维度的复合性治理，借助社会复合主体，"国家（政府）、市场以及公民社会这三大现代治理机制得到有效的发挥，并弥补相互的缺陷"①；最后，社会复合主体的目标是整合多种资源、发挥多种力量、汇集多方智慧及时解决问题，避免问题的积累和进一步蔓延。总体来看，杭州市社会复合主体的实践探索取得了明显的成效：比如，濒于倒闭的"西泠印社"这个以"金石篆刻"为特色的城市文化遗产，通过社会复合主体的综合治理，百年名社重展芳华，创造了公益性文化事业和经营性文化产业中的"西泠现象"；杭州的丝绸文化与丝绸产业，在社会复合主体的架构中，夺回了属于杭州的荣耀和优势；沿着复合治理的思路，流经杭州四个城区的古运河，从一个臭水沟和"脏、乱、差"的沿河生活带，变成了集旅游观光、商贸经营、市民休闲、文化博览、生态长廊于一体的城市新"亮点"；在西湖和西溪湿地的保护与开发中，同样采用了社会复合主体的基本架构和运作机制；等等。社会复合主体的实践所以能取得显著效果，关键就在于搭建了一个合作治理的制度化平台。

二是"党委、政府、社会、社区、市场'五力合一'共建社区"的运作模式。改革开放30多年来，杭州市坚持"以党委为核心，以政府为主导，以服务居民为宗旨，以民主自治为目标，以居民参与为重点"的基本方略，遵循市场经济和社会发展规律，充分发挥党和政府的主导作用，逐步理顺社区发展的各种关系，调动全社会力量广泛

---

① 杨雪冬：《改革路径、风险状态与和谐社会治理》，载《马克思主义与现实》，2007年第1期。

第三章
民主绩效

参与社区建设。经过长期不懈的探索实践，形成最具杭州特色的成功经验："党委、政府、社会、社区、市场'五力合一'共建社区"的运作模式。"五力合一"的基本内容是：第一，党委核心力，即党在社区建设中始终处于核心地位，统一人们思想、把握社区方向、确定发展思路、总揽全局工作、凝聚社会力量、统领社区建设；第二，政府推动力，是指政府通过转变职能，加强和完善社区组织、管理、评价、投入等政策的科学化和规范化调控，为社区建设提供可靠的组织保证；第三，社会参与力，是指在党和政府的领导和协调下，充分调动社会各界力量参与社区建设，关心、支持社区事务，共同推动社区发展；第四，社区自治力，是指在党的领导和政府指导下，依托社区党组织、居民代表大会、居民议事委员会和社区居民委员会等基层社区组织，依法实行自我管理、自我教育、自我服务、自我监督、自我发展的内驱力；第五，市场运作力，是指在社区建设中，充分发挥市场的杠杆作用和中介组织的协调功能，整合社区人力、物力、财力，拓展社区服务空间，为社区居民提供全方位服务。在这一运作模式之下，党委、政府、社会、社区、市场既相对独立、承担不同的角色和任务，发挥着党委的方向性、政府的协调性、社会的促进性、社区的基础性和市场的活化性作用；同时，又以党的领导为核心，与政府推动、社会参与、社区自治和市场运作互动整合成统一体，在全面统筹规划、综合协调、相互促进、共同行动中，实现社区建设的发展目标。

三是积极培育和发展民间社会组织。杭州逐年加大了政府授权、政府和社团尤其是行业协会的合作力度。经授权，杭州经委、贸易局等系统的行业协会已经在行业统计分析、发布行业信息、参与制订行业规划、参与行业生产和经营许可证发放、参与行业标准制订管理和资质审查、组织展销展览会、组织相关业务知识培训、维护行业公平竞争等方面，承担起大量原来由政府行使的职权。杭州的社团组织尤其是行业协会对于转移政府部分职能和协助政府管理经济社会工作起到了重要支持作用。此外，政府还积极鼓励基层社区探索建立"居民自治小组"、"住户协商会"、"义务监督员巡查小组"、"民间庭改办"、"草根质检站"等社区社会组织，通过社区社会组织来解决涉及人民群众的利益调整问题，提高了社会自我管理、自我服务、自我教育、自我监督的能力。这些协会组织和各类社区社会组织共同构成了杭州的公民社会，它们和政府通过合作治理，逐渐建立起新型的伙伴关系。

总起来说，人民民主在杭州的实践，使广大民众在杭州的现代化建设和发展中起到了主导、选择和推动的作用，充分发挥了主人翁的作用；而杭州市委市政府起刚到领导、组织、综合、服务和执行的作用，充分改善和保障了民生的权利与幸福。党政、市场、社会之间形成了一种高度契合、紧密合作、有效互补的关系，整个城市形成了一个彼此信任、良性互动、和谐共进的社会生态，公共决策的科学化、民主化和程序化得以切实推进，政府治理方式也实现了从管制型政府到服务型政府的转变。杭州市经过多年的摸索和实践，建构起来了一个几乎可以说是全方位的民主治理网络，民众通过这个网络可以在任何时间向任何机关的任何方面工作提出意见和建议。民主优化了治理，也从总体上提升了人民对政府施政的认可程度。历年"满意单位不满意单位"评选活动的结果统计显示，社会各界和广大人民群众对党政机关的施政给予了充分的肯定。

第三节 民主创造和谐：共识建构到利益平衡

中国是一个后发现代化国家，同时又是一个规模巨大、内部存在多重差异的国家，因而保持发展的全面性、持续性和协调性是中国实现现代化的关键。面对发展所带来的机遇和挑战，中国共产党提出了科学发展观和建设社会主义和谐社会，以协调发展中的各种关系，把

第三章
民主绩效

握发展的本质,创造科学的发展形态。这是新的国家发展战略。① 国家发展离不开党的领导,但是发展所需要的最大资源和能量蕴藏在人民群众之中,只有人民群众积极参与,社会发展才能获得持续的动力。杭州市从和谐社会和科学发展观的目标要求出发,在各个领域探索人民当家作主的实践形态,通过民主构建共识、凝聚社会、优化治理、创造发展,改善民生、实现共享,开发协商、平衡利益,从而使广大人民群众在党的领导下真正成为民主实践的主体,成为构建和谐社会、推进科学发展的主体。

一、民主共识凝聚社会

转型期社会是一个社会利益日益分化、社会阶层结构持续变化以及社会成员的思想和价值观不断变化的社会。形成具有凝聚力的社会共识以推动社会转型的顺利完成,是任何转型国家的基本需求。在现代民主政治条件下,社会共识的构建,不可能依靠外来力量的强加,也不能仅仅是部分政治精英和知识精英的价值创造和道德论证,必须要由人们在平等的沟通、交往过程中逐步地建立共识、获得认可,并及时依据人们的意愿加以修正。从某种意义上讲,民主不仅是一个对立和冲突的利益诉求得到整合的过程,更是一个在充分的信息、自由的协商、平等的互动、理性的妥协基础上构造社会一致性、形成社会共识的过程。不是在民主基础上形成的社会共识,都是难以确证其合法性的,都是易于引发社会根本性共识分歧的,也不会是和谐的。②

新世纪以来,杭州经济社会持续快速发展,城市综合实力、核心竞争力显著增强,城市美誉度、知名度大幅提升,走出了一条具有杭州特色的科学发展之路。这些成绩的取得,很重要的一点就是市委、市政府坚持把中央精神与本地实际相结合,创造性地提出了一系列走在时代前列、顺应人民期望,既具有创新意义又能指导实践的城市发

---

① 林尚立:《中国共产党与国家建设》,天津人民出版社2009年版,第215页。
② 刘义强:《民主和谐论:以民主构建和谐》,载《社会主义研究》,2009年第2期。

展理念，比如在城市定位上，提出了"生活品质之城"；在城市人文精神上，提出了"精致和谐、大气开放"；在城市发展模式上，提出了"和谐创业"；在城市发展战略上，提出了"六大战略"；在城市空间布局上，提出了"从西湖时代迈向钱塘江时代"；在城市建设上，提出了"城市有机更新"；在改善民生上，提出了"破七难"；在城市发展载体上，提出了构建"社会复合主体"等等。而所有这些城市发展理念和目标的提出，都不是少数领导拍脑袋决策的结果，而是广大市民广泛参与和讨论的结晶，是民主的产物，因此才赢得了全市人民的高度认同和支持。

例如，杭州市目前正致力于建设"生活品质之城"。这个口号为广大市民耳熟能详。这个标新立异的提法，正是百姓智慧的结晶，也是公众参与城市管理的具体成果。一般说来，确定城市发展的定位和方向，是市委市政府的事，与公众无涉。杭州的不同在于，在处理这个问题时，充分发挥民众的智慧，并由公众参与决定。大约从2002年开始，杭州市不断以会议、论坛、座谈等形式，从"让我们生活得更好"的视角，以"我们与社会"为主题，展开了大量研讨。参加研讨的成员较为广泛，来自杭州市的党政界、学界、媒体以及社会组织、企业等不同领域。研讨的内容涉及了社会生活中的许多实际现象和问题，如社会主体、社会利益、社会分工、社会认同、社会环境、社会人格、社会疏远、社会分裂、社会冲突、社会依赖、社会压抑、社会冷漠等等。研讨的领域覆盖了经济、政治、文化、社会生活，以及政府服务职能、社会建设、社区建设、社会治理等不同方面，并且不局限于现象性的、描述性的反映和评论，而是包含了价值性、学理性的深度考量和反省。他们提出了一个价值目标——使我们的生活变得"更好"，使生活具有更好的品质。逐渐地，通过有品质的生活和创业将杭州建设成"生活品质之城"，成为了杭州市民共同认可的价值取向和行动目标。2006年8月起，杭州在全社会开展了杭州城市品牌的群众性征集活动。活动共收到2000余人的应征稿，推荐城市品牌数达 4620 个。多个领域的专家组成评审专家组，经过三轮评审，产生了 10 个候选城市品牌。随后，《杭州日报》、电台电视台、网络等媒体，再次就候选题目接受市民公开投票。最终，"生活品质之城"被确定为杭州市品牌。这个口号的讨论和评选过程充分体现了公众参与，而且参与过程具有严格程序。让民众公开讨论确定城市的发展方向和文化特色，并经过严格评估程序产生一个响亮的概念，其意义非同寻常。由民众推荐评选产生的城市品牌概念，与由几个领导和秀才关起门来编造出来的口号相比，更为民众所接受，也更有生命力。同时，这个概念的产生过程，是一个民主程序训练的过程，这不仅体现了对民意的尊重，也是对于市民参与城市管理的有效动员。这是一个达成共识的过程，一个建立城市文化认同的过程，一个提升社会凝聚力的过程。显然，在这个背景下，政府的工作将得到市民更多的信任和支持；在这样的背景下产生的城市发展理念和战略，将更加有助于地方公共生活共同体的构建。

二、民主治理创造发展

落实科学发展观、构建和谐社会，最终指向都是人，归根结底是为了让老百姓过上更好的生活，不断提高人民群众的满意度和幸福感。科学发展观、和谐社会是对我国过往经验教训以及当下实际国情的深刻反思与总结，是转型加速期中国全面实现小康社会的指导思想和根本途径，二者具有内在统一性，是不可分割的有机整体。而贯穿这两者的一个核心问题，就是发展。只有加快发展，人民群众的利益才能得到保障，民生才能得到改善，社会才能实现和谐。当然，这里我们说的发展，已不再是传统意义上那种只片面强调经济增长的"发展"，而是在科学发展观指导下，既有社会的全面进步又有人的全面发展的"发展"。从杭州的实践来看，人民民主作为一种治理方式，在推动发展的过程中是能够发挥出积极作用的。这种作用主要表现在以下三个方面：

第一，民主治理激发主体活力，创造发展动力。人民群众是历史的创造者，只有充分尊重人民的主体地位，发挥人民的首创精神，才能使全社会的创造能量充分释放、创新成果不断涌现、创业活动蓬勃开展，才能推进经济社会持续健康发展。杭州民主实践的最大亮点就在于把民主完全现实化、生活化。杭州明确提出将民主作为一种生活方式，让人民在生活中提高民主素质和民主参与的能力，实现自我教育、自我激励、自我提升。通过构建民主参与平台，切实落实人民群众的知情权、参与权、表达权、监督权，使社会各界诉求得到充分表达，各方利益得到有效维护，从而充分激发人们的主人翁意识，调动社会各界主动性、积极性和创造性，使人们满腔热情地投入到经济、政治、社会、文化和生态建设中来。在杭州，民主在整个城市生活中已经成为一个最重要、最现实的基本要素，成为一种能够充分开发全体能动性和创造力的组织机制，成为一种看得见、摸得着的现代生活方式。此外，杭州还提出将民主作为一种创业方式。近年来，杭州在借鉴苏南模式和温州模式的基础上，结合杭州发展实际，提出了"和谐创业"发展模式。和谐创业就是通过不同层面的民主参与平台，包括城市发展中的民主决策（如建立健全决策咨询委员会、建立健全民主决策机制等）、行业发展中的专家介入、企业发展中的民主参与等途径，促进生活与创业、文化与经济、政府与民间、个人创业与整体发展、对外开放与内生创新的和谐，进而推动城市的协调发展、和谐发展、科学发展。和谐创业的实质就是一种民主创业、协同创业，它通过构建民主参与平台、整合各方面力量，促进各方面沟通，加强各方面协作、激发不同群体的创造活力，使人们各尽所能、各得其所而又和谐相处，从而使一切有利于社会进步的创造愿望得到尊重，创造活动得到支持，创造才能得到发挥，创造成果得到肯定。可以说，创业中的民主是最生动、最现实、最具有活力的民主，它表明杭州的发展不再仅仅依靠"十大工程"这种单维动力，而是直接切入百姓的日常生活，通过平民化、大众化的途径，启用民智、民力，使创业和创

第三章
民主绩效

新成为每个人的追求，成为一项社会性的事业。

第二，民主治理提供创业平台，整合发展资源。要把主体的活力和创业的动力转化为实践，就需要构建让各群体、各层次之间具有较强互动关系的社会主体和运作机制，调动社会各界的积极性、主动性和创造性，形成共建共享的良好局面。近年来，杭州市坚持资源整合，通过搭建社会各界民主参与的平台，促进大协作，实现大发展。这方面的最突出的实践就是在和谐创业基础上进一步提出构建"社会复合主体"。构建社会复合主体的根本目的，就是为了通过平台建构，整合资源，从而推动发展。在这一战略合作框架下，杭州的大专院校、研究机构、行业协会、研发中心、生产基地、销售基地、展示中心、特色街区等多种主体纵横交错、条块互渗、主动关联、优势互补，形成网络状的结构，有效地整合了产业、文化、旅游、会展、科研、信息、教育等资源。径由这个平台，不同主体之间通过经常性的交流、协商与合作，把外部协调变为内部协调，把结果协调变为过程协调，通过信息和情感交流促进了互相理解、增强了互相信任、营造了良好的创业氛围，既降低了各类主体的协调成本和运作成本，又提高了各方参与的主动性、积极性和创造性。截至2008年末，杭州共培育社会复合主体20多个，从杭州与浙江大学的校际复合主体开始，陆续完成了西湖、西溪、运河三大综保工程，培育了大量行业联盟，创造了西博会、动漫节、休博会等多个金牌会展，实现了城市的全面发展。

第三，民主治理规范政府行为，改善发展环境。发展环境是一个外延很广的概念，它包括地理位置、基础设施及政府的政策、管理和服务、劳动力素质与价格、社会治安和精神文明等因素，它还可以包括城市建设、生态环境等因素。其中，基础设施（包括交通、能源、通讯等）是发展的"硬环境"，政府的政策、政府的管理和服务、劳动力素质与价格、社会治安和精神文明等是发展的"软环境"。一个良好的发展环境的营造需要政府、企业、社会的共同努力，但从公共管理的角度来看，发展环境作为一个整体，主要是一项公共产品，它对一个地方的经济和社会发展具有明显的正外部性，因此，地方政府对本地区发展环境建设应该承担主要的责任。如何使政府在创造一个良好的发展环境的过程中，更好地履行职责、发挥作用，就需要相应的保障机制和推动机制。从杭州的实践来看，在民主治理的推动下，杭州市委市政府在改善发展环境上做了大量卓有成效的工作。2003年以来，杭州市连续获得三个投资环境评比第一名：2003年9月，台湾最大的企业行业组织——台湾机电电子同业公会公布了《2003年中国大陆投资环境与风险调查》报告，杭州市萧山区被评为"极力推荐投资城市（城区）"第1名；2003年10月，世界银行发布了一项关于中国城市投资环境的研究报告，在被调查的中国23个城市中，杭州被评为中国投资环境最好的两个城市之一；2004年3月，日本贸易振兴机构通过对大批在华日资企业的调查，对中国75个开发区或城市投资环境的满意程度作出了评价，杭州经济开发区排名第一。事实表明，实行民主治理对杭州市发展环境的改进产生了重要作用。上述三份报告中所采用的评价投资环境的具体指标，有近一半直接或间接地与政府行为有关①，杭州市在这些方面的改进，离开政府的有效参与是无法完成的。民主治理在改善发展环境方面的这种积极作用在"满意单位不满意单位"评选活动中体现得最为明显。杭州市推出"满意单位不满意单位"评选活动的初衷，是希望通过评比来转变机关作风，进而改善投资环境。机关作风无疑是投资环境的一个重要组成部分，但投资环境绝不仅仅是机关作风问题，"满意单位不满意单位"评选活动对改善投资环境的作用，也绝不仅仅体现在转变机关作风这一方面。评选活动对杭州市投资环境的影响是全方位的。实践表明，"满意单位不满意单位"评选活动对政府的行政理念、行政行为、管

---

① 比如世界银行的报告中运用的基础设施、国内进入和退出限制、非正规付款、司法效率、税收负担等指标，台湾机电电子同业公会运用的基础建设、公共设施、社会环境、法制环境等指标，日本贸易振兴机构运用的基础设施、优惠政策、政府作风、法制环境等指标。

理体制等方面具有实质性的影响。评选活动通过影响政府行为对投资环境产生作用,这种作用虽是间接的,却又是显著的。例如,上述三份调查报告对杭州市的基础设施都予以了高度评价,而基础设施建设是政府作用最为直接的领域。杭州市的基础设施建设之所以有今天这样的局面,是有关部门精心规划、长期建设的结果。"满意单位不满意单位"评选活动推出后,基础设施的直接受益者——广大人民群众的评价以及对相关部门提出的意见和建议,对杭州市基础领域的发展产生了巨大的推动作用,尤其是交通领域,"七难"问题中的两难(行路难、停车难)与其有关,交通问题作为一个普遍性问题受到了市委市政府的高度重视,成立了专门的领导机构,协调相关职能部门之间的关系,实施了市区道路建设大会战。经过多年努力,工程建设进展顺利,杭州市道路建设取得重大突破,城市快速路网的框架已初步形成。加上交警等部门在优化交通管理等方面采取了有力措施,使交通问题的解决取得了明显的成效。在 2003 年度的评选中就评选活动与投资创业环境的改善之间的相关性做了调查,从统计结果来看,有 82.05% 的评价者认为,评选活动对杭州市投资创业环境的改善作用"很强"或"较强"。这不仅说明人民对杭州的投资创业环境的改善,总体上持肯定态度,而且确认投资创业环境的改善与评选活动的开展之间有着较强的相关性。

三、民主民生实现共享

"在共建中共享,在共享中共建",是胡锦涛总书记对构建社会主义和谐社会重大原则的进一步阐明。共建是共享的前提,共享是共建的目标。只有共同建设,其成果才能共同享有;唯有共同享有,才是共同建设的根本目标,并保证着共同建设的可持续性。二者互为条件,缺一不可。共同建设是实现社会和谐的前提。构建社会主义和谐社会,是包括社会各阶层在内的全体人民的共同事业,只有动员广大人民群众共同参与,才能使这一宏伟目标变成现实。在社会主义中国，人民是国家、社会的主人。人民共享改革发展的成果，是社会主义本质的必然要求，也是构建社会主义和谐社会的根本目的。正如杭州市委书记王国平所说："科学发展观是以人为本的发展观，和谐社会是以人为本的社会。落实科学发展观、构建和谐社会，归根到底是让人民群众过上更好的生活。检验一个城市是否把科学发展观、构建和谐社会的要求真正落到实处，最直观的标准就是人民群众的生活品质是否得到相应的提高，人民群众是否拥有相应的满意度和幸福感。如果人均GDP快速增长，而老百姓却没有享受到实际的成果，那么说明我们的发展还不是科学发展，我们的社会还不是和谐社会。"[①]

近年来，杭州市以"民主促民生"战略为载体，以"破七难"为抓手，通过建立健全社会利益协调、再分配机制，使全体市民共享经济和社会发展的成果，采取了一系列有力举措，取得了明显成效。比如，在经济生活方面，表现为在创业创新过程中促进社会公正。市委市政府特别强调要发挥人民群众的创业创新热情、智慧和力量，放手让人民群众干事业，放手让一切劳动、知识、技术、管理和资本的活力竞相迸发，破除体制障碍，推进公平准入，创造机会均等，鼓励支持人民群众自主创业创新，建设"全民创业型社会"。再如，在社会生活方面，积极推进以"七难"问题为主的公共民生问题的解决。对杭州而言，解决民生问题的重心与关键是维护和保障包括城市外来务工人员在内的社会弱势人群的基本生存权和发展权。为此，杭州市坚持公平正义的原则，把维护和保障社会弱势群体的基本权益作为公共政策的重心。这些年，杭州市以"破七难"为主要载体和抓手，着力解决公共民生问题，采取了一系列有效举措，使经济和社会发展成果惠及全体杭州市民尤其是社会弱势群体。《中共杭州市委关于认真贯彻党的十七大精神改善民生破解"七难"建设"生活品质之城"的决定》明确提出，"建设覆盖城乡、全民共享的'生活品质之城'，要求

[①] 王国平：《确立生活品质导向 推进城市科学发展 努力谱写人民美好生活新篇章》，在第二届"生活品质全国论坛"上的讲话，2008年1月12日。

我们既要关注城市居民,又要关注农村居民;既要关注本地居民,又要关注外来创业务工人员;既要关注全体市民生活品质的整体提高,更要关注困难群众、弱势群体、低收入阶层生活品质的明显改善。'七难问题'与人民群众生活品质息息相关。破解'七难问题'既是共建'生活品质之城'的重大举措,更是全市人民特别是农村居民、外来创业务工人员和困难群众、弱势群体、低收入阶层共享'生活品质之城'的重要保障。"以"春风行动"为载体,完善覆盖弱势群体的社会救济体系,建立起了"动态管理、职业培训、就业援助、社会共建、帮扶保障"五大机制;在县(市)推广市区"四级救助圈"做法,健全救助帮扶组织网络,扩大帮扶范围,提高救助水平;加快构建失地农民失业、养老、医疗等社会保障体系,并创造条件与城镇社保体系接轨,体现了广覆盖、城乡统筹,制度间的可选择、可转换;①从多建经济适用房和为低收入家庭提供居住保障并重,转向集中财力加大廉租房建设力度,进一步完善廉租房供应体系,扩大廉租房供给,重点解决低收入者的住房困难等等。总之,"破七难"反映了政府加大民生保障的投入力度,从制度安排上解决了全市人民特别是困难群众"老有所养、病有所医、居有其所"的问题,在一定程度上实现了社会各个基层、领域的均衡化发展,使广大民众尤其是弱势群体共享杭州市经济社会发展的成果。

四、民主协商平衡利益

在发展中促进和谐秩序,在发展中实现共建共享,实际上是一个复杂的利益调整和利益整合的过程。由于市场经济的发展,人们之间出现了深刻的利益分化,多元利益相互竞争,利益冲突增多。民主发

---

① 杭州市委、市政府整合了原有政策,出台了《杭州市基本养老保障办法》和《杭州市基本医疗保障办法》,不仅覆盖了672万杭州市民,还覆盖了200多万外来创业务工人员,并打破了城乡居民在两项基本保障制度上的分割,明确城镇居民可参加新型农村合作医疗和农村居民养老保险,农村居民可参加职工基本医疗保险和职工基本养老保险,努力推进制度间的衔接贯通,使之更具可选择性、可转换性。

展所形成的人民群众在政治上的平等主体地位，有利于人们之间通过民主协商的方式解决利益冲突，实现社会和谐。作为一种治理形式，协商民主与和谐社会构建具有天然的亲和性。协商民主的前提与基础是参与各方的平等地位，协商的内容是寻求利益的交集，寻求最大"公约数"，协商的作用就在于照顾各方利益，促进共同利益形成和实现，特别是在社会矛盾的多发期、易发期，协商民主有利于调和社会矛盾，有利于求同存异、扩大共识。杭州实施的以民主促民生，采取广泛充分协商的方式推进城市建设、民生工程，是在基层实行群众自治，用民主协商方式解决人民内部矛盾，调动群众主动性、积极性和自觉性的好方法。

杭州市"停车新政"的决策过程就是通过民主协商平衡利益冲突的典型案例。"停车新政"涉及的相关利益主体多元而复杂，新政中的每一项措施都涉及不同利益主体间的利益调整和利益平衡，包括：有车族与无车族、存量机动车与增量机动车、小区有车业主与开发商和物业公司、汽车产销企业与私家车数量的增减，机动车与电动自行车产销企业之间、单位车辆与社会车辆、服务业门前停车与周边居民停车的矛盾，都需要从短期与长远、局部与整体、多数与少数等各方面综合考虑，展开广泛、持续、充分的社会大讨论，逐步去解决。杭州市通过"停车新政"和其他公共政策的实施，开展了一系列大规模的摸底调查。由于关乎切身利益，吸引了社会各界、平民百姓、电动车行业协会、汽车销售老板、社区、有车族和预备买车族参与到这场大讨论之中。就连"19楼"民间网站论坛上，该话题也引发热烈讨论。在这场讨论中，因话题的公共性和利益的多重相关性，使市委、市政府主导的大讨论跨出了市委、市政府门户网站和传统媒体的门槛，变成由民众引导的多种开放媒体互联互通、所有利益群体共同参与，相互关联的真正的社会大讨论。杭州市委、市政府主导的与公共交通有关的"停车新政"，虽然目前尚未从根本上破解交通难题，但由此引发的社会大讨论，却成为杭州市宝贵的政治资产和社会资本。

第三章
民主绩效

因为它加强了社会对话和协商,培育了公民参与意识,开创了公共事务的共治格局,为破解世界性的城市难题奠定了难能可贵的民主基础。

小　结

"一个制度的好坏不可能仅靠抽象的理论来衡量。它是否在实践中产生了良好结果这一点必须成为我们据以判断的重要依据。"① 战略基础解决了民主主体的产生问题,这是创造民主绩效的前提;组织形态解决了如何将各种民主主体组织成一个有序系统的问题,这是提高民主绩效的基础。但是,具备了特定的民主主体和适宜的组织形态,并不必然等于高绩效的民主。这是因为,民主绩效的评价在很大程度上是看民主运转的实际效果,而民主主体和组织形态本身不能直接决定民主运转的实际效果。要把主体结构和组织形态转化为有绩效的民主实践,在很大程度上,还取决于民主制度的运行逻辑、实现方式和操作技术。当然,从更宏观的视野来看,还取决于民主制度赖以存续的整个社会生态的状况。② 因此,才有了帕特南在《使民主运转起来》一书开篇提出的问题:为什么有些民主政府获得了成功而有些却失败了?③

经验观察和理论研究的结果是:民主的确立、深化和巩固是有条

---

① [美]克里斯托弗·沃尔夫:《司法能动主义——自由的保障还是安全的威胁?》,黄金荣译,中国政法大学出版社2004年版,第123页。
② 在《使民主运转起来》一书中,帕特南概括了现有文献解释制度绩效的三种模式:第一个学派强调制度设计,认为好的制度设计就能保证好的制度绩效;第二个学派强调社会经济因素,认为民主的有效性取决于社会发展和经济繁荣;第三个学派强调社会文化因素,认为公共精神、公民文化、民众心理等因素对民主绩效有重要影响。参见[美]帕特南:《使民主运转起来》,王列、赖海榕译,江西人民出版社2001年版,第9—12页。
③ [美]帕特南:《使民主运转起来》,王列、赖海榕译,江西人民出版社2001年版,第1页。

件的。通常认为,这些条件主要包括相当高的经济发展水平(与之相联系的是诸如高生活水准、高文化程度和庞大而稳定的中产阶级等)①、充满活力的市民社会②以及深厚浓郁的公民文化。③ 对于开始从传统迈向现代的后发国家而言,国家治理的有效性和发展性是其稳妥地迈向现代化并实现持续发展的基本前提。④ 中国社会将长期处于社会主义的初级阶段,不论现在与未来都将面临繁重的现代化建设和发展的任务,因而,现实的经济与社会发展依然需要国家的有效推动,现代化建设和发展过程中可能产生的各种来自内部和外部的挑战和风险更需要国家的有效应对。这就决定了复合民主作为我国人民民主的实践形态,不仅要具有人民性,而且要具有治理性和发展性,即应该时刻具有保证人民作主、创造治理和促进发展的功能。

改革开放30多年来,中国许多城市的发展都有自己的亮点,如果搞"单打一"的比较,可以找到不少比杭州单项指标领先的城市。但就整体发展质量而言,杭州的表现确实让人振奋。近十年来,全市国民经济年均增长率都超过了两位数。2009年全市实现生产总值(GDP)5098.66亿元,全市按常住人口计算的人均GDP为63471元,按户籍人口计算的人均GDP为74924元,按国家公布的2009年平均汇率计算,分别达到9292美元和10968美元,主要经济指标均居全省和全国前列。投资环境不断改进,截至2009年9月,杭州已与200多个国家和地区建立了直接贸易关系,65家世界500强企业在杭州投资107个项目。近三年来,先后有130多家大企业大集团总部迁至杭

---

① [美]利普塞特:《政治人——政治的社会基础》,张绍宗译,上海人民出版社1997年版,第27—54页。
② [美]帕特南:《使民主运转起来》,王列、赖海榕译,江西人民出版社2001年版。
③ [美]阿尔蒙德、维巴:《公民文化》,徐湘林译,东方出版社2008年版。
④ 林尚立:《在有效性中累积合法性:中国政治发展的路径选择》,载《复旦大学学报》,2009年第2期;王绍光:《有效的政府与民主》,见胡鞍钢等主编:《第二次转型——国家制度建设》,清华大学出版社2003年版,第313—340页;郑永年:《政治改革与中国国家建设》,载《战略与管理》,2001年第2期;[美]林茨、斯泰潘:《民主转型与巩固的问题:南欧、南美和后共产主义欧洲》,孙龙等译,浙江人民出版社2008年版;Larry Diamond: The Spirit of Democracy, Times Books, 2008.

第三章
民主绩效

州，总注册资金超过200亿元。① 城乡居民生活水平不断提高，2009年市区城镇居民人均可支配收入26864元，农村居民人均纯收入11822元，年末城乡居民储蓄存款余额达4286.92亿元。教育科技迅速发展，2009年全市优质学前教育和义务教育覆盖率分别达62.9%和70%，优质高中教育覆盖率达78.5%，高等教育毛入学率达53.58%。环境保护成效显著，绿化率达96%，打造"国内最清洁城市"，市民满意率达92.7%。文化建设成就突出，2009年，杭州市图书馆被文化部授予全国社会文化最高奖——群星奖，杭州文艺作品创作共获国际级奖项13个、获省级以上奖项351个，全市电视广播覆盖率均达到99.8%，并被命名为全国首个版权保护示范城市。全市社会稳定，人民和睦相处，社会治安总体水平居全国前列。近年来，杭州先后获得了联合国人居奖、国际花园城市、全国环保模范城市、国家卫生城市、全国绿化模范城市、国家森林城市、全国双拥模范城、中国人居环境奖、中华环境奖"城镇环境"大奖、中国大陆最具软实力城市、中国大陆最佳商业城市、中国最具幸福感城市、中国城市总体投资环境最佳城市、全国治安最好城市、中国电子商务之都、中国创业之城、中国十佳和谐发展城市、中国十佳宜居城市、中国十大科学发展优秀城市、中国十大创新城市、中国十大品牌城市、中国十大休闲城市等40多项全国性乃至国际性荣誉称号，连续多年被美国《福布斯》杂志评为"中国大陆最佳商业城市"排行榜第一名、被世界银行评为"中国城市总体投资环境最佳城市"第一名、被新华社《瞭望东方周刊》评为"中国最具幸福感城市"第一名。

从本章的分析我们不难看出，杭州的经济与社会现代化的成就与杭州民主的实践和创新密切相关。经济与社会的发展构成民主化和治理转型的压力，而地方民主的推进和政府治理的创新，反过来有力地保障了经济与社会的快速全面发展。在民主实践和经济社会发展的互

---

① 郑旭萍：《500强企业看好杭州投资环境16个项目昨签约》，载《每日商报》，2009年9月7日。

动中,一大批与人民群众切身利益密切相关的民生问题提上了党和政府的工作日程并采取了一系列有效措施予以解决,在这个过程中,杭州的城市治理模式日渐优化,政党领导绩效、政府管理绩效、公众参与绩效、合作治理绩效不断提升,服务政府、责任政府和法治政府建设不断推进,最终,在民主实践过程中实现了政治主体(政党、政府)、市场主体(企业)、社会主体(社会组织、民众)和自然主体之间的高度和谐。杭州民主的实践充分证明,人民民主是可以创造出治理和发展的绩效的。对杭州而言,民主不仅保证了人民参与国家和社会公共事务治理的权利,而且也已经成为促进城市发展、创造社会和谐的重要政治资源。

第四章 发展动力

在"复合主体"日益发育的组织形态上,基于分权而建构的"复合民主",带来了较为突出的地方发展绩效,复合民主的多元实践形式已经构成了杭州市民的基本生活方式,也构成了杭州实践案例的内在本质。这一民主实践模式,向上回应了人民民主的社会主义在实践中的要求,向下回应了中国社会发展所带来的现实挑战,在理论上回应了政治发展与经济发展如何关联的关键命题。

"在中国问题研究中,中国政治发展的研究是最受关注,而研究又最为薄弱的领域。这其中的原因有多方面,其中最关键的是中国政治发展有很强的自身逻辑,无法用一般的政治发展理论来解释。换句话说,中国政治发展的研究,不是理论对经验的解释,而是从经验抽象理论的过程;不是政治现象的孤立考察,而是政治现象的全景性透视。"[1] 而其中,关于中国的民主发展问题,又是核心的政治发展研究命题。关于中国民主发展模式、方式和时间节点的讨论,相关论述可谓汗牛充栋,这些观念大致可以分为批评和怀疑态度、现有模式的单纯解释态度和基于内生路径的实践分析态度。这些复杂的视角和态度,正是中国民主实践的困难在理论上的反应。当我们说复合民主是人民民主的实践形式,是中国民主的发展路径和具体制度架构时,复合民主的发展动力之所在,就构成这一模式的核心问题。这一复合在

---

[1] 林尚立等著:《改革开放 30 年:政治建设与国家成长(政治卷)》,中国大百科全书出版社 2008 年版,第 285 页。

社会经济发展与民主制度结构之间的衔接是如何得以实现的？其未来的持续性建立在什么载体上？这是前面三个问题分析后，必须回答的命题。

基于复合而产生的民主实践，使得人民群众已经在日常的经济生活、城市治理、政治决策等方面，把政治参与常态化了。"复合民主"在具备了实践主体和实践路径以及制度载体的基础上，把中国人民和中国共产党一直力图实践的"人民民主"得以实践化，建构了具体的中国民主的内生模式，从而摆脱了过去人民民主理想化但缺乏实践性的局限，显示了中国民主的发展性。复合民主在社会复合主体日益发展的基础上，通过社会经济民主和行政决策民主以及基层政治民主的三个层面的复合结构，展现出了它的层次性和逻辑性。

如果我们从浙江模式30年的宏观与发展观察，这一复合结构化民主模式，对于中国民主发展模式的可能性，具有十分突出的启示性和前瞻性。从复合民主的战略分权基础、复合主体的组织形态以及国家与社会共享的治理绩效三者的内在逻辑出发，复合民主则具有中国未来民主发展的内生性。它在某种程度上彰显着中国民主发展的可能性与可行性[1]，这也是发展中国家的转型社会对于民主实践的探索。

人的存在是社会存在，要过群体性生活[2]，也就要解决社会组织生活的基本形式。到目前为止，民主是被社会历史发展所证明的最优的社会群体组织生活方式。基于杭州经验而成构的复合民主，从其外在的形态、内在的结构和内生的动力机制来看，它本质上解决的问题就是人的内在自由属性和"社会存在"关系问题。"人对自由的追求，面临着一个基本困难，即如何使自由从作为生命意义存在的每个人的自由转化为在群体性生活中也能实践和实现的社会存在的自由。"复合民主的实践形式，就是"人类设计"的"规则、法律与制度，力图

---

[1] 关于浙江经验与中国的未来发展关系，不同的人有不同的观点，但毋庸置疑，浙江模式对于中国的经济发展、社会发展和基层民主发展，具有十分重要的价值。

[2] "人就是人的世界，就是国家，社会。"见《黑格尔法哲学批判导言》，人民出版社1963年版，第1页。

第四章

发展动力

使得每个人能够在社会领域中最大限度地实现自由与发展。"① "国家制度在这里表现出来它的本来面目，即人的自由产物。"②

民主与发展（Democracy-Development）之间的关联性，一直构成社会科学尤其是政治学与经济学的核心命题，它也是从先发国家的视角③来看待后发国家的民主进程与社会经济发展关联的核心概念④，它一直都是我们在分析、评判和解构后发国家民主的基础视角。许多实证性研究，也通过科学的论证验证了二者的关联性。

李普塞特在1959年就提出了经济发展（Economic Growth）与民主的关系，认为"民主与经济发展的水平相关，经济发展越好，民主就越能持续。"（Lipset, 1960: 31）达尔和亨廷顿等人对许多国家进行了分类和量化研究，提出了具体的经济收入水平和政治民主进展程度的关系，例如达尔认为多头政治的出现具有GDP的上限和下限（Dahl, 1971: 67-68），亨廷顿发现了一个类似的模式，认为经济收入达到一定程度，传统的政治模式很难继续统治下去，这就要求产生新的政治制度来整合不断多元化的社会所提出的要求，并且在这样一个社会环境内执行公共政策（Huntington, 1984: 201）。戴蒙德（Larry Diamond, 2008: 77）认为经济增长如果持续进行，并且成果被普遍享有，那么在长时段上观察，经济增长会带来民主的成长和持续，但是从短期内的考察，未必是这样。20世纪60年代到90年代的许多量化研究认为二者之间的关系比较复杂，但都得出肯定性的关联

---

① 林尚立：《自由的难题：从生活存在到社会存在》，载《中国社会科学辑刊》，2010年总第30期，第121页。

② 马克思：《黑格尔法哲学批判》，人民出版社1963年版，第49页。

③ 我们历来不赞同"西方中心主义"这样的说法，中西方的发展路径不同，不可能要求一个区域的学术研究没有他们的观察基点。

④ 也就是发展中的D-D关系范式。例如 Adam Przeworski, *Democracy and the Market*, 1992; Edward Friedman, *The Politics of Democratization: Generalizing East Asian Experiences*, 1994; Chalmer Johnson, *Japan: Who Governs? The Rise of the Developmental State*, 1995; Gordon White, *Riding the Tiger: The Politics of Economic Reform in Post-Mao China*, 1993; Stephen Haggard, *Pathways from the Periphery: The Politics of Growth in the Newly Industrializing Countries*, 1990; Seymour Martin Lipset, Economic Development and Democracy. in *Political Man: The Social Bases of Politics*, 1981. 相关的争论文献很多，本文恕不列举。

结论，即："经济发展的水平看上去是决定政治民主的决定性解释变量。"(Bollen & Jackman, 1985：42；Diamond, 1992：453，466) 这代表了民主研究的一个普遍观点。

发展与民主的分析视角有一个基本前提，即民主化的模式及其内在结构是一个先验的形式，存在于发展中国家的前方。关于经济社会发展与民主的关联，可以构成以下几种关系：

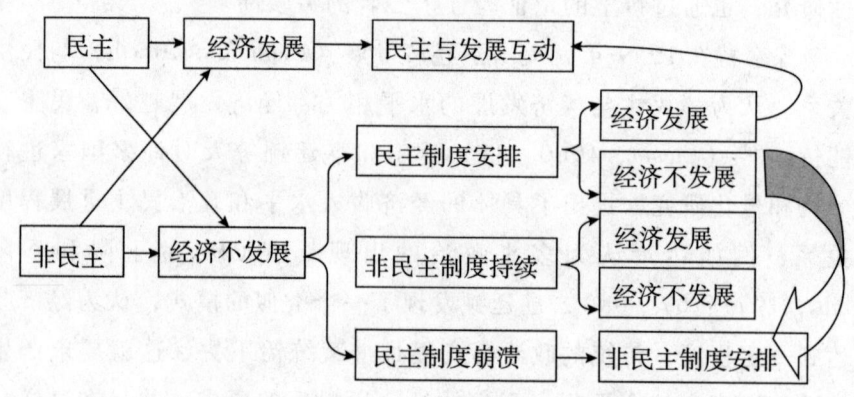

图 4-1 民主与经济发展关联演化图

国际上关于 D-D 关系的分析，着重点在于经济发展的指标，比如人均 GDP 的关键点对于民主安排的重要性。这些分析范式在整个逻辑框架内，把这二者的关联性固定下来，简单地用"转型成功即非民主制度的崩溃"这一概念，来审视所有发展中国家的社会发展与民主发展的关系。从方法论的角度而言，这一审视具有正当性与合理性，但是它却构成了一个外在的评价系统，即对民主的发展与演化，是一个外生视角，并没有考虑每一个发展中国家民主模式的内生转型结构。同时，这些范式简单地切割了民主与发展的互动关系，认为民主制度能必然推进经济发展，或者经济发展必然带来直接而迅速的民主制度建立。从中国的经验观察，尤其是杭州的实践案例，上述范式并没有把民主当成中国的一种发展资源，也没有考虑经济发展与民主的互动关系，也就是说它把民主与发展当成了一个固定的范畴，把二者的内在结构单一化了。

第四章
发展动力

马克思做过这样的一个判断:"在非民主制中是国家制度的人民;在非民主制中则是人民的国家制度。"① 后发展中国家的民主实践,较少地经历了资本主义的充分发展,很容易给人民以民主制的形式,但实质上却是"国家制度的人民"。复合民主的实践形式,就是要使得"国家制度不仅就其本质来说是自在的,而且就其存在、就其现实性说来也日益趋向于自己的现实的基础、现实的人、现实的人民,并确定为人民自己的事情。"②

因此,"现代化的发展决定了政治建设与发展的内在取向:民主化。现代化的模式化,往往带来民主化的模式化,而民主化的模式化则必然是民主的西方化。"但是基于这种西方视角的民主化建设,往往带来一种扭曲的内在结构,"实践证明,在这样的政治发展中,治国理政者往往既不能有效地把握本国经济与社会发展的大趋势,也不能有效地把握政治发展的大格局,结果导致国家治理与国家建设受挫和失败。"③

从这个角度分析,复合民主的理论价值在于它提供了发展中国家培育民主的可行性经验与探索可能性,这一"复合结构"的可能性来自于民主与发展的互动所产生的民主内生的动力。它解决了模仿西方民主化路径的问题,因为"发达国家和发展中国家的现代化发展经历,都充分证明了一条现代化发展的基本原则:无力驾驭民主化,也就无力驾驭现代化国家的经济与社会发展。"④

"启动民主化是一回事,驾驭民主化又是一回事。前者可以从理想与价值出发,能够创造爆炸性的动员与革命性的变革;后者则是从发展与秩序出发,要创造新体制、新秩序与新发展。"⑤ 中国对于复合

---

① 马克思:《黑格尔法哲学批判》,人民出版社1963年版,第49页。
② 同上书,第49页。
③ 林尚立:《有效政治在大国成长中的作用》,见林尚立等著:《政治建设与国家成长》,中国大百科出版社2008年版,第6页。
④ 同上书,第6页。
⑤ 同上。

民主的实践和建构，把民主作为一种资源嵌入到了发展当中，而社会的发展也在自我实现过程中，调整了民主的具体制度安排，从而构成了中国式民主的内生性。

第一节　复合民主的形态：民主是一种生活方式

民主是一种政治制度，一种价值追求，更是一种生活方式，是一种社会各个个体"身边的政治"。

在阶级解放的历史使命完成而个体解放逐步实现以后，人民民主就需要一种具体的形式来实现，这决定了任何形式的民主都将通过四种形态来表达：一是历史形态，将定位民主所承载的历史使命及其发展的现实基础；二是价值形态，将定位民主的价值基础与发展取向；三是制度形态，将定位权力与权利的基本关系以及由此形成的国家制度安排；四是实践形态，将定位在现实条件下制度达成民主核心价值的实践路径与方式。因而，民主虽然是人类追求自我解放和发展的共同理想，但由这四个形态所共同表达的具体民主模式，在不同的时代是完全不同的，同时，在不同国家也是完全不同的。

30多年的改革开放所带来的社会发展结果，对社会主义民主如何切实建设，提出了新的不同于传统社会下进行简单逻辑推理所产生的挑战，因此如何丰富中国民主理念的具体内涵，构建民主参与的具有社会成效的平台，拓宽社会民众的民主参与渠道，创新民主参与的多元方式，从而解决民生问题，以民主的切实推进，提升经济社会发展，已成为当前中国社会发展面临的重大核心课题。

人民民主是社会主义的生命。在当前的社会状态下，发扬民主是贯彻科学执政的具体举措，也是调动人民群众主动性、积极性、创造性的重要载体，更是实现社会公共治理的必然要求。社会组织逐步发育、公民意识不断提升，社会发展的复杂性和多元性带来的复杂问

第四章
发展动力

题,已经不是简单的一元治理方式所能解决的,因此民主的切实推进,是维护当下社会和谐稳定的重要保证,是建设民主型、法治型和服务型政府的内在要求,也是加强中国共产党执政能力的应有之义。

人民民主在杭州实施"民主民生"方面,所形成的一系列观点、经验、做法,调动了群众的主动性、积极性、创造性,促进了政府职能转变,形成政府管理与社会自治的有效衔接和良性互动,以及在完善社会组织、社会结构方面,呈现出突出的复合结构、路径和功能。"民主促民生"的路径,实际上就是把民主的各种实践形式融入到与社会联系紧密的民生问题解决当中,因此,浙江杭州市的复合民主发展,其内在的本质是回应了"民主是一种生活方式"的理念,在内在逻辑上回应了"人民民主"的实践形式。

"科学发展观,第一要义是发展,核心是以人为本。要做到发展为了人民,发展依靠人民,发展成果由人民共享。"① 党的十七大报告中提出,要保障人民的知情权、参与权、表达权、监督权,增强决策透明度和公众参与度,这是人民民主在当下发展阶段的基本要求,而杭州的民主经验和路径,在这一方面进行了积极的探索。

杭州的经验就是以"社会民主"的理念,以"民主促民生"的规划,来实践十七大的这一精神,通过把民主机制渗透到社会管理和政府决策的每一个层面,构建了复合的立体结构,使得民主成为整个社会的一种生活方式和生活形态。杭州市的"社会民主"在具体的制度模式上,形成了"四问四权"的工作机制:问情于民落实知情权,问需于民落实选择权,问计于民落实参与权,问绩于民落实监督权,使公共政策从制定、执行到评估监督都有民主的机制和程序,从而保障民生问题能得到符合民意的有效解决。

实践中,由于坚持"让人民群众当家作主、自己决定自己的事",这些年来,杭州在经济快速发展的同时,社会政治生态基本保持了稳

---

① 胡锦涛2007年在中央党校的"6·25"讲话,新华网,2007年。

定,人民群众对于城市发展和政府管理的认同度比较高。

"民生"就是百姓的生计,就是劳有所得,住有所居,病有所医,老有所养,学有所教。民主是一种社会治理的"手段",执政党和政府应以民主的方式、民主的程序、民主的力量来解决民生的难题,最终达到让社会民众享受民生。杭州市"以民主促民生"的经验为保民生、促民生提供了一个有效的实现渠道,证明了民主不仅仅是民生问题解决的"手段",而且也暗含着中国各个地方走上一条以建构"复合民主"为具体路径的民主政治建设道路。

有学者认为应该超越对西方民主模式的想像,从关注能够改善民生、促进民生的社会民主,来开始中国的民主政治建设,从社会民主、经济民主走向政治民主。"社会民主"、"经济民主"先行是中国民主发展的现实道路,这是中国民主政治建设的先后路径。①

从杭州市的实践战略上观察,"民主民生"即围绕民生问题推进民主建设,把它作为复合民主建设的重要切入点,"通过政府和市民的互动直接解决具体的民生问题,相对于通过人大和政协的政治运作而言,可以说是处于民主政治建设的'跑道内圈',对于加快推进民主政治建设具有重要意义"。而且,复合民主的路径,不仅仅是城市政府的民主实践,它还包含了人大和政协,并且还有党委的深层次抉择,它在民主的体制内层面上,也是一个复合的结构和实践,这一点在下文的论述中,可以清楚地看到这一体制内的复合行动。我们一直担心开放式决策等民主促民生的战略核心,是单纯的政府部门的创新之举,也担心会出现一些党委的关门决策和政府部门的开放层面的冲突。在我们对时任杭州市长的蔡奇访谈中,他一再强调,政府的开放式决策与党委的开放式决策是一致的,都是民主促民生的战略步骤。因此,这种复合民主的制度选择,对于中国其他地方的民主政治建设有某种意义上的启示作用。

---

① 郎友兴:《浙江杭州"以民主促民生":以社会民主为重点的民主政治建设之路》,载《学习时报》,2009年8月4日。

第四章

发展动力

在转型社会期，民主与民生都是人民幸福生活不可或缺的基本要素。民主与民生相互促进，是社会主义发展内在持续性的重要载体，也是中国共产党提出的科学发展观主导战略的必然要求，是中国现代化阶段建设和谐社会的需要。作为地方实践主体之一的杭州市委、市政府，根据本地的社会发展阶段和水平，把这些要求贯彻落实为科学发展观的实际行动。

杭州市委市政府一直坚持，建设"生活品质之城"需要广泛的群众基础这一执政理念。在政府的决策行为中，时刻关注老百姓的衣食住行、安危冷暖、生老病死，破解"七难问题"，打造"平安杭州"，让老百姓能就业、有保障，行得便捷、住得宽畅，买得放心、用得舒心，办得了事、办得好事，拥有安全感、安居又乐业。杭州市政府各个部门把杭州市的民生问题转化为政府工作的破"七难"政策行为①：

表4－1　杭州市政府破解民生"七难"政策行为计划表

目标	政府政策行为
"困难群众生活就业难"	建立困难群众帮扶救助和就业援助长效机制，破解"困难群众生活就业难"；
"看病难"	推进"四改联动"，降低医疗费用，提高医疗质量，破解"看病难"；
"上学难"	推行义务教育阶段免收课本费和作业本费，完善教育资助券和人民助学金制度，实施"名校集团化"，推进教育帮扶，改善外来务工人员子女入学环境，破解"上学难"；
"住房难"	坚持建设保障性住房和改善危旧房两手抓，破解"住房难"；
"行路停车难"	坚持公交优先，建设地铁和快速公交，加强交通管理，挖掘停车潜力，破解"行路停车难"；
"办事难"	加强效能建设，深化综合考评，办好"12345"、"96345"、"96666"服务热线，破解"办事难"；
"清洁保洁难"	提高市民保洁意识，落实长效管理，破解"清洁保洁难"；

---

① 温浩杰、章晴：《5年内杭州生产总值年均增长11%以上——记者解读"生活品质之城"的五块基石》，载《钱江晚报》，2007年2月11日。

在这一民主生活方式的引领下,杭州市市民参与社会管理的热情不断高涨:1999 年开通的"12345"市长热线,截至 2009 年 6 月,受理量已突破 158 万件,群众满意率高达 98% 以上。于 2002 年开通的"96666"效能监督电话,到 2006 年 8 月,共受理群众投诉 30302 件,反映机关作风和效能问题 10469 件,占总量的 34.55%。在政府门户网站和新闻媒体上向市民征求实施项目建议和意见,征集办公室每年都收到提建议的来信、来电、电子邮件、传真等 1500 件以上,各类建议 6000 条以上,民情民意调查网络收到各类意见建议 5000 条。

对于这一决策体制的社会意义,浙江大学公共管理学院课题组对杭州市各个阶层分别进行了问卷调查。此次调查课题组共发出问卷 220 份,其中在杭州市研究室的协助下,对登记在册的曾经与会人员发出问卷 60 份,回收 60 份,回收率 100%。针对杭州各区的普通市民发出问卷 160 份,回收 157 份,回收率 98.13%。

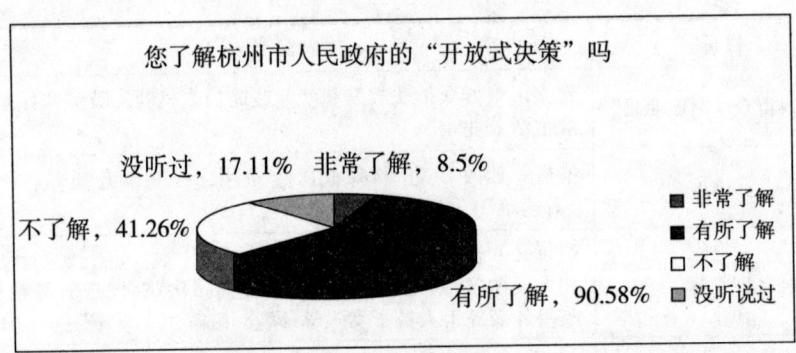

图 4-2　杭州市市民对于"开放式决策"的了解程度比例图

因此,杭州市通过提出"生活品质之城"的城市发展目标,与实施"民主民生"战略相结合,实现与世界名城相媲美的"生活品质之城"的建设方向,这都内化了上述的民主发展内涵。

"民主民生"战略作为杭州市城市发展"六大战略"之一,在某种意义上,它在政治层面的意义构成了整体战略结构的核心或者中轴。

杭州市委和市政府在过去的城市发展实践中,一直强调"民主是

第四章

发展动力

一种生活方式",把"人民当家作主是社会主义民主政治的本质和核心"这一命题,落实到具体的社会实践、政党决策和政府行政当中。参与民主、协商民主是人民群众最直接、最现实、最基本的民主,是直接民主和实质民主。可以说,民主就在我们身边,就在我们的生活之中。杭州认为,"生活品质之城"必定是一个"民主的城市"。杭州专门制定了《关于建立以民主促民生工作机制的实施意见》,建立党政、市民、媒体"三位一体"的以民主促民生的工作机制,通过完善重大工程的民主参与机制、民生问题的民主协商机制、社区的民主管理机制等,落实"四问四权",做到"大家的事大家来办,杭州的事杭州老百姓来办"。①

2008年杭州市综合考评委员会办公室在当地媒体、网站全文发表了《2007年度杭州市市直单位综合考评社会评价意见报告》。这是杭州市首次将普通群众对市直机关的评价意见形成报告,向社会公布,在全国也属首次。

杭州早在2000年就开始在全国率先开展市直单位"满意不满意单位"综合考评。2005年,将"满意单位不满意单位"的评选与目标考核相结合,对市直单位实行"三位一体"的综合考评。其中由群众评议机关的"社会评价"占综合考评的权重为50%,由市民代表、党代表、人大代表、政协委员、省直机关、老干部、专家学者、行风评议代表,区、县(市)四套领导班子成员,区县(市)部委办局及街道(乡镇)党政、人大负责人,社区党组织和居委会负责人,企业代表等9个投票层面,对市直单位的"服务态度和工作效率,办事公正和廉洁自律,工作实效和社会影响"进行评价。而在评价过程中,社会各界对市直单位工作的意见和建议,经过整合成为杭州市委、市政府的决策参考。

在2001年下半年,杭州市委组织部分两批对101个市直单位领导班子和351名领导干部进行了届末考核。与1998年的届中考核相比,

---

① 王国平在第四次杭州市生活品质全国论坛上的发言,2009年12月。

民主测评综合评价"优秀"率在50%以上的干部有171名,同比增加了46名。1998年被综合评定为"一般"和"差"的10个班子发生了很大变化,团结状况明显好转,受到了广大干部群众的肯定。从这次13个区县(市)换届考评看,有11个党政两套班子整体评价优秀率在50%以上。列入测评的140位党政领导干部,有76人综合评价优秀率在50%以上,最高的是87%。①

2003年度杭州市直机关"满意单位不满意单位"评选中,参加评选的市直单位共有93个,其中74个为评选单位,15个为评议单位,4个为征求意见单位。市党代表、人大代表、政协委员、老干部、老红军、专家学者、各县(市)领导班子成员、各基层组织负责人及1万名市民代表参加了评选投票。其中满意单位为市委办公厅等12家,不满意单位为综合评分72分(达标线)以下末位的杭州市规划局。另外,评选中社会各界和群众提出的7668条意见和建议被汇总分析,它们主要集中在前面提到的行路难、停车难、住房难、读书难、看病难、办事效率低等7大问题上。②

2007年度"社会评价"共收到意见和建议10630条,经梳理归并为5122条。其中近四成的意见和建议,涉及就医、就学、住房等民生问题。调查显示,群众对政府解决民生问题的总体满意度在上升,从2006年度的89.88%上升为91.175%。但是,一些民生难题仍待破解,像"行路难、停车难"问题,群众的不满意率仍列第一位;"住房难"问题的不满意率同比有较大上升。

与此同时,物价上涨、垄断行业等热点问题,也成为杭州市民热议的焦点。在杭州市"建设生活品质之城需要解决的问题"调查中,"降低生活成本"以22.67%的比率位居首位,比2006年提高5个多百分点,增幅最大。群众对部分公共服务和垄断性行业的意见十分突

---

① 吴幼祥、赵慈杰:《杭州市满意不满意单位评选活动纪实》,载《杭州日报》,2003年2月19日。
② 邵子江、刘丽:《2003年杭州市直机关满意不满意单位评选活动揭晓》,载《浙江日报》,2004年2月24日。

第四章
发展动力

出,在意见数中,如电信比去年增加 151.6%、移动增加 141.7%、烟草增加了 128.9%。①

同时,民主也是一种创业方式。健全的民主生活是企业、行业、城市保持生命力、旺盛创造力的根本前提和保障。创业中的民主是最生动、最现实、最具活力的民主,也是生活方式的基础和动力。近年来,杭州积极探索"和谐创业"发展模式,通过建立资源整合、民主协商的创业平台,建立专家参与创业、提升创业的快捷通道等,构建不同层面的民主参与平台,促进生活与创业、文化与经济、政府与民间、个人创业与整体发展、对外开放与内生创新的和谐,进而推动城市的协调发展、和谐发展、科学发展。和谐创业的实质就是一种民主创业、协同创业。

所以,在杭州民主是一种实践,也是公众的一种生活方式。当民主真正影响到公众日常生活时,公民对政府的监督力度将得到进一步的强化。在民主意识日益成熟的背景下,比如沈阳市的公众向市政府各个部门和各区县政府提出公开"招待费"的要求。它表明一个基本的事实,即公民作为纳税人的权利意识的变化,能够体会到纳税背后存在的权利价值。"招待费"的公开、官员电话号码的公布等新举措对政府来说无疑是一种压力,但对公众来说是一种公共监督,是实现公民权利的有效形式。

当民主成为一种生活方式,我们对于民主的持续性发展也就有了可靠的信心。就如同我们在浙江许多地方政府的创新实践的调查过程中发现,许多政府官员和民众都有一个普遍的意识,那就是虽然中国的民主制度发展仍然面临着"制度化"和持续性的"人走茶凉"的困境,但是社会民众已经把民主作为一个考量政府官员的标准,即使不能前进,至少很少官员能倒退回去了②。在我们调研杭州市开放式决

---

① 董碧水:《杭州公开发表社会各界对市直单位评价意见》,载《中国青年报》,2008年4月27日。

② 我们在温岭新河的预算式民主恳谈当中,许多民意代表就认为不论是谁,都不敢在新河随便取消财政预算的公开,老百姓已经习惯了公开。新河的许多领导,陈伟义、邱士明、蒋招华等人,对于基层民主的态度都很坦然。比如其书记朱宝卿就坦然说:"民主就意味着民众可以对政府决策的否决,否则民主就没有意义了。官员习惯了被否决,也就习惯了民主。"(韩福国,2010年新河参与式预算创新项目调研记录。)

· 223 ·

策的案例时候，有一个环节印象很深。我们追问当时的市长蔡奇对于政府常务会议上的被民意代表否决政府议案的感觉时，他毫不回避这一问题，坦然说："既然决策开放，民意代表参加政府决策，被否决就是正常，否则就不正常了。"这种坦然，代表了民主成为社会民主的生活方式，其中重要的就是成为政府官员接受的生活方式。

第二节 转型的政治资源：民主是一种发展形态

　　复合民主在实践发展形式上，逐步解决了民主嵌入社会发展的问题，民主的发展成为地方发展的一种内生资源，而没有呈现出民主发展与社会发展"两张皮"的现象。一般认为中国30年的发展是一种经济的发展，在此之上有一定程度的社会发育，而民主则是停滞的，这种判断是片面的、不符合实际的。

　　中国的"政治有效性，不仅追求政治系统有效性与合法性的内在统一；而且要求政治发展本身是有效的发展，即政治发展与经济和社会发展相互协调和促进的发展"，"而且在很大程度上是关注于政治发展适应和促进经济与社会发展的合理程度和有效程度。"[①] 现代社会的每一个进程，都是和民主的具体实践结合在一起的，中国的民主在30年的期间中，采取了一种渐进的、社会化的发展路径，嵌入到社会发展当中，而不是教条化地割裂社会，把民主赤裸裸地从社会的经济发展和社会发育中剥离出来进行。西方国家的民主进程也表明了这一点，民主的具体实践，都是在社会进程中的每一个步骤里体现出来的，逐渐积累了民主的资源，从而在一定阶段，使得民主展现出一个新的结构形态。

　　"从中国30年的实践中，我们不难体会到这样的道理：民主化是

---

① 林尚立等著：《改革开放30年：政治建设与国家成长（政治卷）》，中国大百科全书出版社2008年版，第21页。

第四章
发展动力

现代化的必然,但是能够促进现代化发展的民主化,一定是既能带来政治进步,也能带来经济和社会成长的有效政治发展。"① 复合民主的当下实践,就是这一逻辑的内在转换的实现和提升。

这一结构的内在转换,就是实现了"复合"与"发展"的互动。复合民主是结构性的复合,而不仅仅是一个简单多元化的复合:结构性复合涵盖了多样化复合,但是又超越了这种简单的合作方式,结构性复合本身就意味着权力的制约和制衡,其持续性基础在于社会民众、政党、政府在共同利益的实现中,作为共同的力量来治理国家。在这一过程中实现了人民当家作主的政治价值,创造了社会发展的效益,进而实现人民民主所规定的各项权利,使政府与政党也在这一"复合"中,明确了自己的行动空间,建立自我约束和规范的规则②。

尽管人们对政治在经济与社会发展中应该扮演什么角色以及起多大作用的问题会有不同意见,但谁都不会否认政治对经济与社会发展作用的客观存在。对于这种作用,恩格斯这样概括:"国家权力对于经济发展的反作用可能有三种:它可以沿着同一方向起作用,在这种情况下就会发展得比较快;它可以沿着相反方向起作用,在这种情况下它现在在每个大民族中经过一定的时期就都要遭到崩溃;或者是它可以阻碍经济发展沿着某些方向走,而推动它沿着另一种方向走,这第三种情况归根到底还是归结为前两种情况中的一种。但是很明显,在第二和第三种情况下,政治权力能给经济发展造成巨大的损害,并能引起大量的人力和物力的浪费。"③ 由此可见,在任何社会发展都无

---

① 林尚立等著:《改革开放30年:政治建设与国家成长(政治卷)》,中国大百科全书出版社2008年版,第27页。

② "经济民主,就是经济制度不是妨碍广大人民的生产、交换与消费的发展,而是促进其发展的。文化民主,例如教育、学术思想、报纸与艺术等,也只有民主才能促进其发展。党务民主,就是在政党的内部关系上与各党的相互关系上,都应该是一种民主的关系。"参见毛泽东:《中国的缺点就是缺乏民主,应在所有领域贯彻民主——1944年6月12日毛泽东答中外记者团》,载《解放日报》,1944年6月13日。

③ 恩格斯:《致康·施米特》,见《马克思恩格斯选集》第4卷,人民出版社1995年版,第483页。

法摆脱国家作用的约束条件下,以国家权力为核心所形成的政治在什么样的方向上作用于现实的经济与社会发展,将直接决定着一个社会发展的进程与最终成败。这也是复合民主所必须解决的问题:政治发展如何作用于经济与社会发展,并且采取何种途径介入其中。

执政党和政府对经济与社会把握失误所带来的风险,相对来说,要低于对政治建设把握失误所带来的风险。这是因为政治发展的反作用有时是致命性的:政治建设和发展一旦失败,有可能引发严重的政治危机。政治危机易于导致经济与社会动荡,轻则将使国家治理失效,进而大幅消解经济与社会发展所取得的成就,使其停滞或倒退;重则可能使国家解体,进而摧毁现有的经济与社会发展体系。

苏联解体的教训,足以让所有人认识到政治发展失败所带来的冲击是多么的巨大。20世纪前苏联所进行的改革属势在必行,然而,改革最终失败,使国家解体。这其中的原因很多,其中与政治建设和发展失败有直接的关系,而这种失败的关键就在于没有把握好政治建设与社会经济发展之间的基本空间。戈尔巴乔夫在总结这段历史教训时指出了这一点:"在脑子里反复回味80年代后半期和90年代初我国所发生的一系列富有戏剧性的事件,我们不难得出一个结论,那就是:几乎我们所有的挫折、错误和损失恰恰都和我们偏离了合理分权相关系。有时候是在进行业已成熟的步骤时过分急躁;而有时候又相反——拖拖拉拉,慢慢腾腾。"①

正如一个国家的危机和治理失败均与政治建设和发展出现问题有关一样,一个国家的兴起和快速发展也必然与这个国家的政治能否有效作用于经济和社会发展有直接关系。W·阿瑟·刘易斯认为,"英国作为一个工业大国的伟大成就的基础是由爱德华三世以来的一系列明智的统治者所奠定的。"②戴维·罗伯兹对这段时期的历史考察证明

---

① [俄]戈尔巴乔夫:《真相与自白——戈尔巴乔夫回忆录》,社会科学文献出版社2002年版,第454页。
② [美]W·阿瑟·刘易斯:《经济增长理论》,上海三联书店1990年版,第475页。

第四章
发展动力

了这个判断,在对繁荣昌盛的维多利亚时代的考察后指出,当时英国政治与社会所营造的社会妥协直接呼应着当时的英国经济奇迹,并相互促进,从而创造出繁荣的国家①。

政治建设对美国的兴起也起到了十分重要的推动作用。刘易斯完全赞同托克维尔当年的观点,即美国的联邦体制设计有效地推动了美国的成长与繁荣。托克维尔指出:"如果说一个大国的繁荣富强最有赖于居民的精神和风气,那么联邦制度会把这项任务的困难减少到最低程度。美国各州的共和制度,没有出现大多数人群集体常见的弊端。从领土的面积来说,联邦是一个大共和国;但从它管理事务之少来说,它又无异于一个小共和国。它做的事情都很重要,但为数不多。由于联邦的主权是有限的和不完整的,所以这个主权的形式对自由没有危险,更不会引起对大共和国有致命危险的那种争权夺名的邪念。由于谁也不必向往一个共同中心,所以没有巨大的城市,没有巨富和赤贫,没有突然爆发的革命。"②

而最近30年以诺斯和科斯为代表的制度经济学的兴起和在世界范围引起的重视,都是证明了制度建设对于社会发展和经济发展的关键性。经济体制的比较制度分析是要"通过将经济体制看作各种制度的集合来分析市场经济体制的多样性和活力。对这一体制的内部结构以及构成这种结构的各种组合要素所具有的激励效果和相互依存关系,从理论上加以说明。"③

"把制度定义为社会变量的整合的方式,意味着它一方面打破了经济学中普遍地把制度作为规则和契约的研究方式,另一方面打破了其他社会科学把制度作为文化的、社会的和组织的现象的研究方式。事实上,把文化和社会的变量整合到制度分析的重要性已经被制度经

---

① [美]戴维·罗伯兹:《英国史:1688年至今》,中山大学出版社1990年版,第226页。
② [法]托克维尔:《论美国的民主》(上卷),商务印书馆1991年版,第183页。
③ [日]青木昌彦、奥野正宽:《经济体制的比较制度分析》(修订版),中国发展出版社2005年版。

济学、社会学和政治学的许多研究者意识到。"①（例如，诺斯，1990；威廉姆森，2000；斯科特，1995；豪与泰勒，1996）

实际上，不仅在原发内生性的现代化国家是如此，在后发外生性的现代化国家，实现成功发展的背后逻辑也是如此。在 20 世纪的 90 年代，许多学者在考察东亚发展奇迹的时候，都不约而同地形成这样共同的判断：东亚各国独特的政治形态对东亚的发展起到了十分重要的推动作用。新加坡的发展奇迹为这种判断提供了很好的注脚。在新加坡的治国理政者看来，社会的发展有赖于好的政府，而好的政府的标准是："必须廉洁有效，能够保护人民，让每一个人都有机会在一个稳定和有秩序的社会里取得进步，并且能够在这样一个社会里过美好的生活。"② 所以，东亚各国的成功发展与其将政治建设与经济建设有机统一起来，并保持政治建设对经济建设的有效作用有密切的关系。

现代化的发展决定了政治建设与发展的内在取向必然是民主化。现代化的模式化，往往带来民主化的模式化，而民主化的模式化则往往被推向民主的西方化，因为现代化所激发出来的社会和政治动员，加上西方国家所形成的全球性的民主化动员，很容易在后发外生性的现代化国家诱发民主化的狂飙突进。实践证明，在这样的政治发展中，治国理政者往往既不能有效地把握本国经济与社会发展的大趋势，也不能有效地把握政治发展的大格局，结果导致国家治理与国家建设受挫和失败。实际上，发达国家与发展中国家的现代化发展经历，都充分证明了这样一条现代化发展的基本原则：无力驾驭民主化，也就无力驾驭现代化国家的经济与社会发展。

从整体发展的角度来看，从杭州实践 30 年的变化来看，其城市治

---

① Avner Greif: *Self-enforcing Institutions: Comparative and Historical Institutional Analysis*, Prepare for presentation in European School on New Institutional Economics (ESNIE), May 2004. This paper is based on his forthcoming book, "Institutions: Theory and History." Cambridge University Press. For related discussions, see Greif 1997, 1998; Aoki 2001.

② ［新加坡］李光耀：《李光耀40年政论选》，现代出版社1996年版，第570页。

第四章
发展动力

理形态已经发生了深刻的变化。从治理具体绩效出发，杭州的复合民主带来了社会发展，发展也促进了复合民主的结构延伸，在复合结构上展开的民主，已经成为这个城市不可或缺的发展资源，嵌入了整个城市的发展当中，并且随着城市的发展而不断地发展和完善：嵌入的民主和城市的发展形成一个共同提升的共振效应。在这个前提下，关键是这一形式把民主内在在于社会经济发展当中。而制度的核心也走向治理的法治化，即把此前30年的实践尝试，通过法律制度的规范，上升到制度的层面，把一种原生的行动，通过制度建设，凝固在法律制度上面。这样一来，中国的民主发展就进入到一个制度化储备和法治化规范的时期，也就能深入人心。

因而杭州市的城市发展变化，体现在民主治理形成的同时，而农村和城市居民的生活基本环节也在逐步而快速的改善上面：

表4-2 杭州市历年农村住户调查情况统计（1978—2003）

年份	调查户数（户）	平均每户人口（人）	平均每户劳动力（人）	农民人均年纯收入（元）	人均生活费支出（元）	人均住房面积（平方米）
1978	-	-	-	162	-	-
1979	-	-	-	204	-	-
1980	60	4.72	2.93	250	286.83	23.3
1981	60	4.60	2.70	333	294.20	25.2
1982	60	4.43	2.73	405	327.71	26.3
1983	170	4.55	2.85	395	354.92	29.9
1984	170	4.44	2.81	510	415.60	31.7
1985	420	4.40	2.88	624	541.53	29.9
1986	620	4.39	2.88	675	601.32	31.3
1987	620	4.34	2.86	820	713.55	33.1
1988	620	4.26	2.87	996	925.28	35.5
1989	620	4.17	2.85	1117	1011.39	36.8
1990	620	4.16	2.89	1171	922.70	39.6
1991	620	4.03	2.81	1308	1017.81	38.0

(续表)

年份	调查户数（户）	平均每户人口（人）	平均每户劳动力（人）	农民人均年纯收入（元）	人均生活费支出（元）	人均住房面积（平方米）
1992	620	4.01	2.81	1493	1128.58	37.5
1993	540	3.91	2.76	1748	1276.47	37.1
1994	630	3.85	2.35	2267	1844.33	37.8
1995	630	3.87	2.30	3012	2373.00	40.5
1996	630	3.81	2.77	3482	2772.01	42.2
1997	630	3.87	2.86	3785	2761.86	42.0
1998	630	3.87	2.88	4006	2858.30	42.2
1999	630	3.80	2.80	4209	2851.40	46.2
2000	630	3.61	2.59	4496	3020.00	48.0
2001	630	3.57	2.53	4896	3479.00	49.0
2002	630	3.53	2.53	5242	3957.00	52.7
2003	670	3.48	2.53	5740	4578.00	54.7

摘编自《杭州统计年鉴2004》（2003年12月31日采集）。

表4-3 杭州市历年主要年份市区城镇住户调查情况

年份	调查户数（户）	平均每户人口（人）	平均每户就业人数（人）	年人均可支配收入（元）	年人均消费性支出（元）	人均住房使用面积（平方米）
1978	28	4.20	2.89	338	301	-
1979	28	4.19	2.77	396	365	-
1980	28	4.18	2.79	521	491	-
1981	100	3.97	2.37	540	513	-
1982	100	3.90	2.35	532	532	-
1983	100	3.90	2.42	578	535	8.8
1984	100	3.90	2.36	729	679	9.3
1985	150	3.53	2.26	1026	908	9.7

第四章
发展动力

(续表)

年份	调查户数（户）	平均每户人口（人）	平均每户就业人数（人）	年人均可支配收入（元）	年人均消费性支出（元）	人均住房使用面积（平方米）
1986	150	3.49	2.27	1169	1072	9.9
1987	150	3.42	2.25	1260	1118	10.6
1988	200	3.41	2.16	1565	1515	10.6
1989	200	3.40	2.15	1764	1615	10.6
1990	200	3.37	2.15	1985	1685	10.9
1991	200	3.40	2.20	2128	1894	10.8
1992	200	3.28	2.14	2580	2296	11.1
1993	200	3.21	2.10	3525	3183	11.2
1994	200	3.31	2.10	5249	4559	11.9
1995	200	3.20	2.05	6301	5559	11.7
1996	200	3.20	2.00	7206	6095	11.9
1997	200	3.14	1.99	7896	6766	12.4
1998	300	3.12	1.93	8465	7235	14.1
1999	300	3.11	1.92	9085	7424	14.6
2000	300	3.10	1.83	9668	7790	14.9
2001	440	2.98	1.72	10896	8968	15.5
2002	500	2.93	1.53	11778	9215	16.3
2003	500	2.92	1.51	12898	9950	17.2
2004	500	2.92	1.48	14565	11213	17.8
2005	600	2.84	1.42	16601	13438	20.7
2006	600	2.81	1.44	19027	14472	21
2007	600	2.72	1.45	21689	14896	21.6
2008	600	2.75	1.29	24104	16719	22.4

注：从2001年起市区数据包括萧山区和余杭区。
资料来源：《2009年杭州统计年鉴》，杭州统计信息网，2009年10月15日。

杭州市复合民主的民主态势对于城市形成良好的投资环境，维持并促进杭州经济发展方面起到了很重要的作用。2005~2008年,杭州连续4年被世界银行评为中国城市总体投资环境最佳城市第1名;2004~2008年,杭州市连续五年被美国《福布斯》杂志评为中国大陆最佳商业城市第1名。

表4-4 杭州市主要年份全市国内生产总值及发展指数统计(1978—1999年)

(单位:万元)

年份	国内生产总值(当年价格)				国内生产总值发展指数(%)			
		第一产业	第二产业	第三产业		第一产业	第二产业	第三产业
1978	284046	63372	169344	51330	100.00	100.00	100.00	100.00
1979	335285	83852	194132	57301	113.33	114.23	114.00	110.01
1980	406508	81524	253545	71439	135.65	105.63	151.06	130.71
1981	468206	90955	287632	89619	154.04	108.74	172.17	162.30
1982	501854	108769	294725	98360	165.12	129.80	177.73	176.31
1983	558947	101106	334413	123428	183.63	115.62	203.10	219.86
1984	694690	126443	405535	162712	225.25	140.10	245.38	283.68
1985	904897	159684	520853	224360	268.85	139.90	300.80	352.81
1986	1053589	177589	601277	274723	299.88	145.01	335.28	409.85
1987	1260162	204366	718892	336904	338.38	148.69	382.23	471.62
1988	1525427	256838	855305	413284	363.26	145.46	419.82	497.15
1989	1662945	282746	896736	483463	352.06	145.10	396.51	508.97
1990	1896216	309404	961673	625139	372.37	154.40	422.20	528.01
1991	2279545	334024	1131088	814433	439.77	161.12	492.38	669.52
1992	2900690	349033	1487838	1063819	540.48	161.61	637.53	814.80
1993	4247094	419364	2264440	1563290	703.16	171.15	878.66	1004.65
1994	5855239	575131	3143430	2136678	888.09	185.01	1161.59	1225.67
1995	7620055	692510	4100008	2827537	1064.82	198.15	1434.56	1445.06

第四章
发展动力

(续表)

年份	国内生产总值（当年价格）				国内生产总值发展指数（%）		
		第一产业	第二产业	第三产业	第一产业	第二产业	第三产业
1996	9066133	839985	4776225	3449923	1203.25	208.85	1644.01	1621.36
1997	10363299	913611	5415017	4034671	1360.88	223.05	1852.80	1861.32
1998	11348899	960558	5879589	4508752	1513.30	244.02	2071.43	2060.48
1999	12252795	975821	6307510	4969464	1667.66	257.44	2280.64	2287.13

资料来源：摘编自《杭州统计年鉴2000》，1999年12月31日采集。

复合民主的发展解决了城市发展在经济水平以及社会结构发展到一定程度，对于城市治理方式提升的要求，而城市发展的动力资源就变成复合民主发展的使命，以及自身进一步发展的基础，这样，民主就因为社会发展的结果而呈现出复合性，并且复合民主在发展的过程中就嵌入了发展当中。因为复合民主嵌入了社会的发展当中，在一定意义上，解决了后发展国家的民主发展与经济社会发展之间的顺序冲突问题。

因此复合民主作为发展的资源，嵌入到发展当中，为地方区域的发展提供了可持续性和信心。杭州市认为作为经济发达地区，年人均国内生产总值（指每人所创造的国内生产总值），其达标值为人均不低于33000元。2002年杭州全市年人均国内生产总值为28150元，市区为35664元。围绕"构筑大都市、建设新天堂"这一城市建设与发展目标，以及率先基本实现现代化目标这一政治经济目标，杭州市以发展为主题，以提高人民生活水平为出发点，新一轮发展的目标是：除8个城区外，富阳、临安也要到2005年率先基本实现现代化，全市在2010年率先基本实现现代化。结合需要和可能，全市年人均国内生产总值到2003—2005—2010年按照年均增长9%预计，2005年达到36500元、2010年达到56000元，2011—2015年按照年均增长8%预计，2015年达到82000元。市区的经济比值占80%~85%、贡献率在80%左右。与杭州经济总量的空间分布相对应，市区年人均国内生产总值到2003—2005—2010年按照年均增长11%预计，2005

年达到 48000 元、2010 年达到 82000 元，2011—2015 年按照年均增长 10%预计，2015 年达到 130000 元①。

表 4-5 杭州市生态市建设"年人均国内生产总值"指标实现程度预测值表

	2002 年	2005 年	2010 年	2015 年
市区	35664	48000	82000	130000
全市	28150	36500	56000	82000

资料来源：杭州市发展和改革委员会，"年人均国内生产总值 2015 年达到 130000 元"，2007 年-1 月-19 日。

民主之所以能成为发展的资源，还在于民主一直是社会主义生命这一主题的内在要求。虽然中国社会主义民主的实践，经历了很多的坎坷和曲折，但是在其内在的发展命题中，民主一直是其目标之一。

政党与政府在"复合"中，建立了自我约束的现代民主规则，其内在的政治理论价值因为这一民主演进，实现了社会主义民主政治建设的执政要求的可能性，它通过"复合"的合作模式，而不是"替代性"的选择模式，把民主的发展任务和发展的民主渴望有机地统一起来，从而形成了基于发展的内生民主模式。

复合是民主在中国地方发展的结果，多元主体在发展中，要处理好市场、社会、政府与政党的利益共享问题。如果这一问题得以解决，复合民主就具有了中国民主发展的内涵结构和逻辑路径。

复合民主实际上实现了中国民主的实践形式，把人民民主的内涵通过"结构化复合"的民主载体，在当下的中国现实中呈现出来。这在本质上回应了简单模仿西方民主化的路径所带来的问题与挑战，具有中国的整体性探索价值。

发展中国家的政府对于经济发展发挥了很大的作用，"即使这样，发展中国家的民众从来没有把对政府的期待完全代替对民主化的期

---

① 杭州市发展和改革委员会："年人均国内生产总值 2015 年达到 130000 元"，"中国杭州"政府门户网站，2007-01-19，http://www.hangzhou.gov.cn（访问时间 2010 年 8 月 4 日）。

第四章
发展动力

待,只是他们内心更能够把两种期待有机地结合起来,如果现实的政治建设和发展能够创造有效的经济和社会进步。"①

所以,中国发展的一个很重要的部分就是民主的发展,或者说中国社会在某种层面上是一种民主形态的发展,只有民主获得发展,中国的社会发展才成为可能,否则社会发育的资源以及市场的空间就很难扩展开来。当然,民主的发展也是在回应社会发育和经济发展的需求而提出自己的实践形态的,不能把二者简单地抽象出来。杭州从民生问题的解决入手,通过"把生态还给自然、把生产还给市场、把生活还给人民"的"三还",也是把人民民主的具体实践形式,嵌入到杭州的社会发展当中,从而构成一种社会发展的基本制度资源。

总之,杭州市的复合民主建设,已经形成了一个基本的理念,内含在杭州市的发展模式当中。比如杭州市的"开放"的理念贯穿于政府决策的全过程,包括决策事项的酝酿、调研、起草、论证,直至政府常务会议讨论、决策,以及决策的实施,都是开放的、民主的,既向市民开放,又向媒体开放,这对推进中国民主化进程和政府管理具有前所未有的行动意义。

它的民主参与包括市民代表参与(通过市政府门户网站等进行网上报名或手机短信报名,从报名者中按名额抽选列席会议,或通过互联网视频连线,就相关议题发表意见建议),同时也有广泛的社会参与渠道(任何人都可以通过市政府门户网站、手机网站等收看会议视频直播,在市政府门户网站和手机短信上发表意见建议)。当然,杭州市的开放式民主决策也包括市人大代表、政协委员、专家学者参与。在公众参与决策的同时,杭州市政府还邀请市人大代表、政协委员和专家学者参与政府常务会议,以提高决策质量。这样,就形成了一个互动的态势,对于社会的发展,各个层面的人们都有参与的机会。市民有权对政府决策发表赞成或不赞成的意见,提出补充或修改

---

① 林尚立:《有效政治与大国成长:对中国三十年政治发展的反思》,载《公共行政评论》,2008年第1期。

意见，政府及时予以回应，将公众的意见和建议切实融入政府决策，使决策的过程成为群策群力、集思广益的过程。互动包括现场互动、视频互动和网上论坛互动。

浙江大学对于杭州民众的问卷调查结果显示，64%的民众完全赞同"开放式决策"能改善政府形象，35%的民众基本赞同，两者相加的比例高达99%。

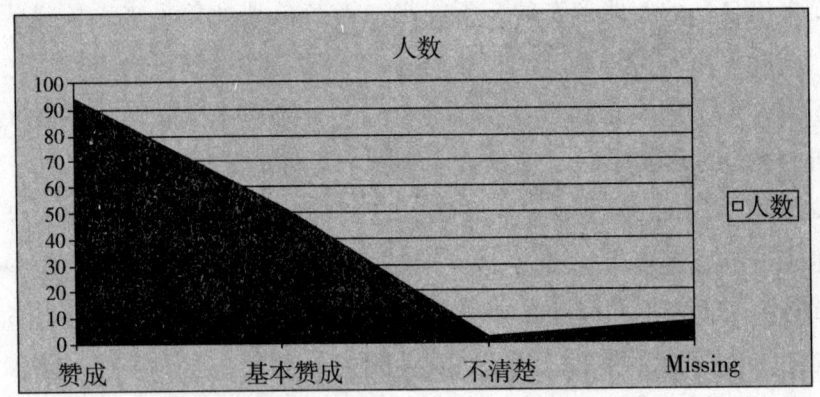

图4-3 普通民众对"开放式决策"与改善政府形象之间关系的看法

民主是社会主义的生命，也是杭州实践形态的生命。复合民主通过嵌入社会发展的路径，构成了中国生存和发展的形态。通过杭州的复合主体的发育，这一城市未来发展已经离不开复合民主这一载体。

第三节　复合民主的巩固：民主是一种制度形态

任何一种形式的现代民主制度的持续发展，最终还需要依赖于政治的稳定、社会的和谐以及法制的健全。"启动民主化容易，驾驭民主化难，当然，使民主全面制度化、法律化，并最终巩固下来更难。"① 复合民主在发展中促进自身的发育和完善，这一结构化的复

---

① 林尚立等著：《政治建设与国家成长》，中国大百科出版社2008年版，第6页。

第四章
发展动力

合，只有在制度化的轨道下展开自身的内在结构，才能获得持续的可能性，才能保证对于发展所带来的成果的巩固，才能在发展中获得提升，而不是仅仅在一种简单的"发展主义"满足中停顿下来。

在民主成为城市发展的动力资源前提下，制度化和法治化就成为民主发展的持续动力资源。在经济发展的初期，复合民主通过培育复合主体，通过具体的制度安排，激发各个主体的发展活力，形成社会整体的发展合力，从而实现发展这一发展中国家的最主要的渴望目标。但这仅仅是民主的第一步，或者说最简单的一步，民主作为国家或者社会治理的基本方式，最主要的还是要在制度上得以巩固，只有这样，才能获得持续的动力。

杭州的实践案例显示，其民主在追求制度化的层面上，做出了持续的努力，并且获得了持续的制度进展。在某种意义上，这也决定了杭州社会能否持续的根本动力，是其复合主体能相互保证"利益共享"结构平稳推进的基本载体。

随着社会的发展，过去比较单一的社会结构在面临各个社会主体日益发育的条件下，社会矛盾和冲突逐渐增多，社会治理的困难也逐渐增加。仅仅依靠"朴素的"初期的行动结构所激发的政策行动，很难保证持续的制度化力量。尤其是在民营经济发展的浙江地区，加上大量的外来务工人员，社会的协调往往更加困难。因此，社会发展对于制度化的需求，会日益强烈，这会促使复合主体的各个部分进行行为的制度化，从而带来民主的制度化。杭州市政府的"开放式决策"已经经过政府政策文件进行了规定，杭州的许多民主制度也都已经通过政府的法规实现了制度化，可以说已经形成了初步的法治化结构。

发展中国家的制度设计，往往会依靠领导层的能力政治进行推进，但是制度化和法治化与"能人政治"之间会形成内在的冲突。由于中国的考核和选拔制度，能人政治下的制度能否获得持续化，则是关键的问题之一，构成对于复合民主的制度化和法治化的根本挑战。

虽然面临种种挑战，我们依然会发现，杭州实践案例对于复合民主的需求是结构化的内在体现,这是社会自发的内生逻辑。任何杭州的领导层,无论采取何种不同的政治行为逻辑,其内在的动力结构已经是在"复合民主"的逻辑下展开。这也是"复合民主"能得以持续制度化和法治化的最为确定的保障。杭州市探索"以民主促民生"的不间断路径实现了这一制度的逐步开放性和复合性:

表4-6 杭州市开放式决策的整体行动进展表

时间节点	开放部门	开放行为
2007年11月14日	杭州市政府	市政府第17次常务会议首次邀请6位市人大代表和市政协委员列席
2007年11月15日	杭州市政协	市政协九届四次常委会议首次邀请4名市民代表列席
2007年12月5日	杭州市委	十届市委常委会第24次会议首次邀请6名基层党代表列席
2008年1月	杭州市政府	市政府首次将《政府工作报告(征求意见稿)》在网上公示
2008年2月25日	杭州市政协	市政协九届二次会议首次邀请19名市民列席
2008年4月2日	杭州市政府	市政府常务会议首次通过"中国杭州"政府门户网站向市民进行视频直播
2008年7月8日	杭州市政府	第30次市政府常务会议首次应邀6名市民代表列席
2008年8月	杭州市政协	杭州市政协"民主议政会制度"
2009年1月	杭州市政府	市政府在杭州市"两会"前将《政府工作报告》和《计划报告》、《财政报告》征求意见稿同时向社会公示
2009年	杭州市政府	《杭州市人民政府重大行政事项实施开放式决策程序规定》(市政府令〔2009〕252号)
2009年	杭州市	杭州市及所辖13个区、县(市)政府全部推行了开放式决策
2010年3月4日	杭州市政府	《关于推进"开放式决策"构建权力阳光运行机制的意见(杭州市政府办公厅)》

资料来源:韩福国等根据相关资料整理,2010年。

第四章

发展动力

杭州的民主发展，验证了中国复合民主是一个多层次的制度形态与结构，它体现为基层的社会民主治理、行政决策公开的民主进展以及党内民主的政治民主联合启动与进展。多层次的民主进展，保证了民主发展与持续的可能性，也促使了民主的制度化进展。

民主在根本上是一种制度形态，而制度化的根本体现在于民主发展的可持续性。否则，即使在某一个制度空间上，民主虽体现为规范的制度文本，但是却"朝成夕废"，例如中华人民共和国第一部宪法，也缺乏制度的真正含义；或者在一个时期，民主呈现出蓬勃的态势，但是随后却缺乏继续的进展，例如中国西部的许多民主进展，在民主的选举等层面进展十分深入，但是后期的持续却没有可能①，也是因为缺乏本质上的制度化。

复合民主的制度化可能性，在于它是一个持续化的制度形态，即在持续的基本平台巩固的前提下，实现了各个层面的制度化建设。即使某一个层面的民主进展，遇到了体制性障碍，也不会导致整个民主的停滞。在这个意义上说，杭州市的民主实践提供了一种中国式民主发展的实际路径，或者说中国复合民主在杭州体现为一种实际可以操作的样本。这就是为什么"以民主促民生"在全国各地都有不少实践，但是其中却以杭州市的经验为典型。

杭州所体现的复合民主，在制度层面上，把民主看成是一种城市社会的公共治理方式。现代城市的科学发展要求建立民主、合作、高效、开放的城市公共治理机制。城市公共治理要在理念上确立市民是城市的主人，还需要在具体参与载体上，建立让市民参与城市公共治理的组织平台、主体架构。近年来，杭州专门出台了《关于培育和发展社会复合主体的若干意见》，培育了一批社会复合主体，建立了科学民主的决策机制、机关效能群众民主评议制度，积极探索公共治理的主体架构。多方参与、主动关联、民主协商，构成了杭州城市复合

---

① 韩福国、瞿帅伟：《创新持续力与中国地方政府改革：基于多案例样本的分析》，载《香港社会科学学报》，2009年第37期。

民主在社会治理领域内的最显著特征。

实践表明，民主价值是需要普及和维护的，但它并不是法治社会唯一的价值。有时民主与法治价值存在着冲突，多数人的决策也会出现非理性，少数人的主张也可能充满理性因素。因此，政府应树立遵循法治的理念，倾听民意，善于从个案中发现权利元素，通过制度和规范，及时化解社会矛盾。比如北京市人大常委会在行使监督权方面积极探索，制定出专门对人民检察院某一方面的工作进行监督的决议，提高了监督权的实效性，力求在人大的监督权与检察机关独立行使检察权之间寻求合理平衡。

杭州市的开放式决策，呈现出了一种完整的制度形态，表明人民民主之实现形式的复合民主，已经在制度化的方向上得到了一定程度的体现。

在2007年年底，杭州市委十届三次全会把"民生民主"列入工作重点。在2008年的深化拓展"树创"活动中，"民主促民生"活动被市委确定为五大专项活动之一，并被纳入2008年市直部门领导班子综合考评共性目标，由此建立了党政、市民、媒体"三位一体"、"以民主促民生"的工作机制，"问情于民、问需于民、问计于民、问绩于民"的联合机制。在此基础上探索实行的政府工作的开放式决策，切实落实人民群众的知情权、参与权、选择权、监督权。

根据《杭州市人民政府重大行政事项实施开放式决策程序规定》（市政府令〔2009〕252号）和《杭州市人民政府开放式决策有关会议会务工作实施细则（试行）》（杭政办函〔2009〕99号）的内容规定，"开放式决策"程序主要包括以下几个步骤（如图4-1所示）：

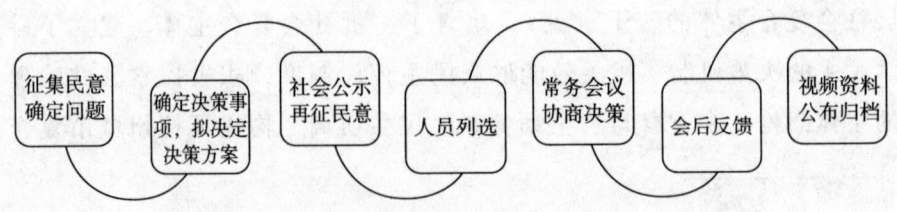

图4-4 杭州市政府"开放式决策"流程演进示意图

第四章
发展动力

从图中我们可以看出，杭州市"开放式决策"主要包括七个程序性步骤：从民意征集、确定决策问题、拟定方案到社会公示到再到常务会议协商决策，基本形成了一套完整的操作流程。这套制度化、规范化的操作流程对提升公共决策质量、加强社会的有效整合而言，无疑都具有重要意义。这一行政民主的制度化，体现在以下几个层面上：

杭州市政府"开放决策"示意图

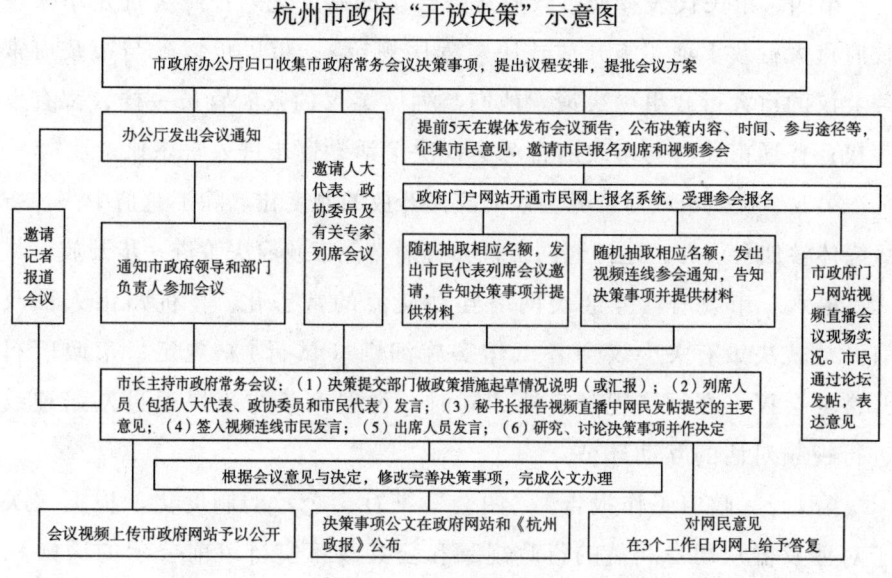

图 4－5　杭州市政府"开放式决策"流程和内容图

第一、政府行政决策程序的制度化。杭州市政府专门制定开放式决策会议会务工作实施细则、决策事项公示和听证制度，以及《杭州市人民政府重大行政事项实施开放式决策程序规定》（市政府令〔2009〕252号）等，以开放式、系统性的制度规则，保障了开放式决策的实施。

第二、人大代表、政协委员列席市政府常务会议制度化。杭州市政府发出《关于加强政府与人大代表政协委员联系的通知》，决定市政府召开的重要会议及工作调研和工作检查时，应视情邀请杭州市人大常委会、市政协领导以及市人大代表、政协委员参加；在制定重要规划、方案、政策时，在对涉及群众切身利益、社会关注度较高的事项进行决策时,事前主动征求人大代表、政协委员的意见。

第三、政府决策事前公示的制度化。2007年12月11日,杭州市政府发出《关于对涉及群众切身利益的行政规章和公共政策实行事前公示的通知》,决定对涉及群众切身利益的行政规章和公共政策,在正式决策前向社会公示。

第四、市民代表参加市政府常务会议的制度化。按照《杭州市人民政府重大行政事项实施开放式决策程序规定》,市民可以参与市政府常务会议的重大行政事项决策。他们与列席会议的政府官员一样,都有发言权;普通市民参与市政府常务会议决策活动逐步进入常态化。

第五、杭州市政府常务会议向媒体开放的制度化。除了邀请中央、省级媒体参加会议外,还开通网络视频直播,使市政府决策进一步开放。

第六、市政府常务会议网络互动交流的常态化。《杭州市人民政府开放式决策有关会议会务工作实施细则(试行)》规定,市政府召开常务会议,在网络视频直播的同时,设置市长与市民通过网络连线进行视频对话的互动环节。

第七、《政府工作报告》"两会"前社会公示的制度化。根据《关于对涉及群众切身利益的行政规章和公共政策实行事前公示的通知》,2008年1月,市政府首次将《政府工作报告(征求意见稿)》在网上公示,收到各类意见938人次(件),最后68条意见被直接吸收写进政府工作报告。2009年1月,杭州市在"两会"前将《政府工作报告》和《计划报告》、《财政报告》征求意见稿同时向社会公示,这在全国尚属首创。市民参与踊跃的情况如下:

表4-7 2009杭州市"两会"前政府报告征求意见情况表

项目	总计	政府工作报告	计划报告	财政报告
公示页面点击浏览量(人次)	160913	70923	50670	39320
收到意见建议(件)	606	295	162	149
网上调查投票	1147人次			

第四章
发展动力

第八、开放式决策向区县市延伸的制度深化。2009年，杭州市及所辖13个区、县（市）政府全部推行了开放式决策。拱墅区实行政府常务会议网上视频直播；萧山区将《政府工作报告》向社会公示；余杭区探索"开放式征集、多层次互动、全透明办理"政府为民办实事新模式；上城区将开放式决策的会议视频和文字记录载入政府门户网；西湖区出台《西湖区人民政府开放式决策实施办法》；淳安县建立专家咨询制度等。

第九、市民评价杭州市直机关的制度化。从2000年起，杭州市开始在市直机关进行评选"满意单位不满意单位"的活动，近年来杭州市的媒体也在积极与党政部门合作，协力推动民生问题的更好解决。

第十、民主议政会制度等制度的平行延伸。杭州市的开放式决策，不仅仅是局限于政府部门自身的机构内，而且开放到政协等平行部门当中，形成了开放式决策横向延伸。作为实现公民有序政治参与的重要渠道，2008年，在杭州市委、市政府支持下，杭州市政协建立了民主议政会制度，主要围绕事关社会发展全局的重大问题，关系人民群众教育、就业、收入分配、社会保障、医疗卫生、社会管理和破"七难"等民生问题的改革和解决情况，组织政协委员和市民代表进行议政。说得通俗点，就是政府在做的和老百姓相关的民生大事，都要与政协委员、市民坐下来议一议[①]。

杭州市"以民主促民生、以民主促发展"的发展理念之下，采取了一系列措施，进行了许多重大的制度创新，使得复合民主成为一个有机的整体，用持续的制度创新保证了理念的落实，取得了一系列的实际效果。在制度的建设中，也坚持围绕提升市民生活品质这一核心价值，调动了人民群众参与的积极性。民主与民生相互促进，形成了一种具有战略高度的发展理念。

从决策的行政民主的角度观察，开放式决策对于复合民主发展的

---

① 王力：《市政协建立民主议政会制度》，载《杭州日报》，2008年8月6日。

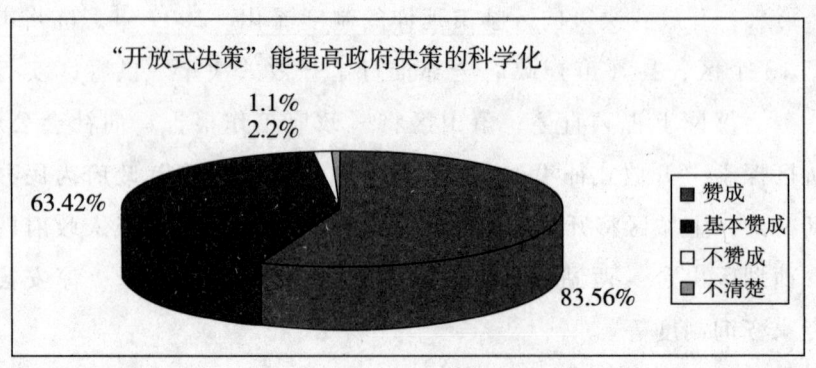

图 4-6　杭州市开放式决策的科学化效果评价比例图

意义在于，它构成了经过威权主义发展阶段后的社会主义民主启动的核心问题。中国社会主义民主的实践形式在具体现实中实现的艰难，不在于基层民主和社会民主的困难，而在于政府习惯了传统的全能模式，不能适应社会发展所带来的挑战。因此，开放式决策的持续，奠定了复合民主的基础平台。

它有力地保障了公民的知情权、参与权、表达权与监督权。开放式决策的受益主体之一是杭州800多万市民，一是保障了广大市民的知情权，二是扩大了参与权和表达权，三是落实了监督权。

它促进了杭州社会的稳定和谐发展。据市纪委监察局效能监察室统计，杭州市"开放式决策"实施后，2008年比2007年的行政投诉率下降11.9%。

它增强了政府决策的透明性和科学性。通过公开、透明、参与、互动，解决了现行政策过程中信息不透明、参与被动或冷漠、多方被动的问题。决策方式的开放性，提升了决策水平。经第三方评估机构抽样统计，有98%的市民认为提高了政府决策的科学化。

它降低了政府管理成本。一是降低了会议的组织成本和行政成本；二是节约了政府决策的宣传推广成本；三是降低了政府信息公开的成本；四是降低了获知信息的成本。

它促进了政府职能的转变，塑造了民本政府的新形象。开放式决

第四章
发展动力

策过程既是打开政府大门的过程,也是转变机关作风的过程,政府决策前更加重视调查研究,执行中更加高效规范。开放式决策提高了市民对政府的公信力和认同感。杭州市2008年度市直单位综合考评中,参加综合考评的72个单位中满意单位达到98.6%,由此可见一斑。①

同时,杭州市政府制订实施《杭州市人民政府重大行政事项实施开放式决策程序规定》(市长令第252号)和《杭州市人民政府开放式决策有关会议会务工作实施细则(试行)》,开放式决策由市级政府层面向所有区(县、市)级政府进行了制度建设的延伸。

因此,杭州的"开放式决策"构成了民主治理的制度实现形态。所谓民主治理就是强调治理的体系和过程是参与的、公开的和透明的,通过扩大公民参与公共政策的对话和决策过程,来促进公共部门的责任性和回应性。民主治理的制度化对发展中国家尤为重要,由于其政党制度、代议制度还不能完全充分地表达和代表民意,公民的直接参与有助于打破公共决策的封闭状态,一方面提高治理的效能和制度水平,另一方面也提高公民的民主素养。

我们以杭州的"开放式决策"作为复合民主制度化形态的重要体现,并不是说这一制度是完美的,没有任何缺陷的。事实上,这一制度在具体执行过程中,遇到了很多的困境和实现困难,既有来自于政府部门的内部困难,也有来自于社会民众的回应困境,甚至存在着一些过度的宣传,但是这一制度镶嵌在整个民主促民生的战略当中,一直获得了持续的深化,并且最终在政府政策层面上得以落实,这一意义正是我们在观察中国复合民主发展的制度化时所应注意的②。

从杭州案例延展开来,关于中国30年社会发展争论焦点之一的民主化实质进程而言,我们得出中国民主化一直持续进展的结论,也是

---

① 杭州市政府:《"开放式决策"项目陈述答辩材料》,2010年1月。
② 我们在调研中,也得到一些负面的信息,比如某些程度的过度夸张,但是我们并不是带着一副绝对完美的眼睛去要求中国民主启动的时刻就达到制度的理论完美性。事实上,也没有哪一个民主是可以用完美无瑕来界定的。我们更多的是看重其进展的可能性。

复合民主

基于中国的民主是一种复合的持续形态，各个层面相互呼应和提供持续动力。虽然制度化过程本身存在着许多曲折和往复，但是它在不同层面的制度化，使其具有了中国民主发展可行性的深刻意义。

复合民主并不仅仅停留在促进发展、作为发展资源的单纯形态展现，而是通过社会的发育和经济的发展，通过政党领导的优化，通过治理结构的改善，通过政府政策的供给，得以巩固和发展起来。

研究和分析杭州发展经验的一个重要价值，就是杭州经验及其呈现的浙江模式，能否展现中国模式，其背后的价值关怀主要是中国的民主发展路径的问题。杭州民主发展模式的一个内在核心就是"复合民主"的逻辑框架，它深化和延续了人民民主的内在本质。

浙江模式是从其特定的发展规律，在许多环节上与国际社会的民主进程有着契合性，但它不是从现有的西方模式出发，而是具有其自身的逻辑结构、外在形态与现实功能。

杭州实践的根本逻辑内涵在于其复合的结构化内生于民主发展过程本身的，通过复合的制度结构带来民主的发展，从而解决了民主的需求，而民生问题的逐步解决又促进了民主形式在更高层次上的提升。无论我们是否给予其宏大的价值，民主制度的建设已经嵌入到城市发展当中，成为其不可或缺的资源载体，也生成出"复合民主"所需要的结构力量与内在逻辑。

马克思认为人民民主不仅在国家层面上，而且在社会层面上展开，人民不仅仅决定国家事务，而且决定个体事务，民众在社会生活上也具有统治的地位。中国一直尝试建设的人民民主包含两个层面的内涵：一是国家层面；二是社会生活层面，即生产和生活层面，也主要体现在地方层面。1949年中华人民共和国的建立，解决了人民主权问题——阶级解放，在国家层面上完成了国家权力归属问题的解决①。但1978年前只是建构了一个层面问题，基本上属于

---

① 作为国家形式的民主，1978年已经完成了这一任务，在这个过程中，对人民民主的理解出现了一些偏差。

第四章

发展动力

阶级解放的角度,这个时期人民作为个体并没有解放。1978年后个体解放层面的任务提上了历史议程,那么社会个体创造什么样的形式来适应社会发展?

因此,改革30年来,中国的民主演进模式采取的是"复合民主"的发展路径,它把人民民主的内在合理性进行了有机的转换。它的关键基点就是民主成为发展的一个内生性的嵌入资源在促进发展中发展自身。它的内在逻辑结构即是在"把生产还给市场"的经济发展模式的行为载体上,培育多元的社会行为主体;通过"把生活还给人民"的社会生活结构,使民生发展问题依靠民主的方式进行解决,建构了国家、政府、市场与社会多元主体的复合结构;最终实现把"生态还给自然"的目的,实现人民做主、市场活跃与政府自律的共进模式。

中国民主的演进路径实际上是实现了领导与自治共进、国家与社会合作、参与和协商共行三个层面的有机统一。从政治合法性的中国特征分析,复合民主最基本的一点是党的领导与人民民主共进。因此,在中国的政治框架下,"复合民主"的路径界定可以涵盖其基本的元素与逻辑支撑点:以政党为领导,以人民做主为根本,以协商合作为主要机制,以创造发展为主要使命,以党内民主、社会民主、行政民主相互促进为主要动力的人民民主形态。

第四节 中国民主的内生:复合民主在创造发展中发展

发展是一个复杂的社会过程,有若干因素引起发展,而且他们通常相互关联。大多数经济学家一致承认制度与政策影响增长的重要性,包括产权保障与政治稳定、可预期的管制结构、竞争性市场、稳定的物价与货币、开放经济与国际贸易、开放的资本市场、适当的政府规模、自由经济①。

对于发展中国家而言，民主是在一个缺乏可以自由演进的逻辑空间内进行的，或者说，是在一个先发国家存在的国际结构背景下进行的。在全球市场与信息一体的基础上，在社会发展模式相互印证和参照的环境下，民主并不是经济发展自然带来的社会结构变迁，从而对民主产生需求的结果。

前面所论述的民主与经济发展的关联性，从一个视角观察，可以看到在宏观逻辑上，经济发展的节点与民主制度安排的节点之间的相互需求；但是从另一个视角观察，发展中国家的许多民主进程的稳步推进，恰恰来自于经济发展。因此，发展中国家的发展模式把经济发展与民主建设紧密地结合在一起。人民民主的内在逻辑，使得复合民主呈现为人民自己决定自己的社会管理事务，因此，复合民主不仅是人民民主的价值追求，而且也是一种民主制度安排；不仅是创造社会治理的有效机制，而且也是创造社会发展的核心资源。

发展中国家的民主建设，对社会经济发展有着很大渴求，尤其是对于中国的超大规模社会而言。复合民主与西方民主的不同主要体现在形态和功能上。发展中国家的民主一定要创造发展，不能创造出社会发展的民主，即使在形式上与世界发达民主完全一致，也无法给人民带来真正享有的民主实践。亚非拉许多国家形式上建立了西方民主架构，但是却被社会动荡和经济衰败所击倒。这其中根本的原因就在于这些民主结构和形式缺乏社会的根基，它是外生于这个社会的结构和内在文化之上的。中国的国家与政党并没有在这个层面保持固定不变，而是采取了不同程度的分权战略，适应社会的进展而调整分权的程度和策略，从而为社会的参与提供了平台。

西方民主虽然具有当下的强势和合理性，但是其发展的历史和逻辑却表明，西方民主在经济发展的初期，并不具备其当下成熟的形式

---

① ［美］詹姆斯·D. 格瓦特尼、理查德·L. 斯特鲁普、卢瑟尔·索贝尔：《经济学：私人与公共选择》，中信出版社 2004 年版，第 375—386 页。

第四章
发展动力

和实质。资本主义的发展在很长的一段时期内是为了维护资本对劳动的统治，西方民主结构初期就是要维护这个结构，这也在事实上促进了社会经济发展①。西方最早期的民主，不是按照今天的逻辑来设计的，而是按照对既定利益结构的肯定角度来发展民主的。所以马克思说，资产阶级民主是具有合理性的，如果在初期给予了工人以民主权利，那么资产阶级就没办法生存，这个社会结构就失衡了，资本主义就没办法发展了。资本主义发展的前提，是资本对劳动力要有统治力才能发展，所以资产阶级民主要维护这个结构，因为这个结构稳定才能发展，资本才能运作。

以唯物主义的态度和精神审查当下的西方民主发展过程，既不能否定其当下合理的民主价值，也不能忽视其民主形式与经济发展的共进性。我们在反思自己探索民主过程中的错误与曲折路径时，既要坦然地面对自己民主的代价和缺陷，同时更要清晰地意识到中国民主发展模式对于经济社会发展的功能。过分地把国际发达民主的形态嫁接在中国民主的今天，会造成一种幻象，如同过分地否认国际民主形式的合理性一样，都是极端错误的，问题的关键在于如何看待民主的发展功能、民主的分权战略，以及随之产生的组织结构。

社会转型需要培育、积累和转换社会资源，这些社会资源的一个层面是支撑性的社会资源，另一个层面是基本的社会资源。

传统的分析社会转型的视角，基本上是把民主作为社会转型的外在诉求目标，从而在行动的开始，就建构了一个外在的先验的对立结构：社会转型首先需要竞争性民主制度的建立，这样才能激发社会所有的活力，因此，社会转型的成功基于政治制度的民主化。在这一逻辑视角的关照下，社会崩溃往往是社会转型成功的必然代价。但是，这一逻辑分析视角仍然有一个必要的后果假设，那就是制度的民主化必然带来社会转型的成功。

---

① 我们只是强调资本主义民主的资本统治功能以及经济功能，而不是说民主就要维护剥削。

在当前的民主发展逻辑框架下，民主与发展被视为一个因果的关系，而不是一个共进的关系，民主不是作为发展的资源，而是作为外生的结果。这一点在发展中国家的社会转型中，得以普遍验证。但是作为因果关系的民主与发展关系，并没有在一些转型比较成功的国家和地区得以验证。虽然我们并不能完全判断韩国、新加坡、中国台湾等区域的转型是何种模式，但是一个基本的观察就是民主在这些区域并不是一个发展的前提或者结果，它们是一个共进的结构。

中国原来的发展模式缺乏活力，改革就是为了创造发展，寻求新的发展结构，产生新的发展主体和结构。为了使这些社会主体产生活力和合力，民主机制就要保证每个个体有发展的空间，使每个个体的发展能够整合出一个发展的合力来。在复合民主模式下，社会转型所需要的支撑性资源来源于政治分权、行政分权和经济分权，这三个层面的分权带来了社会转型所需要的基本资源。作为发展中国家，民主如果不能带来发展，社会在选择的过程中，就会认为民主毫无意义。虽然经济和社会发展不能带来执政的合法性，但是在中国这个背景下，如果民主不能带来发展，那么执政肯定无法具有合法性[①]。

民主要创造的发展分为两个层面，不仅是物质层面，也是人与社会的发展的层面。在这个过程中去实现人民的基本权益：法律的权益，政治的权益，同时也有生存和发展的权益。这些权益随着分权成为可能，也转换为社会发展的动力资源。

中国过去的发展基点，没有社会的发育支撑，没有市场的资源配置，也就没有所谓的权力制衡，一切都由国家—政党来决策和规制。国家与社会分权之后，形成了新的发展主体。市场是一个主体，社会民众是一个主体，自然本身也是一个主体，因为人类的生活和生产不能违背自然的规律。那么这些主体如何形成一个合理、有效的整体发

[①] 比如四川乡镇长直选、两票制，都是政治改革。当地的民众不愿意参加乡镇长选举，因为选举的干部和任命的干部，都是不能带来发展的同样结果，因此民众对政治投票的热情降低了。

第四章
发展动力

展？这就需要一个合理的治理体系、合作体系和运作体系。

因此，民主要促进发展，首先在于民主能创造出合理的治理结构和治理范式，从而激活社会的资源，实现发展的愿望。这个治理不能像传统的计划方式那样，仅仅依靠执政党单一的力量进行，而是执政党和政府、人民复合的结果。

杭州市政府开放式决策的示范意义和推广价值比较明显。近三年来，《人民日报》、《新华日报》、人民网等168家报纸和网络媒体对杭州进行了报道和实地采访。安徽、温州、宁波等地的党政代表团来杭州考察"开放式决策"，进行经验交流。30多所国内知名高校的政府行政管理专家学者来杭州访问指导。2009年，杭州市对其所辖13个区、县（市）政府全部推行了开放式决策。截至6月底，各地开展政府常务会议直播共计14次，近百名代表到现场参加会议，视频直播页面和论坛的累计浏览量超过20万人次，论坛发帖近万条。

表4-8 杭州市各城区开放式决策推行制度进展表

地区	制度推进的情况
上城区	上城区人民政府开放式决策程序规定（试行）
下城区	下城区政府重大事项行政决策规划
江干区	关于贯彻《市政府开放式决策程序规定》实施意见（试行）
拱墅区	拱墅区人民政府开放式决策程序规定
西湖区	西湖区人民政府开放式决策实施办法
萧山区	萧山区人民政府常务会议网上视频直播、视频互动实施方案
余杭区	余杭区人民政府开放式决策有关会议会务工作实施细则（试行）
桐庐县	桐庐县人民政府开放式决策程序规定 关于对涉及群众切身利益的政府规章和公共政策实行事前公示的通知
淳安县	关于建立县政府常务会议视频直播制度（试行）的通知
建德市	建德市政府常务会议视频直播制度（试行） 建德市电视图文频道政府信息公开工作制度

(续表)

地区	制度推进的情况
富阳市	富阳市人民政府开放式决策程序规定
临安市	临安市人民政府关于印发临安市人民政府开放式决策程序规定的通知

在中国人民民主的逻辑下，杭州把民主资源和民主要素嵌入进去，使得这些主体不仅有活力，而且形成合力。这种活力和合力就构成了整个中国经济、政治和社会发展的战略基点，这样，民主就作为发展的一个"嵌入性"资源，成为发展的动力载体。这是解释杭州实践的基本点，也是反观整个中国的起始点。

杭州在实施"三还"以后，就形成了新的社会发展主体：自然、市场与社会。这就需要创造一种不同于传统的民主模式，形成国家与社会在"分权"战略上的共同参与和合作。通过分权，激活社会和市场，从而培育出发展所需要的各个行为主体。杭州提出的"民主促民生"，实际上赋予了民主以很强的治理功能，而"复合民主"实际上意味着民主是要创造发展的，而创造发展的前提是必须创造出一个能融合各个社会主体共同参与的治理结构。这种民主的经济发展功能实质上是"经济民主"，毛泽东曾经指出经济民主的功能，"经济民主，就是经济制度要不是妨碍广大人民的生产、交换与消费的发展，而是促进其发展的"①。

从杭州的经验来看，我们所观察到的"三还"，即"把生活还给市民，把生产还给市场，把山水还给自然"，就形成了一批社会发展的新的主体力量，还有新的权力关系，新的治理结构形态，以及新的政治和行政逻辑。在这一新的结构形态里面，把山水还给自然，从一定意义上，就是还给了百姓、还给了社会，让人们拥有了设计自然、设计生活的权利，所以把山水还给自然之后，自然的生活逻辑不是由

---

① 毛泽东：《中国的缺点就是缺乏民主，应在所有领域贯彻民主——1944年6月12日毛泽东答中外记者团》，载《解放日报》，1944年6月13日。

第四章
发展动力

政府来决定,而是按照自然和人类生活的原则来决定的,这样就回归到了把权利还给了社会、还给了百姓这一本质逻辑上来。

发展的关键是如何使新的主体、新的权力结构产生发展的动力、发展的行动逻辑和发展的资源。在这个过程中,杭州实践就把民主的要素嵌入其中,用民主的机制去动员各方面的力量,去整合各方面的资源,去创造各种各样发展的空间,所以从这个意义上来讲,分权以后所形成的整合和发展构成了整个中国民主发展的基点。

从发展的多元行动主体、总体权力结构到行政决策机制,用复合民主的方式得以整合起来,构成社会发展的战略基点。因此,"复合民主"与西方民主有两个层面的差异,一个是形态的层面,二是功能的层面。"复合民主"在组织形态层面上的特殊性,使中国民主不同于传统的单一化民主的路径尝试,也区别于西方民主的内在结构,而复合民主的功能层面使得中国民主优于那种单纯地模仿西方民主的发展中国家的实践案例①。

事实上,把中国"复合民主"的经济发展功能与西方当前的经济发展进行比较,既忽视了西方民主的发展历史和发展逻辑,也忽视了中国社会历史的基础和内在结构,即把"分娩"本身和减轻"分娩的痛苦"混淆起来②。

杭州的民主实践所产生的发展功能,主要来源于以下几个层面的绩效:一是共产党的领导所产生的政治动员和分权绩效,二是政府的科学决策民主管理所产生的行政绩效,三是公民参与所产生的治理绩效,四是市场与政府合作所产生的经济绩效。不论哪个方面,这些绩效从一定意义上讲,都是与民主紧密相连的。比如参与所产生的绩效体现在杭州城市改造的"民间庭改办"、"草根质检站"等;政党领导

---

① 我们也不能简单地判断和分析那些单纯模仿的民主模式,而是交给历史去观察和等待。
② 马克思在谈到资本主义发展逻辑的时候,谈到我们可以根据资本主义早发国家的历史逻辑分析,做到"减轻分娩的痛苦"。见《资本论》第1卷第一版序言,人民出版社1975年版,第8页。

所产生的绩效，体现在党委决策的开放等；政府绩效体现在问计于民，开放式决策等等；市场与政府、社会合作所产生的绩效，体现在例如民间组织、杭州行业协会的发展等等；社会参与体现在杭州的基层民主发展等。

延展开来观察，中国共产党对民主有一个基本界定，即党的领导、人民民主与依法治国相结合，这是中国民主发展的基本载体和外在约束框架。我们不能抛开这个事实来探讨中国的民主发展路径。承认这个前提，实际上就是承认政党领导是当下中国社会之所以如此的内在事实，我们是在这个事实下面讨论中国民主的成长，而这个事实也有它客观的合理性。如果没有中国共产党的领导，很难形成中国当下的发展路径，也未必会有中国奇迹①。既然我们承认这个事实，在讨论民主实践模式的时候，就不能把这个事实掩盖掉。

中国共产党之所以能获得政权和持续执政，除解决了国家主权的问题以外，关键的一点就是在于它在60年的时间，尤其是改革开放30年来的社会经济发展的功效。把大陆和台湾做一个简单的对比，我们就会发现国共两党都承担了一个经济发展的功能，并且在其中尝试了民主进展的各种模式。

中国不断尝试的一个结合点就是"党的领导"和"人民当家作主"的共进。既要推进党的领导，又要实现人民民主。在以政党为领导，以人民民主为根本，以协商合作为主要机制的民主结构上，以创造发展为主要使命，以党内民主、社会民主、行政民主相互促进为主要动力的人民民主形态上，中国与西方的模式具有差异。

人民民主是社会主义的生命力。人民民主的形态在本质上需要一个复合的载体，复合民主的一个基本的要求就是，政党、人民、政府在共同利益下都作为制约力量来治理国家，在这个过程中实现人民当

---

① 社会科学的假设可以产生许多不同的结果，但是它无法进行试验，这是许多假设相互争论的关键点。对于西方民主，我们必须采取一个正确的态度，回归社会主义民主的历史逻辑和当下实际。

第四章
发展动力

家作主的民主形式。在中国，民主不仅要维护权利，还要创造出效益。因为中国的权利首先是解决生存权和发展权的问题，生存权和发展权来自于治理的绩效。民主只有在发展的过程中才能使人民得到充分的自由，人民的权利才能得到保障。所以，复合民主在后发展中国家，非常重要的一点，是要创造和发展，这样才能在一个竞争化和国际化的背景下，使得社会民众获得生活水平的提升和民族的发展空间。在这一点上，和先发国家的民主与社会经济发展同步进展的逻辑有所差异。

再返回到杭州的实践上来看，杭州在解决民生问题的途径上，其逻辑起点是一个简单的结果，即"三还"，这一实践的内在要求也是人民民主的内在要求。通过市场的发育与社会发展，社会主体得以培育从而形成复合民主的复合主体基础。通过民主的方式解决民生问题，促进社会发展，也是符合主体的必然要求。

中国民主只有在创造发展中，才能实现自己的存续。但中国的发展与民主共进之所以成为可能，一个主要关键点是因为利益的共通性和共享性。在中国的政治逻辑中，所有的公共利益都与人民的根本利益联系在一起，政府、政党、市场、人民在共建利益、共享利益的过程中聚合在一起，这是人民民主非常重要的一点，它们共享一个自然、共享一个国家、共享一个民族、共享一个发展。

"要驾驭民主化，就必须将民主化所提出的政治建设和政治发展要求与本国实际的经济与社会发展条件、发展战略与发展议程有机结合起来，从而保证民主化的政治发展能够保持对经济与社会发展的有效作用。东亚的发展表明，如果实际的民主化进程能够保证经济与社会发展，那么民主化本身也能因为其对经济和社会发展的有效作用而获得更好的发展基础与资源。"[①]

中国政府不是代表某一个阶级的政府，而是代表全体人民的利益，

---

① 林尚立：《有效政治在大国成长中的作用》，见林尚立等著：《政治建设与国家成长》，中国大百科出版社2008年版，第6页。

因此，社会治理结构要容纳社会各阶层的共存和共进。人民民主的内在实践形式为什么是复合民主？非常重要的一点就是民主的实践主体，通过市场的发育，社会的发展，复合主体的成熟，人民真正成为"权力"和"权利"的主体。中国过去的民主建设、国家解放和民族解放，人民整体上是独立起来了，但是经过改革开放30年的发展，人民作为每一个个体才真正解放出来，从而在社会事务中真正成为治理主体。

杭州"三还"的一个意义，实质上是把权力给人民，而非还给资本去造成对环境的破坏。"还给自然"，背后就是还给人民。在"三还"中把人民的主体性呈现出来、创造出来，真正将人民的主体功能和主体意识凸显出来。"还给市场"，仍然是还给人民，人民个体通过自由选择职业、自由选择财富的投资，从而实现了自我的经济生活主体。所以，"三还"还出真正的人民民主的意识，人民成为权利和权力的主体，在社会治理中，就将政府、政党、市场纳入到整个体系中去，这就展现出以人民为核心的复合民主。

小　结

为什么民主制度的实践有益于中国的社会发展？怎样才是中国民主化的最小成本和最佳途径？这构成中国民主化发展的一个关键问题。复合民主的实践及其未来的发展是回答这一问题的可能性载体。

"复合民主"的本质是人民民主，或者说人民民主的当下实践形式就是"复合民主"。首先必须对人民民主有一个基本的认识。中国的人民民主，是人民当家作主，首先是人民要成为权力和权利的主体。它首先不是一个简单的政治制度安排问题，而是权利主体的呈现和主体意识的回归（或者说激发），其次才是政治层面的制度安排。

中国社会一直有这样一个判断，即民主是政府赋予给社会的，这是不正确的看法。如前所述，人民当家作主的政治制度安排，过去缺

第四章
发展动力

乏一个很重要的前提，是因为没有个体独立。解放后的30年间，主要是政治层面的制度安排，使得人民作为整体性的权利主体和权力主体进行经济发展和政治建设，因此，实际上缺失了权利主体结构的真实实现。

而社会发展必然产生民主的实践主体，这些主体一旦产生，他们必然要寻求人民当家作主的制度安排，这是中国民主与其他民主不一样的地方，也是我们称其为人民当家作主的民主形式的原因。经过改革开放30年的发展，社会主体呈现出来，人民的主体权利具有了切实的经济、社会和治理载体，形成了权利结构安排，然后再形成相应的制度安排，相应的制度安排在复合民主的框架内得以理顺和协调。多元的人民主体当家作主的结果，就是让政府民主化，让政党民主化，让市场民主化，而这种民主都是围绕着人民的共同利益展开的。而现在人民民主的实践主体得到发育，实现了主体意识和主体行动能力的独立，必然要求政党和政府按照人民的意志开展活动。另一方面，如果政党和政府完全没有自己的主体意识的话，就会变成人民群众的"尾巴"，这肯定不是当前中国政党和政府的选择。政党和政府要必须承担其应该承担的责任，否则就无法实现长期执政的组织目标。

人民来决定自己的生活，人民来决定自己的生产，人民来决定自己所生存的自然环境，而要实现这一价值归属，在治理的层面上，就必然呈现为多方复合。为什么多方复合？因为政府是人民的政府，政党是人民的政党，市场是社会主义的市场，自然是人民的自然。在人民民主的政治逻辑下，政府不采取复合的方式进行治理，就缺失合法性。

复合民主是与社会发展互动的，虽然有效的社会发展不一定必然带来政治的合法性，但有效的民主必然促进有效的社会发展。"中国的30年的政治发展是在保持政治对经济有效作用的前提下展开的，有效的政治创造中国有效的发展，而有效的政治来自追求政治有效性的政治发展。"① 民主是社会主义的内在要求，也是中国具体社会实践的内生力量。复合民主是中国的一种内生结构，它解决了中国能自己发展出自己的民主形态的任务，并且在这个基础上，复合民主能自我发展、自我完善和自我巩固。复合民主通过创造发展，培育了复合的社会主体，充分发挥了社会的力量，充分发挥了政党的领导，充分发挥了政府的开放，从而获得了自我前进的动力。

杭州30年的城市发展形态基本解决了这一问题，即如何在一个有限的城市空间内，实现自然资源与人文和谐，实现生产、生活与生态的协调，求得城市的发展活力与合力，治理与民主的有机统一，从而实现"把生态还给自然，把生产还给市场，把生活还给人民"的根本目的，已经呈现出初步的趋势与走向，这也是中国复合民主发展的目的所在。

我们通过复合民主的动力基础分析，一方面是探讨这一民主模式的实践与中国社会发展的契合性，另一方面，我们也看到这些基础能否持续，直接关系到复合民主的未来进展，关系到中国民主发展的可能性。无论如何，我们都对其内生性和中国的特殊性保持着社会发展逻辑分析的信心，因为它既有人民民主这一理念的内在支撑，也有中国社会发展的动力支撑。民主已经成为中国社会发展的基本资源，也是中国社会发展的必然要求，它已经嵌入到中国社会发展的逻辑当中。

---

① 林尚立等著：《改革开放30年：政治建设与国家成长（政治卷）》，中国大百科全书出版社2008年版。

后　记

　　和世界上所有发展中国家一样，中国的现代化发展不可避免地要面临两大战略任务：一是民主建设；二是民生建设。尽管这两大建设具有内在的统一性，但在实践中往往会是顾此失彼，相互牵制。为了最大限度地避免这种困境的出现，中国在建设有中国特色社会主义的战略框架下，努力将民主建设和民生建设有机地结合起来，强调民生建设是民主发展的基础，而民主是提升民生建设绩效的有效途径。在这个方略下，杭州市从自身改革发展的大格局出发，创造性地走出了一条"民主促民生"的发展道路，使杭州经济与社会生活形态发生深刻变化，取得了令人瞩目的成就。

　　林尚立教授带领的本课题组应邀对杭州的实践进行考察和研究。课题组在研究中发现：民主促民生的实践，既体现了战略上的成功，同时体现了中国民主的绩效。为了实现"以小见大"的研究，本课题组将研究的重点定位在分析和研究中国民主的实践形态上，力图通过对中国民主实践形态的考察和分析，来解释中国民主促民生的政治逻辑、战略议程和工作机理。在这个过程中，课题组从人民民主把握中国民主，并将人民民主的实践形态定位为"复合民主"，并从"复合民主"的概念和逻辑框架出发，考察杭州"民主促民生"的成功实践，从中透视人民民主对中国社会发展的真实意义以及人民民主未来发展的有效路径。

　　我们希望通过对杭州民主发展的研究探索出中国的民主发展道路，

同时以杭州为蓝本激发对中国民主发展模式的讨论。中国改革开放的实践证明，尽管中国的民主还需要有很大的发展，但中国人民民主实践所创造出来的具有充分人民性、治理性和发展性的中国特色社会主义民主，已成为中国在现代化、市场化、全球化和网络化的时代背景下实现快速、稳定和持续发展的重要政治资源和政治保障。虽然我们这方面努力所形成的贡献是有限的，但我们进行这方面探索的决心是坚定和持久的。

本书的主题立意和框架结构由林尚立教授提出，各章写作分工如下：

总论：林尚立（复旦大学国际关系与公共事务学院）
第一章：叶国文（浙江省委党校党史党建教研部）
第二章：肖存良（复旦大学统战理论研究基地）
第三章：黄天柱（浙江省社会主义学院）
第四章：韩福国（复旦大学国际关系与公共事务学院）

本书的研究和出版由杭州市发展研究中心资助，得到了杭州市委副秘书长、办公厅主任、杭州市发展研究中心主任胡征宇、杭州市委政策研究室副主任阮重晖与杭州市发展研究中心政治文明处处长孙颖等的大力支持和帮助。杭州市委政研室的各位同志都积极参与了议题的讨论，值此书出版之际，一并表示衷心的感谢！也请各位对本书的研究判断提出批评意见，以更好地深化这一主题的研究。

著者
2012 年 2 月 21 日

图书在版编目(CIP)数据

复合民主：人民民主促进民生建设的杭州实践／
林尚立等著．—北京：中央编译出版社，2012.6
ISBN 978-7-5117-0612-6

Ⅰ.①复…
Ⅱ.①林…
Ⅲ.①社会主义政治学–研究–中国
Ⅳ.①D6

中国版本图书馆CIP数据核字(2012)第100918号

复合民主：人民民主促进民生建设的杭州实践

策划编辑	贾宇琰
责任编辑	杜永明
责任印制	尹　珺
出版发行	中央编译出版社
地　　址	北京西城区车公庄大街乙5号鸿儒大厦B座（100044）
电　　话	（010）52612345（总编室）　（010）52612340（编辑室） （010）66161011（团购部）　（010）52612332（网络销售） （010）66130345（发行部）　（010）66509618（读者服务部）
网　　址	www.cctpbook.com
经　　销	全国新华书店
印　　刷	北京瑞哲印刷厂
开　　本	787毫米×960毫米　1/16
字　　数	230千字
印　　张	17
版　　次	2012年7月第1版第1次印刷
定　　价	55.00元

凡有印装质量问题，本社负责调换，电话：(010)66509618